玩转“电商营销+互联网金融”系列

一本书读懂微信公众营销

海天理财　编著

清華大學出版社
北　京

内容简介

本书是一本全面揭秘微信营销技巧的专著，首先对比时下最为流行的营销方式，展现微信营销的强大发展前景；其次介绍微信的热点功能和新增功能，助力用户玩转微信；然后重点讲解微信公众平台的应用，从粉丝互动、消息推送两方面总结了微信营销的技巧；最后从不同行业与个人入手，讲解微信营销成功实例，总结营销秘诀。同时特别讲解了微信营销的常见陷阱与风险防控手段，让您一书在手，即可玩转微信、弄懂微信营销，从菜鸟成为达人，从新手成为微信营销高手！

本书的主要特色：13 章专题内容详解＋20 多条营销专家指点＋70 多个微信营销成功案例＋470 多张实战操作图片，让读者轻松读懂微信营销。

图书在版编目(CIP)数据

一本书读懂微信公众营销/海天理财编著. --北京：清华大学出版社，2015（2015.8 重印）
(玩转“电商营销+互联网金融”系列)
ISBN 978-7-302-37948-5

Ⅰ. ①一…　Ⅱ. ①海…　Ⅲ. ①网络营销　Ⅳ. ①F713.36

中国版本图书馆 CIP 数据核字(2014)第 207858 号

责任编辑：杨作梅
装帧设计：杨玉兰
责任校对：马素伟
责任印制：宋　林

出版发行：清华大学出版社
网　址：http://www.tup.com.cn，http://www.wqbook.com
地　址：北京清华大学学研大厦 A 座　邮　编：100084
社总机：010-62770175　邮　购：010-62786544
投稿与读者服务：010-62776969，c-service@tup.tsinghua.edu.cn
质 量 反 馈：010-62772015，zhiliang@tup.tsinghua.edu.cn
课 件 下 载：http://www.tup.com.cn,010-62791865
印 装 者：三河市中晟雅豪印务有限公司
经　销：全国新华书店
开　本：170mm×240mm　印　张：21.5　字　数：430 千字
版　次：2015 年 1 月第 1 版　印　次：2015 年 8 月第 4 次印刷
印　数：6501～8500
定　价：39.80 元

产品编号：059428-01

前　言

写作驱动

作为时下最火热的即时聊天工具，微信向世人展示着其强大的生命力。从微信诞生至今，短短几年用户已经破亿，如此迅猛的发展速度，让众多商家、企业看到了微信营销背后的商机。尤其是微信公众平台的推出，更加预示着微信营销时代的到来。

可是怎样做好微信营销，现在大家都还处于摸索状态。本书引用了丰富的案例，从商务营销到企业管理应用，给读者详细讲述了微信的具体实操方法，并从中挖掘了微信的真正潜能。

本书特色

本书通过 13 章专题内容详解＋20 多条营销专家指点＋70 多个微信营销成功案例＋470 多张实战操作图片，让读者轻松读懂微信营销。

主要特色有以下两个。

(1) 容易懂，内容全面、专业性强。书中不仅对微信营销的概念、特点、发展前景等进行基础解说，而且讲解了微信公众平台营销的实战策略，还揭示了 6 大商业模式、8 大热点功能和 10 大公众营销技巧，全面、专业的内容帮助大家快速通晓微信公众营销。

(2) 接地气，操作为主，实战性强。书中不仅从微信公众营销的角度，全面介绍各种热点功能和商业模式，更从商家企业实用的角度，介绍如何增加粉丝、如何构思标题、如何推送消息，以及如何通过微信平台发布活动、增加互动等。除此之外，还结合实战案例向大家介绍了如何运用公众平台进行微信营销，通过实际的实战操作，帮助、指导读者彻底认识、玩转微信公众营销。

内容安排

全书分为 13 章，具体内容包括：闪亮登场，微信背景大揭秘；精彩纷呈，微信功能大展示；钱途无限，微信商机大发掘；你来我往，微信平台大互动；一呼百应，微信粉丝大发展；图文并茂，微信内容大派送；点石成金，微信用途之传统行业；另

辟蹊径，微信用途之电子商务；财运滚滚，微信收益大验收；步步为赢，微信营销大诀窍；殊途同归，方法途径大列举；高瞻远瞩，微信前景大展望；小心谨慎，微信隐患预防。

■ 适合人群

本书结构清晰、语言简洁、图表丰富，适合以下读者学习使用。

(1) 营销专业的初学者、爱好者。

(2) 具有一定营销经验的白领或家庭。

(3) 各行各业专门从事宣传、营销、推广的人员。

(4) 智能手机时尚达人、潮人，喜欢扫一扫的广大消费群。

(5) 各行各业需要制作并通过微信营销的公司，包括创业草根、商业大亨、名人明星、政府媒体等各类人群。

■ 作者售后

本书由龙飞策划，海天理财编著，参与编写的人员还有谭贤、张文、罗磊、孙超、苏高、罗林、刘嫔、曾杰、刘芳、刘娟、曹静婷、李龙禹、周旭阳、袁淑敏、谭俊杰、徐茜、杨端阳、谭中阳等人。由于作者知识水平有限，书中难免存在疏漏之处，恳请广大读者批评、指正。联系邮箱：licaijulebu@foxmail.com。

目　录

目录

第 1 章 闪亮登场，微信背景大揭秘

学前提示

2010 年 10 月 20 日，腾讯公司启动微信；2011 年 1 月 21 日，微信 1.0 版本正式发布，短短三年的时间，微信已经发布了 5.2 版本，用户人数达到 6 亿，这些数据无不充分说明了微信的巨大发展潜力。

要点展示

- 出身世家，引爆全新生活方式
- 无冕之王，秒杀其他通讯 App
- 诱惑众生，抢占营销首位

1.1 出身世家，引爆全新生活方式

与腾讯的发展史一样，微信在骂声中飞快成长——虽然既非原创，又不具备首发优势，但仅仅一年，微信竟远远超越对手们，拥有了5000万用户。

微信的风行，既依托于腾讯源源不断的弹药支援，又源自其持续改进的细节拿捏：2011年，微信一共发布了45个不同终端的版本，平均1.15周发布一个，2014年，它已经发布了5.2版本，功能更加强大，如图1.1所示。

图1.1 微信5.2版本

1.1.1 背景

1. 智能终端的崛起

从最基础的塞班到后续的安卓以及不断进化的ios，这些系统都让用户在使用手机的时候，更加趋向于把其作为一个大量、可订制的信息收发终端。丰富的应用程序增加了用户对智能终端的黏性，反过来也促进了应用程序的丰富化。

2. 运营策略的改变

各运营商在3G时代越来越关注用户的流量诉求，运营策略从短信加语音模式，逐渐转向流量加语音模式，与此同时，用户使用无线流量的成本也在逐渐降低。

3. 关系链格局的破裂

在互联网时代，最广阔的关系链是QQ，而微博一系列产品的出现，不可否认是在争夺用户固定上网时间的访问频次和深度，因而Web端关系链被打破。这种多关系链争夺用户时间的情况越来越多地出现在无线市场，这意味着只要能满足用户的某种需求，用户可以接受不同关系链的产品，任何一种关系链都有它存在的市场。

4. 其他聊天工具的基础

kik 和 talkbox 在国外的成功，在国内市场有着较大差异的前提下仍有借鉴意义。前人栽树后人乘凉，相当多的论证和相似模式的探索都可以省略，因此类似功能的上线论证和速度都可以飞快。图 1.2 所示为这两款聊天软件的图标。

图 1.2 kik 和 talkbox

1.1.2 萌生

在 talkbox 发布后仅三天，作为国内即时通讯领域最大的垄断者，坐拥近 8 亿 QQ 注册用户和近 2 亿 QQ 同时在线用户的腾讯，发布了首款微信客户端。谁也不会预料到，甚至腾讯也是始料未及，这似乎没有什么前景的微信很快就形成风靡之势。

微信是一种更快速的短邮，具有零资费、跨平台沟通、显示实时输入状态等优势，与传统的沟通方式相比，更灵活、智能，且节省资费。

其实早在 2010 年 10 月，腾讯广州研发中心产品团队便开始在团队经理张小龙的带领下，着手微信的开发。张小龙此前曾经开发过 Foxmail 和 QQ 邮箱等颇受业界好评的产品，而这一次，微信成为张小龙又一个得意的产品。

据张小龙回忆，开发微信的想法源于他写给腾讯老总马化腾的一封邮件，他当时在研究了 kik 类的软件之后，考虑到这类新的 IM 会对 QQ 造成巨大威胁，因此建议马化腾开发类似的项目，两人一拍即合。

微信最开始的项目研发设在广州，整个团队只有二十来人，基本上都是腾讯的 QQ 研发团队，并没有任何做手机客户端的经验。就是在这样的条件下，微信 1.0 的版本问世了，如图 1.3 所示。

图 1.3　微信 1.0 版本

1.1.3　发展

微信的发展并不是一蹴而就的，而是经历了漫长的过程。微信团队的不断开发钻研，打造细节，给用户提供了更方便、更快捷的体验。

(1) 2011 年 1 月 21 日，微信发布针对 iPhone 用户的 1.0 测试版，该版本支持通过 QQ 号来导入现有的联系人资料，但由于仅有即时通讯、分享照片和更换头像等简单功能，因此并不为外界所看好。

在随后 1.1、1.2 和 1.3 三个测试版中，微信逐渐增加了对手机通讯录的读取、与腾讯微博私信的互通以及多人会话功能的支持，截至 2011 年 4 月底，腾讯微信获得了四五百万注册用户。

(2) 2011 年 5 月 10 日，微信发布了 2.0 版本，该版本新增了 talkbox 那样的语音对讲功能，该功能的加入，使得微信的用户群第一次有了显著增长。

在此基础上，微信连续开发 2.1 版本和 2.2 版本，功能逐渐开始增加。到 2.5 版本，随着视频信息的支持以及“查看附近的人”这一功能的加入，再一次引爆了微信用户的增长点，此时微信用户已达 1500 万。用户通过该功能可以轻松找到身边同样使用微信的用户，使得微信这样一个以熟人间通讯为主的软件兼具了同陌生人进行社交的功能，也就是说，微信自此以后再也不是单纯的即时通讯软件，而是更多地开始朝向社交类应用发展。图 1.4 所示为微信 2.5 版本及其新增功能。

(3) 2011 年国庆当日，微信发布 3.0 版本，如图 1.5 所示。该版本加入了现在大家广为熟知的“摇一摇”和漂流瓶功能，同时增加了对繁体中文语言界面的支持，并增加港、澳、台、美、日五个地区的用户绑定手机号。

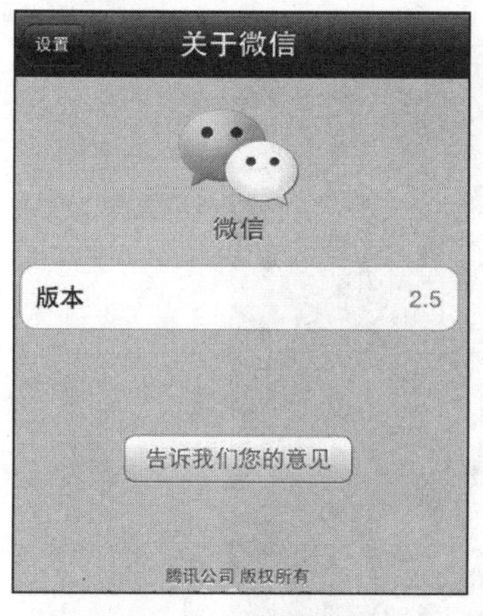

图 1.4　微信 2.5 版本及新增功能“查看附近的人”

图 1.5　微信 3.0 版本及新增功能

“摇一摇”功能极具创造性和趣味性，从而进一步增加了微信的社交属性，而漂流瓶则是整合了 QQ 邮箱的相关功能。

新增的繁体中文界面以及对五个地区手机号码绑定的支持，则意味着微信开始迈出了国际化的步伐。

从微信 3.1 到 3.5，微信先后增加了英文界面，以及支持全球超过 100 个国家的短信注册。这进一步吸引了来自全球的用户使用微信这一服务。截至 2011 年底，微信的用户数已经达到 5000 万。

(4) 2012 年 3 月，微信用户数突破 1 亿大关。4 月 19 日，微信发布 4.0 版本，如图 1.6 所示。

图 1.6 微信 4.0 版本

这一版本增加了类似 Path 和 Instagram 一样的相册功能，并且可以把相册分享到朋友圈。微信朋友圈的推出进一步增加了微信的用户黏度。根据微信团队最新监测的数据显示，微信朋友圈每天的发帖量已经大大超过了微博最鼎盛的时刻。同时，为了更加有利于微信的国际化，从 4.0 版本开始，微信的官方英文名称被定为 WeChat。

(5) 2012 年 7 月 19 日，微信 4.2 版本增加了视频聊天插件，并发布网页版微信界面。从此，微信不单单是一款社交化的手机即时通讯客户端，同时还把触角伸向了桌面领域。而视频聊天插件的推出，在为用户提供免费视频语音通话的同时，更是被认为将会使视频运营商“颗粒无收”，甚至有人认为微信将使腾讯成为第四大运营商。

(6) 2012 年 9 月 5 日，微信 4.3 版本增加了“摇一摇”传图功能，该功能可以方便地把图片从计算机传送到手机上。这一版本还新增了语音搜索功能，并且支持解绑手机号码和 QQ 号，进一步增强了用户对个人信息的把控。

(7) 2012 年 9 月 17 日，腾讯微信团队发布消息称微信用户数突破 2 亿。而仅仅过去不到 4 个月，2013 年 1 月 15 日深夜，腾讯微信团队在微博上宣布，微信用户数突破 3 亿，如图 1.7 所示。

从 2011 年 1 月 21 日，到 2013 年 1 月 15 日，不到两年的时间，微信便获得了超过 3 亿用户。这一成就的取得毫无疑问值得整个团队骄傲。

(8) 2013 年 2 月 5 日，微信发布 4.5 版本。这一版本支持实时对讲和多人实时语音聊天，并进一步丰富了“摇一摇”和二维码的功能，支持对聊天记录进行搜索、保存和迁移。同时，微信 4.5 版本还加入了语音提醒功能，以及根据对方发来的位置进行导航的功能。图 1.8 所示为微信 4.5 版本及其功能介绍。

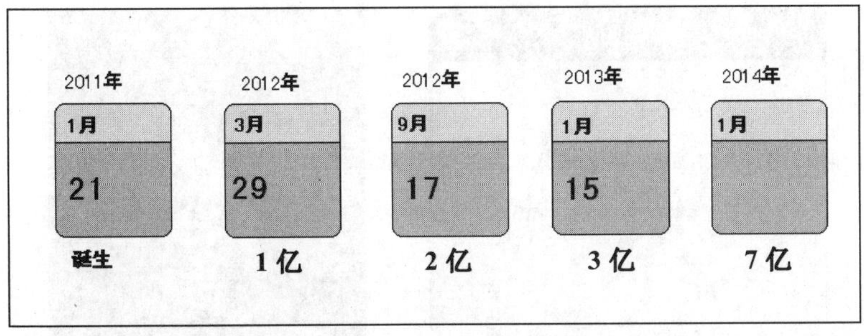

图 1.7　微信用户数量增长

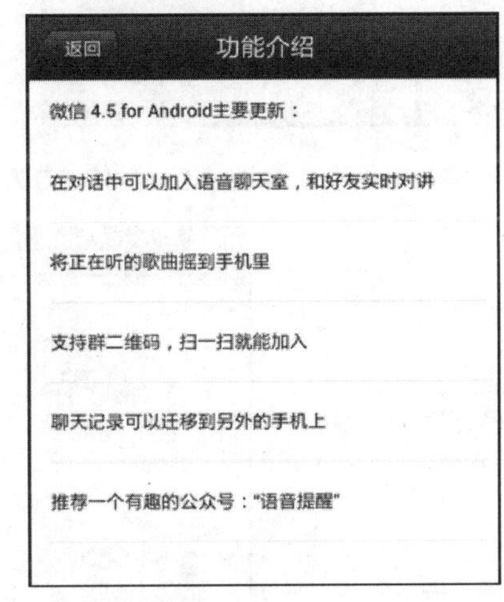

图 1.8　微信 4.5 版本及其功能介绍

(9) 2013 年 7 月，腾讯内部进行微信 5.0 版本内测，而新版微信面向普通用户的更新主要在“收藏”、“扫一扫”及“摇一摇”三个方面。

“收藏”功能的增进主要表现在用户可以将聊天信息和朋友圈消息收藏，以备有时间时仔细查看。

扫描功能大幅度强化，微信 5.0 最核心的就是“扫一扫”这个功能的强化，它直接从“添加朋友”切换到一级目录，除了扫描二维码外还新增加了扫描条码、扫描图片、扫描街景和扫描文字，基本上涵盖了目前市面上一些扫描应用的功能。

除此之外，微信 5.0 内测版还增加了“摇一摇”搜索视频功能，它的原理和搜歌其实是一样的，通过视频的声音来辨识这是哪部电影或者电视剧，如图 1.9 所示。

(10) 2014 年，腾讯再接再厉，发布了微信 5.2 版本，在原有的基础上，采用全新的安卓 Holo 风格设计，并且跟随平面化的脚步，在顶栏新增快速入口，可轻松添加好友、新建会话和群聊。图 1.10 所示为微信 5.2 版本的页面。

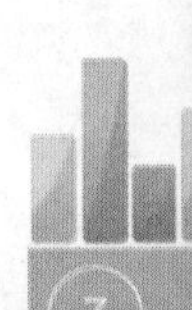

图 1.9　微信 5.0 及其新增功能

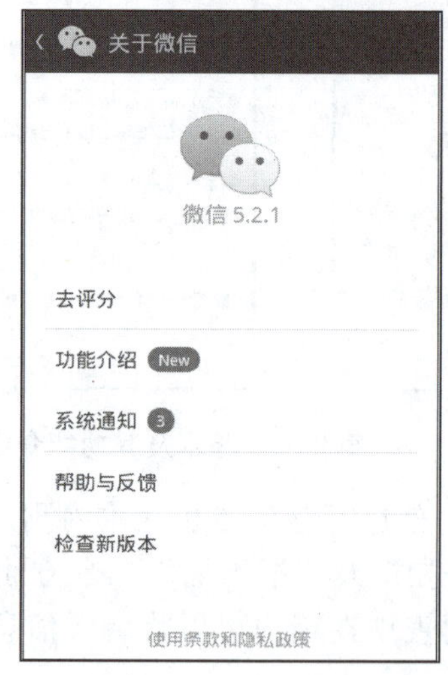

图 1.10　微信 5.2 版本

此外，5.2 版本会话支持多图预览模式、优化对话输入框操作体验、将语音转换为文字、好友详细资料“更多”交互界，以及推出腾讯手机管家应用。

1.1.4　对峙

微信在 2011 年 1 月正式推出后，其发展速度远超微信团队自身的预期，也超出外人的想象。2011 年 11 月初，微信用户数超过 3000 万；一个月后，这个数字已达 5000 万，数倍于其先行者、竞争对手。

2012 年 1 月，微信的广告出现在广州街头的公交车站牌上，除了白色线条勾勒的几个拿着手机形态各异的小人外，画面上只有四个字“微信·生活”。这是微信在腾讯平台之外的第一次大规模推广。

但微信的对手仍有增无减。米聊、神聊、飞聊、翼聊、沃友、口信、友你等与微信类似的二十多个产品，陈列在各智能手机应用商店，如图 1.11 所示。

图 1.11　微信与其他聊天软件

这些绕开电信运营商收费、基于网络的通信应用，除了省钱，还纷纷加入社交功能，试图更进一步渗入人们的生活。

微信一跃成为继开放平台之后腾讯公司最大的亮点，它的成功，既得益于腾讯庞大的即时通讯用户群，也是因为产品本身的优越性所致，在模仿与被模仿的角逐中，微信在同类产品中脱颖而出。

和很多产品一样，微信既非腾讯的原创，也非首发，它的学习榜样是加拿大的移动 IM 服务提供商 Kik Interactive(基克互动，一款聊天工具)公司，在微信推出之前，国内同类产品也已经有多种问世。

2010 年 10 月登录苹果、安卓应用商店的 kik，是一款基于手机本地通讯录实现免费短信聊天功能的社交应用软件，因为上线 15 天就收获了 100 万用户而声名鹊起。2011 年 6 月，苹果 iOS5 发布，其中最重要的一项 iMessage 服务，同样可通过网络免费发送文字、图片、视频信息，如图 1.12 所示。

在中国，互动科技最早于 2010 年 11 月 7 日推出“个信”，如图 1.13 所示；一个月后，小米科技推出了“米聊”。

腾讯的微信则姗姗来迟，正式立项是在 2010 年 11 月 18 日，2011 年 1 月 21 日先是推出了 iOS 版本，随后几天陆续推出了安卓和塞班版本。

2011 年 6 月中旬，腾讯 CTO 熊明华在接受采访时提到，从 2009 年开始，腾讯已经留意到 QQ 手机用户不断增长的趋势。如何确保腾讯在移动互联网领域的优势，是

腾讯必须面对的挑战。

图 1.12　苹果 iOS

图 1.13　个信

把不认识的人圈到一起，成为微信用户增长的一个重要里程碑。在微信 1.0 版本一年前发布的时候，打出的口号是“能发照片的免费短信”。但这个口号并未让用户感到惊喜，微信并没有收获预期的用户。接下来三个月，微信团队埋头优化程序，改进包括收发消息速度、流量节省等产品细节。

真正让微信从国内同类软件中脱颖而出的，是第一个加入 LBS(基于位置的社交)元素。2011 年 8 月 3 日，微信 2.5 版本发布，推出“查看附近的人”功能，它直接将微信从熟人之间的沟通，推向陌生人交友，如图 1.14 所示。

图 1.14　LBS 定位

微信产品总监刘乐君介绍，设计“查看附近的人”功能，为用户提供了查看附近人的头像、昵称、签名及距离，初衷是让微信走进用户生活，以便用户之间产生进一步联系。譬如拼车上班，用户可以把拼车想法写入签名，让人家找到你；如废旧物品出售，也可以把商品信息放进去，很快可以找到买家。

微信并不是第一个想到要把手机聊天和 LBS 结合起来的，但通过 QQ 邮箱和口碑营销，微信是第一个被更多用户知道有这个功能的产品，此后模仿者众多，它已经成为国内同类产品的标配。

作为跟随者，在细节上比前人做得更好，是过往腾讯成功产品的一贯风格，同样也体现在微信上。比如，“摇一摇”的第一个版本中，摇动一下手机，视觉上男性用户可以看到一个维纳斯雕像，女性用户看到的是大卫雕像(因为版权的问题，现改为一朵小花)；听觉是来福枪的上膛声；摇到用户之后手机会有震动。在改进过程中，微信团队还面临着更多细节的考量。

微信的定义已经从“能发照片的免费短信”、“最时尚的手机语音对讲软件”，变成了“最火爆的手机通信软件”，遍及海内外，如图 1.15 所示。

图 1.15 微信的普及

回看这些聊天软件的功能，原理并不复杂，其实是利用了智能手机的各种性能。图片分享对应的是手机高清摄像头，手写输入对应的是多点触屏，语音对讲对应的是高清麦克风和扬声器，查看附近的人对应的是 GPS 定位，“摇一摇”对应的是重力感应器。技术门槛并不高，当一个新功能出现之后，很容易被其他竞争对手快速“借鉴”，如何防止“被借鉴”，俨然成为同业竞争中的难题。

而微信最让竞争对手们羡慕的，还是腾讯这个平台。2011 年，腾讯对微信的投入约 1 亿元人民币，这其中包括人力成本、带宽，以及上千台服务器。微信的系统插件，已经打通了 QQ 通讯录、QQ 邮箱、QQ 微博等产品，表现出移动互联网时代成为平台型产品的潜质。

微信发展快，离不开 QQ 的推广。从聊天面板到邮箱，QQ 不遗余力，几乎动用一切力量来推动微信。但微信的对手不仅在国内，也在海外。2011 年 6 月 23 日，NHN 公司(NHN 是一家韩国互联网公司，拥有韩国排名第一的搜索网站 Naver 和最大网络游戏门户网站 Hangame)发布的手机聊天软件 Line，3 个月下载量超百万次，6 个月下载量超过 1000 万次，7 个月下载量超过 1500 万次。

Line 的用户遍布日本、新加坡、中东地区，以及中国香港、澳门和台湾地区等，甚至延伸到了欧洲，并在瑞士、澳大利亚、德国、新西兰等国手机应用下载中名列前茅，如图 1.16 所示。

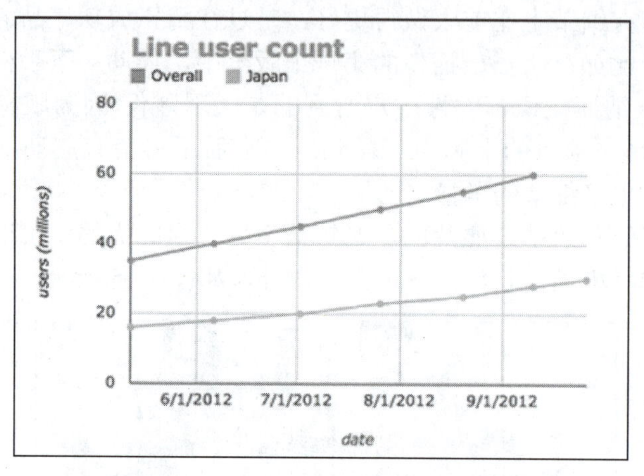

图 1.16　Line 用户使用量

它目前支持日、韩、英、中、土耳其五种语言，在日本还开启了天气预报、餐厅查找等生活服务功能。

1.1.5　逆袭

从 2011 年 1 月 21 日到 2014 年，短短三年时间，微信就完成了从零到 7 亿用户的迅猛扩张，表面看起来实在让人不解，但究其原因，除了微信能与拥有亿级用户量的 QQ 软件数据互通之外，几次重大的功能升级也功不可没。

微信的发展并不是一帆风顺的，它经历了来自国内、国外同类产品的竞争。它慢慢从一个纯粹的 IM 应用，变为移动社交应用，进而向社交与电商相结合的平台前进。总体上来看，微信的绝地逆袭可以概括为三个阶段。

1. 第一次蜕变：打造移动社交平台

2.0 版本之前的微信没有引起任何的关注，随着 2.0 版本添加语音对讲功能，用户量开始显著增长。随后微信 2.1 版本增加通讯录好友，2.3 版本到 3.0 版本陆续推出了“查看附近的人”、“摇一摇”功能，这些以社交为轴心的功能，使得微信在之后的短时间内用户数量增加到 1 亿。

微信 4.0 中文版进而推出了朋友圈功能，同期英文版微信改名为 WeChat，支持以 Facebook Connect 登录，把用户社交圈子进一步扩大到全世界范围。如图 1.17 所示，微信在人际中的使用越来越普及。

图 1.17 微信成为社交平台

微信的功能升级始终围绕着两个根本理念出发：一是用户交友圈子的扩大，二是通讯交流方式的快捷丰富。

2. 第二次蜕变：推出公众平台

微信在 2012 年 8 月 18 日开通了公众平台，通过本身具有的数亿用户量吸引名人、政府、媒体、企业等机构来参与商业合作和推广，图 1.18 展示了微信公众平台的开发。

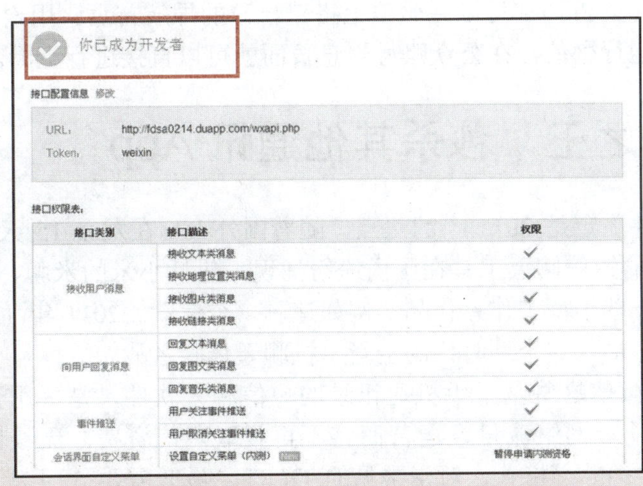

图 1.18 微信公众平台开发

凭着数亿用户平台的吸引力，社会各界纷纷加盟这个公众平台。第二次蜕变也标志着微信开始了商业化道路的探索，通过在个人与政府、媒体、企业等机构之间建立起交流平台，此举所蕴含的社会意义与商业价值难以估量。

3. 第三次蜕变：公众账号自定义菜单功能

2013 年 3 月，微信开放了公众账号自定义菜单 API，从此，各路电商可通过自定义菜单搭建一个基于微信的服务平台，对用户进行分类的推送，构建自己的移动导购平台，如图 1.19 所示。

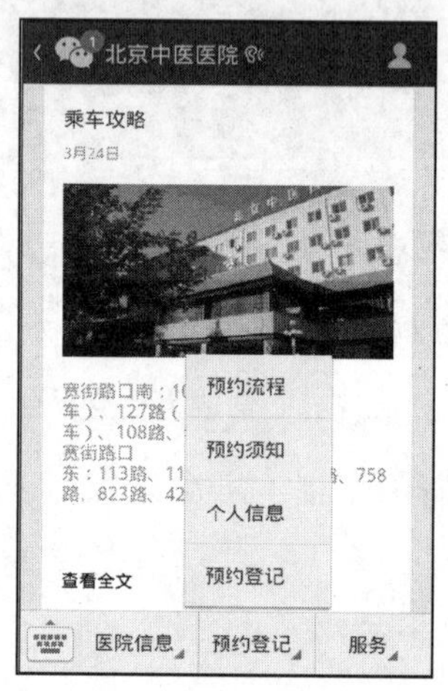

图 1.19　公众账号自定义设置

如果以前的公众账号，还仅限于通过问答形式提供商业服务，那么现在这一功能意味着社会上的任何机构都可以在微信上搭建自己的导航首页，用户不用再访问电商官方网站，只要运行微信，在公众账号消息页面就可以直接进行查看。

1.2　无冕之王，秒杀其他通讯 App

通讯聊天软件注定是 2011 年的热点，随着国外 kik 在发布 15 天后宣布突破 100 万用户，类 kik 的短信聊天工具在国内纷纷涌现，包括小米的米聊、盛大的 kik、遨游的遨信，还有一些小型工作室作品，例如速聊、个信等。2011 年 1 月 21 日，腾讯也宣布发布微信，加入这个划时代的全新手机聊天体验之战。

kik、米聊、微信这些基于手机通讯录的短信聊天软件，是采用无线网络来实现短信功能的，只消耗网络流量，运营商将不再收取短信资费。无线网络有 GPRS、3G、CMWAP、Wi-Fi 等格式，对于常见的 GPRS，最低需要 5 元就可以享受到包月 50 兆的服务，而仅仅 1 兆即可发送 3000 条短信。

在众多的手机短信聊天软件中，微信一路领先，是其中的翘楚，不仅是在聊天这一块独占鳌头，同时还抢占了营销的第一把交椅。

1.2.1 短信与微信

同样都是给客户推送信息，短信无疑是微信最有竞争力的对手，大家可以从以下几个方面做横向测评，如表1.1所示。

表1.1 短信与微信对比

对比项	短信	微信
信息容量	小	大
好友来源	通讯录、名片	QQ好友、朋友网、搜索陌生人
信息形式	文字为主	文字、声音、视频、图片、文件等
LBS支持	不支持	支持
视频通话	不支持	支持
手机限制	无	智能手机
费用	按条收费	按流量包月

兼具各方优势的微信毫无疑问击败短信，日益被大众所接受和喜爱，成为时下最流行的交流工具，如图1.20所示。

图1.20 短信受到来自微信的冲击

1. 精准性

虽然微信和短信两者都是推送消息，但还是有着很大的差别，微信和短信相比具备更高的精准性。

(1) 精准的地理定向。用户之间短信聊天时，无法确定对方具体在什么地方，距

离自己有多远。而微信则不同，它所具备的 LBS 定位功能，能让用户知道和自己聊天的对象处在什么地方，信息具有相对的透明度。

(2) 精准的人群定向。短信的适用范围大多是在熟人圈，如果是和一个陌生的号码聊短信(很少出现这种情况)，用户对对方是一无所知的。而微信虽然也是 QQ 好友互联，但是“查看附近的人”、“发现”，甚至是头像与个性签名等功能，还是能帮助用户获取一定的信息。

2．信息量

根据我国现有的法制规定，短信营销是犯法的，换言之，如果有商家想借助短信这个平台进行商品推销，不仅收不到预料的效果，还违反了我国的法规。因此，短信主要风行在亲朋好友之间，内容相对狭窄。

与此形成鲜明对比的是，微信营销已经掀起了一股热潮。微信不再是一个简单的公流平台，而是日渐演变为一个公众平台，信息高速畅通。

3．互动性

短信也能你来我往地交换信息，但是比不上微信一对一的交互，用户不可能在同一时间和几个人聊短信，而微信却轻松地解决了这个问题。值得一提的是，微信能利用 O2O 模式，将线上和线下互动打通，更紧密的和用户交流，而短信在这方面就略逊一筹。如图 1.21 所示，微信起着一个交流大平台的角色。

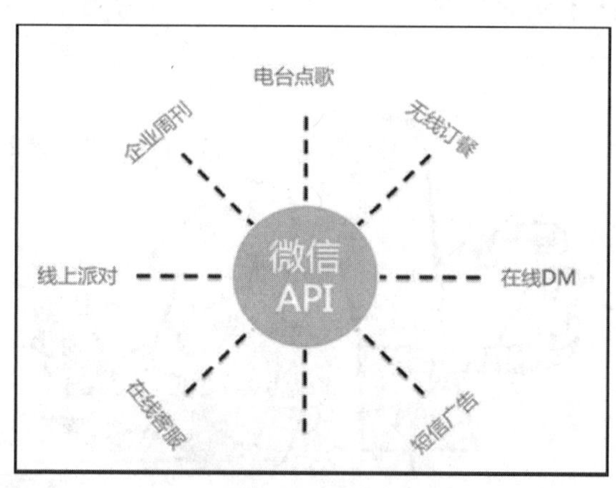

图 1.21 微信互动平台

4．收费

用户都知道，短信是需要收取费用的，如果用户要添加图片、视频等，收费也会随之增加。而微信就不同了，不管是发送文字、图片还是视频，完全不收取费用，只需要耗费用户的一定流量。腾讯方面不止一次地对外发表过申明，微信不会收取费用。

当然，两者也是有很多相同点的，从软件开发的功能去看微信营销，其实它就是短信的升级版，两者都依托手机端。

1.2.2 微博与微信

微信和微博最大的区别在于精准两个字。微博是由微博主发一条微博，然后粉丝就可以通过看自己的微博主页，查阅微博主发的内容，但是现在一般人关注的人太多，所以能看到微博主发的微博就是随机的。而微信就不同了，微信公众平台账号发一条群发消息，所有关注的人都会收到这条消息。

想象一下，如果用户走在路上，正在寻找吃饭的地方，微信突然弹出消息介绍附近某某馆子有优惠券、可以打折，这种消息的阅读率和受欢迎程度当然远远大于微博。再想象一下，如果用户关注某个服装品牌由来已久，那么，商家每天借助微信发送的活动消息，对用户而言就具有很大的实用性。

如图 1.22 所示，画面形象地展示了微信和微博的对峙关系，笔者将从以下几方面对两者进行全面对比。

1. 关系定位

微信上，用户之间是对话关系，微信普通用户之间，需要互加好友，这构成了对等关系。而微博普通用户之间则不需要互加好友，双方的关系并非对等，而是多向度错落、一对多。

图 1.22 微信和微博

2. 交流模式

微信是私密空间内的闭环交流，而微博是开放的扩散传播。一个向内，一个向

外；一个私密，一个公开；一个注重交流，一个注重传播。

3. 信息时效

微信用户主要是双方同时在线聊天，如果是用户在线咨询，商家能在第一时间解疑答惑，即便没有人工服务，也会设置自定义服务菜单供客户选择。而微博则是差时浏览信息，用户各自发布自己的微博，粉丝查看信息并非同步，而是刷新查看所关注对象此前发布的信息。这种同时与差时也决定了微信与微博的功能与内容之差。

4. 信息价值

当受众处于封闭、有限、个体清晰的状况时，发布的信息是真诚的；而在受众是开放、无限增减、个体模糊时，发布的信息是具有表演性质的。微博是公共的，微信是隐私的，微信的圈子很有限。微信与微博的最大区别是，微信的评价内容只有相互加好友才能看得见，而微博的评价信息所有人都可以看见，如图 1.23 所示。

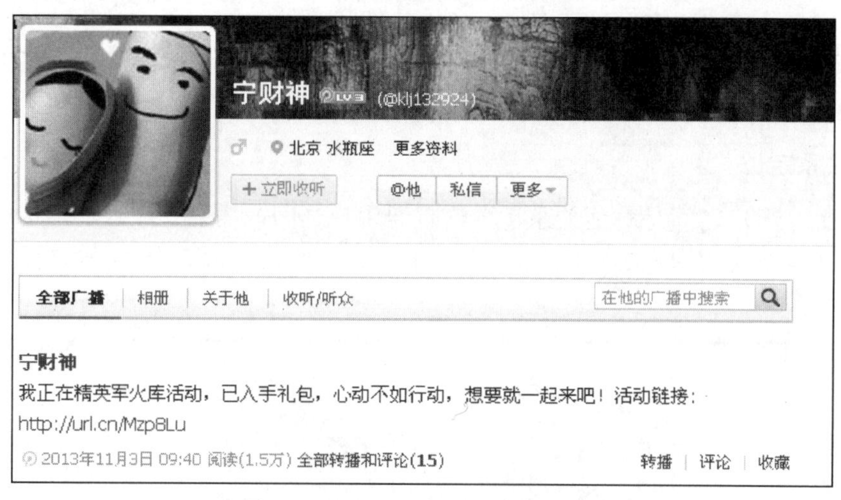

图 1.23　微博内容截图

与微博相比，微信的信息开放度低，更多基于一对一的隐私对话，微博信息开放度要高很多，是开放的个人媒体信息平台。在关系维度方面，微博强调信息并不过分强调关系，而微信信息则更多是以关系为核心的。

微信在关系强度上要高于微博。微博与微信是互补性工具：新浪将微博的经营方向定位自媒体，信息受众面广但不受控制；而腾讯微信强调沟通对象的特定和可控性，适合朋友圈和私人话题，如图 1.24 所示。微博、微信差异化定位，可以共同做大，满足两种不同类型的沟通需求。

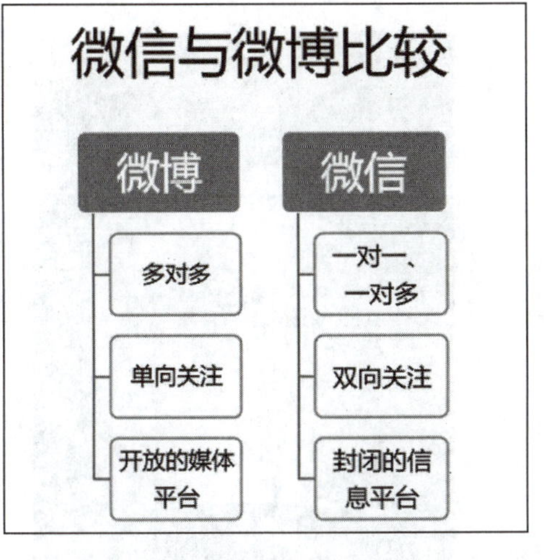

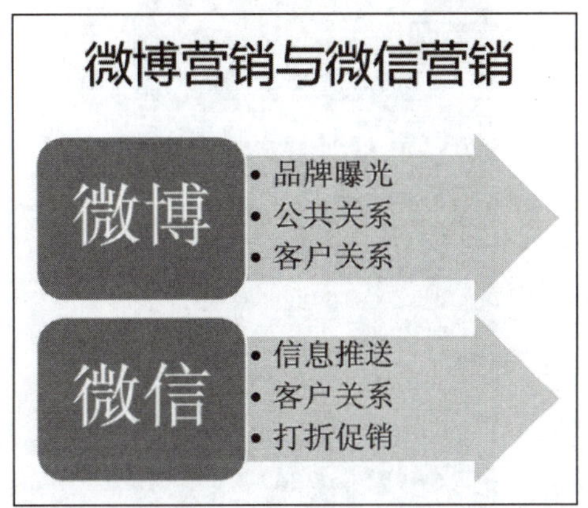

图 1.24　微信微博大对比

1.2.3　米聊与微信

米聊是国内最早的短信聊天软件，2010 年 12 月 10 日发布内测版，功能强大，具有头像、名片、发照片、录音、表情、广播墙等功能，它和微信存在一些差别。

1. 支持平台

作为短信聊天软件而言，支持手机平台的多少就决定了覆盖人群的多少，用户的朋友使用的手机不一定是 iPhone，可能是 Symbian，也可能是 Android，还有可能是黑莓手机，因此支持平台最多的软件是相当重要的。

米聊支持 Android、iPhone、Symbian(s60v3、s60v5)，而微信更胜一筹，目前支持 iOS、Android、S60V3、S60V5、Windows Phone 五种系统。

2. 界面风格

界面在手机上面的地位非常重要，一个好的界面能让用户对产品产生好的印象，可以有效地避免用户的流失。

米聊启动时会显示一个启动画面，深蓝色的页面设计非常用心，地平面上的高楼大厦会显示聊天的图标，并与聊天软件的功能相呼应，另外比较贴心的会告诉用户米聊的官方网站，便于用户如果有问题可以登录网站咨询，如图 1.25 所示。

微信的登录页面设计更为简洁，背景是浩瀚的宇宙，一个孤独的人影伫立其中，既表达了都市人的孤独和对沟通的诉求，同时，也昭显了微信无处不在的强大沟通功能，如图 1.26 所示。

图 1.25　米聊的页面

图 1.26　微信的页面

3. 产品功能

短信聊天软件与以往的 QQ、飞信有很大的不同，“我的好友列表”中首先必须继承短信的功能与体验，然后再进行更方便用户的创新。用户打开短信就能看见当前的会话进程，这个传统的功能，对于一款短信聊天软件而言，还是需要继承的。另外，如何更好地、更简单地邀请好友加入软件，也非常重要。图 1.27 所示为米聊的功能展示。

图 1.27　米聊功能展示

米聊是国内最早推出的手机短信聊天软件，它采用自动注册的方式，当你进入米聊的好友列表时，就已经自动帮你匹配好正在使用米聊的好友，这些好友当然是对方的手机名片夹中有你手机号的人。米聊的查找好友功能也非常强大，可以通过手机号、米聊号、邮箱等方式。

微信的好友列表与米聊非常相似，但是微信的账户 ID 是以数字、字母为主，这样更方便记忆。此外，在米聊的基础上，微信的功能更加全面，也更加强大。

1.2.4 陌陌与微信

微信和陌陌的产品出发点本身就不同。微信以强关系为主，距离对于强关系来说，算是隐私，而用户需要保持一定的隐私；陌陌是弱关系，甚至以陌生人关系为主，距离是增加乐趣而非隐私。

微信的产品初衷是做类似于 kik 和 talkbox 一样的熟人通讯 App，目的是取代 SMS。Voicemail 包括 MMS 等运营商通讯服务，当然还包括现在的语音通话、视频聊天。至于所谓的漂流瓶、“摇一摇”之类的功能是为了增加产品的有趣度而增加类似于插件一样的存在。这其实就和 QQ 一样，一开始每个人申请个 QQ 号，但是 QQ 用户不多，不流行怎么办？就多了搜索功能，同城、性别、年龄都成为搜索项。

而陌陌一开始的目标就是主打陌生人交友，时下的年轻人交际观念变得更加开放，希望能多结交不同类型的同性或异性朋友，于是陌陌应运而生。图 1.28 所示为陌陌的页面。

图 1.28 陌陌的页面

陌陌吸引用户的一大利器也是 LBS，这个功能在当下运用十分广泛，通过近距离添加好友，更能增加彼此话题。他实际上类似于一个移动版的个人主页，上面可以展

示用户的兴趣、爱好、年龄以及最吸引人的照片，甚至还有微博、豆瓣、人人链接，很像是一个缩小的人人网页。

当然，相比于微信，陌陌的用户群体面十分狭窄，仅仅限于那些迷恋交友的青年男女，发展很受限制。

1.2.5 QQ 与微信

腾讯 QQ(简称“QQ”)是腾讯公司开发的一款基于 Internet 的即时通信软件。腾讯 QQ 支持在线聊天、视频聊天以及语音聊天、点对点断点续传文件、共享文件、网络硬盘、自定义面板、QQ 邮箱等多种功能，并可与移动通讯终端等多种通讯方式相连。

QQ 以它合理的设计、良好的应用、强大的功能、稳定高效的系统运行，赢得了用户的青睐，尤其是年轻的一代，纷纷抢注账号。目前，腾讯 QQ 的在线活跃用户人数已经超过了 3 亿。

如图 1.29 所示，展示的就是腾讯 QQ 的图标，以及用户聊天的界面。用户只要注册了 QQ 账号，就能快速添加好友，在线互动。

可以说，微信的出现已经抢占了 QQ 的部分客户市场，诚然，微信并不是为了取代 QQ 而特别设计的产品，两者在功能上还是存在部分差别，但是微信的便捷和方便还是迅速地让它登上最受欢迎聊天软件的宝座。

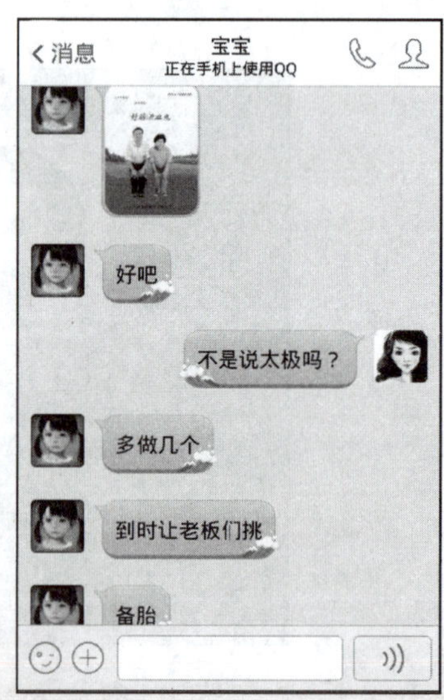

图 1.29　腾讯 QQ

同样是腾讯的产品，微信和 QQ 作为聊天软件，很多性能都是具有交互性的。笔者从以下几方面进行解析，如表 1.2 所示。

表 1.2 手机 QQ 和微信的横向比较

对比项	QQ	微 信
信息容量	大	大
好友来源	QQ 好友、主动搜索、朋友网	手机通讯录、QQ 好友、附近的人、摇一摇
LBS 支持	支持	支持
朋友圈支持	支持	支持
费用	按流量包月	各种流量套餐
电脑	QQ 客户端	网页客户端

1.3 诱惑众生，抢占营销首位

2013 年 4 月腾讯推出微信开放平台，仅隔 4 个月，腾讯总裁马化腾再出新招，用微信公众平台正式拉开微信公众账号运营的帷幕。微信公众平台的正式上线，吸引了数百家媒体与公司机构的大量涌入，将这里开辟成为除微博官号外的另一大互联网营销战场。

1.3.1 社交畅通无阻

在最受欢迎的微信功能调查中，喜爱语音对讲功能的人数高达 79.28%，位居榜首；其次是文字图片传输功能，占总人数的 43.10%；“查看附近的人”、“摇一摇”以及“漂流瓶”功能等也在 30%左右。

1. 现状

关于微信联系对象的调查中，有 50.09%的人选择了现实中的好友，22.99%的人选择了家人、亲戚，16.86%的人选择了微信上的陌生人，10.06%的人选择了 QQ 上的网友。可见，微信用户联系最多的还是他们现实生活中熟悉的人，同时他们也希望通过微信这个新的交友平台认识更多的新朋友。

腾讯公司的微信在功能设计上，起初主要是方便熟人联系，即通过语音对讲等功能和 QQ 好友以及手机通讯录中的好友进行直接交流，帮助用户构建一张“强关系连接网”。但是为了给用户带来新鲜感，满足用户多方面的需求，微信又先后推出了“附近的人”、“摇一摇”、“漂流瓶”等功能，如图 1.30 所示为微信摇一摇页面。

这些功能的面世，让微信的社交功能越来越强大，由此构成了“熟人交际圈”、“千米交际圈”和“陌生人交际圈”三大社交圈层。

(1) 熟人交际圈中的社交。微信社交主要是在熟人交际圈中进行的。调查数据表明，高达 50.09%的微信用户主要联系对象是他们的朋友，位居榜首；22.99%的微信用户主要联系对象是家人。

如图 1.31 所示，在这类熟人交际圈中，应用最多的就是微信的语音对讲功能，它方便微信用户和家人朋友谈论正事或者聊家常来增进感情。而选择微信的一个直接原因就是其价格低廉，只需要支付极少的由网络流量产生的费用。

图 1.30　摇一摇功能

图 1.31　微信朋友圈

(2) 千米交际圈中的社交。点开微信“附近的人”功能，用户会看到 1000 米范围之内同样也使用过这个功能的用户。它为用户提供了附近的人的头像、昵称、签名及距离等，点开感兴趣的人的头像，用户可以向他(她)打招呼。

据调查显示，微信用户中有将近 30%的人经常使用“查看附近的人”功能，并且在关于“查看附近的人”功能口碑调查中，有高达 63.95%的人觉得这个功能方便找到熟人，很好用，其中男性的比重更是高达 97.66%。

“附近的人”功能让彼此陌生的两个人有了相识的可能，微信用户可以借助这个功能结识身边的陌生人，扩大自己的交友圈。如图 1.32 所示，就是“查找附近的人”功能。

(3) 陌生人交际圈中的社交。“二维码”、“扫一扫”、“摇一摇”以及“漂流瓶”功能构成了微信用户的陌生人交际圈。调查显示，将近 10%的微信用户经常使用“二维码”功能，虽然比重不是很大，但是不得不承认“二维码”结合“扫一扫”功能的组合，让微信用户感觉很新鲜。

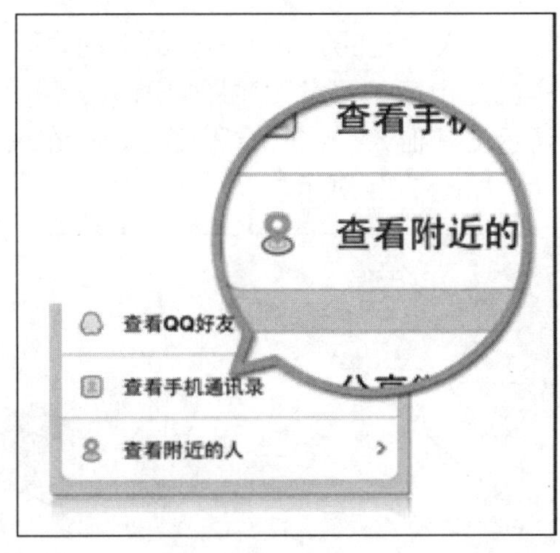

图 1.32 查找新朋友

调查显示，30.91%的人经常使用“漂流瓶”功能，32%的人认为该功能可以帮助他们向陌生人倾诉心事，排解宣泄自我(其中男性的比例达 48.27%)。微信用户可以把自己烦恼、忧伤或困惑的心事、秘密写下来，然后随着漂流瓶寄给陌生人。用户也可以打捞漂流瓶，查看他人的心事以及秘密，然后通过漂流瓶进行互动，互相安慰，一起得到心灵上的放松与解脱。如图 1.33 所示，这个功能在不知不觉中促进了用户之间的交往。

图 1.33 微信将陌生人紧密联系在一起

2. 问题

微信使“天涯”变成“咫尺”，但微信是否同样会使“咫尺”变成“天涯”？微信的推广，可能会使现实生活中的家人、亲人、朋友等变成网络中虚拟的存在，从而减少在现实生活中真实的、更人性化的、更有温度的互动。

另外一个严峻的现实就是由微信引发的犯罪问题和道德危机。微信的 LBS 定位功能将用户的大概位置显示给其他人，在一定程度上是存在安全隐患的，由此引发的劫财、劫色案件屡有发生，如图 1.34 所示。

图 1.34　微信欺诈

调查中有高达 64.38%的微信使用者听说过由微信引发的犯罪问题。据统计，有 69.09%的人都听说过微信“摇一摇”功能被当成寻找一夜情的工具。微信的“摇一摇”功能因其能为用户摇到异性，被一些别有用心的人当成了寻找一夜情和卖淫嫖娼的工具。

此外，微信社交还涉及隐私安全问题。有将近 10%的用户觉得微信完全不能保障用户的隐私，29.37%的用户认为微信会偶尔泄露他们的隐私。

3. 对策

(1) 腾讯公司应向用户提出善意的提醒。腾讯公司在大力宣传推广微信产品的同时，在道义上提醒、告知广大微信用户可能存在的安全隐患，不应忘记一个企业对于社会的责任，而且应该进行相关法规、法律的指定，如图 1.35 所示。

腾讯这种预防性的公告或提醒，可以出现在软件初次使用的介绍界面中，也可以在用户选择带有 LBS 定位的功能时弹出警告窗口，还可以通过 QQ 用户的系统消息、邮箱等途径进行传播。此外，腾讯公司还应该建立微信用户黑名单，终身禁止那些通过微信实施犯罪的用户再次使用微信，并及时把有关资料作为证据材料上交给司法机关处理。

(2) 用户要提高防范意识和自我保护能力。微信只是一个方便用户互动的社交软件，而不是用来寻求刺激的工具，用户要把握住自己的道德底线。此外，微信用户也要加强自身的防范意识以及防卫技巧，不能放松警惕，如图 1.36 所示。

关于打击违法违规行为规范微信公众平台运营的公告

微信公众平台一直致力于为用户提供文明健康、规范有序的网络环境。近期，我们在运营中发现部分公众帐号用户在下发消息中推送垃圾广告、骚扰信息甚至色情、暴力等违法违规的内容，或者进行强制、诱导分享，虚假、与帐号无关的推广等恶意行为。上述内容和行为已严重干扰了微信公众平台的正常运营，更涉及侵犯其他用户或第三方的合法权益。为了进一步规范平台运营，保障合法权益，我们将对违法违规内容进行清理，并对相关行为进行处罚。

查看微信公众平台服务协议

图 1.35　腾讯对微信违规操作的打压

在与陌生人交往的时候要时刻提高警惕，用户不要向陌生人泄露重要信息；如果在与陌生人见面的时候发生危险，要懂得自我保护，设法摆脱困境；一旦造成侵害，不要因为碍于颜面而忍气吞声放弃寻求法律帮助，应该及时报案获得司法帮助，让犯罪分子得到应有的惩罚，遏制此类犯罪的蔓延。

图 1.36　提高微信警惕

(3) 国家应完善网络立法，加强网络犯罪司法惩治力度。我国法律规定禁止传播淫秽、色情等不良信息，因此网络平台对此有删除义务，但目前还没有针对网络服务安全的专门立法。因此，我国应该出台一系列有利于保障网络安全的法律条文，健全我国的网络法制体系。此外，我国还应加强对微信的监管，根据微信的特点，各监管部门都应承担起明确的职责，形成强而有效的监管机制，并且我国司法机关应该加强对微信不法分子的惩处力度。

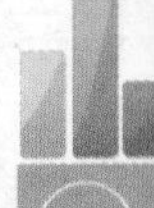

1.3.2 创业风生水起

随着微信大众途径的敞开，根据微信途径的创业变成热门。卡小二、印美图、形象笔记等创业项目受到越来越多创业者的关注。微信途径大众账号数量现已打破 200 万，并由此诞生了微信电商、微信送餐等许多新式商业形式。如图 1.37 所示，微信为来自世界各地的投资者带来商机。

“2014 年，根据微信、交游等大众途径的继续炽热，依托于这些大众途径，将呈现更多可供发掘的商机。”互联网推广教授方兴东表明，尤其是微信支付功能的推出，打通了整个移动电商的购物环节。在推翻传统电商形式的同时，也将招引更多的商家将产品出售的重点放到这些大众途径上。

在传统互联网领域，腾讯的金矿是 8 亿 QQ 用户。在异军突起的移动互联网市场，微信用户已超 3 亿。从 2004 年腾讯 IPO 时的发行价 3.7 港元，截至 2013 年 2 月 26 日收盘价 267 港元，这只“小企鹅”在资本市场上一路狂奔，总市值接近 5000 亿港元，相当于大约 2 个百度、18 个新浪，或者 37 个搜狐的市值。

凭借用户爆发式增长，微信庞大的用户量和难以预估的黏性正推动腾讯演变成实力雄厚的隐形电信运营商。

图 1.37 微信带来商机

“有 Wi-Fi 的地方，已经不需要手机卡了，微信已经取代了短信。”一名财经界用户的微信体验评价，折射出传统运营商面临的尴尬。通过互联网，智能手机的微信用户可以发送语音、视频、图片和文字，微信无纸化商户会员卡、便捷保险理赔等应用五花八门，“摇一摇”等功能已经在电子政务中生根发芽。

从绝对值上看，短信的龙头地位未曾改变，但电信运营商除夕短信量的增长已经放缓。多名运营商高层公开表示，相关公司业务正受到以微信为代表的新型社交工具的冲击，短信、语音，包括国际电话业务都受到很大挑战。

在 2013 年除夕前一日，微信突然升级群发功能，剑锋直指短信业务，成为最新颖的拜年方式，如图 1.38 所示。

图 1.38 微信拜年

而在语音通话领域，微信的对讲功能，与传统电信的实时通话功能仅差临门一脚。而这一步并无技术障碍，只是存在电信政策壁垒。在微信这类新势力面前，如果不是政策防火墙，电信运营商很可能沦为网络管道的提供者。日前，腾讯成立微信美国办公室，业界惊呼："打美国长途用微信？"

可以想象，如果有一天大家首先交换的不是电话号码，而是微信号码，中国移动们怎么办？

同样，腾讯自身的 QQ 业务也在受到更适合移动互联网的微信挑战。而且微信对传统的冲击不止如此，在战略层面，微信是新型移动社交网络平台，以及生活服务平台。后者意味着微信的可供挖掘的商业价值，即其货币化突破。对此，很多观点认为微信商业价值产品尚处于雾里看花阶段。

事实上微信盈利模式已经有迹可循。在互联网新兴的 O2O(线上到线下)模式中，微信签约了大量商户，通过微信的无纸化会员卡，将用户从线上引导至线下消费。通过二维码"扫一扫"等方式，向商家潜在客户提供促销折扣、产品信息及会员活动，并获得广告费用或收入分成，这是微信可行的商业模式之一。由于腾讯早前已涉足网络金融公司，并有自身支付平台财付通的配合，使得微信向会员提供金融服务成为可能，如图 1.39 所示。

图 1.39 微信支付

时代潮流，浩浩荡荡，打败一家伟大公司的往往是潮流，造就一家伟大公司的也往往是潮流。对于电信运营商，面对挑战，如何进行业务创新，跟上移动互联网的步伐很重要。对于腾讯，如何整合 QQ 及微信业务，找到合适的商业模式，防止内耗形成聚合效应也很重要。

1.3.3 信息高速流通

借助个人关注页和朋友圈，实现品牌的病毒式传播。当用户的朋友在关注朋友的时候，也可以知道用户的偏好和关注，如果对方同样有兴趣，也会进行关注。

更重要的是，通过公众平台和朋友圈的信息分享机制，以及互联网产品离散用户的力量，在信息传播方面会形成非常可观的合力，形成信息在某圈子人群的爆发现象。图 1.40 所示为微信的裂变式传播。

图 1.40 微信形成信息分享机制

第 2 章 精彩纷呈，微信功能大展示

学前提示

微信，是一种生活方式，它远远超越了对交流平台的定义，它功能强大。从免费的短信聊天工具，到最火热的语音交流软件，微信不断完善和发展，给用户带来全方位、高品质的服务体验。

要点展示

- 微信使用手册
- 微信热点功能
- 微信 5.2 新增功能

2.1 微信使用手册

随着微时代的到来，微信扮演着越来越重要的角色，到底微信是什么？怎么样注册微信？又该怎样使用微信呢？

2.1.1 了解微信

首先，微信是什么？微信是一款非常具有时效性的跨平台的手机交友软件，它能非常方便地帮助使用者找到志同道合的朋友，当然，也包括男女朋友，这就是一个交友中介。

微信是腾讯公司于 2011 年年初推出的一款通过网络快速发送语音短信、视频、图片和文字，支持多人群聊的手机聊天软件。用户可以通过微信与好友进行形式上更加丰富的类似于短信、彩信等方式的联系。微信软件本身完全免费，使用任何功能都不会收取费用，微信时产生的上网流量费由网络运营商收取。

因为是通过网络传送，所以微信不存在距离的限制，即使是在国外的好友，也可以使用微信对讲。如图 2.1 所示，微信时代来了。

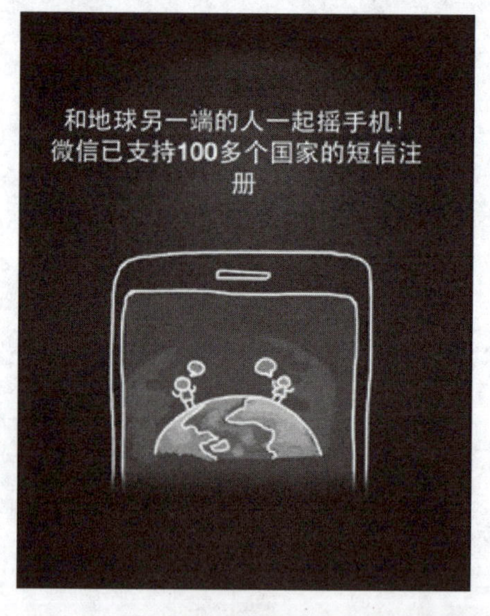

图 2.1 微信来了

微信不只是个聊天工具，更是一种生活方式，它已经改变了用户对于交友的观念。其实微信相当于另一个 QQ，但是不同于 QQ 的是，它在交友这块表现得更具时效性，也更强大。不论是塞班、安卓还是苹果系统的手机用户，只要安装了微信，就可以进行跨手机平台的畅通聊天。

2.1.2 下载安装

目前微信支持五种操作系统的手机，下面以安卓系统为例，介绍微信的下载安装。微信的下载主要有两种方式：一是下载 APK 文件到电脑或是手机；二是发送短信免费发送到手机。此外，还可以扫描二维码进行下载，具体方式如图 2.2 所示。

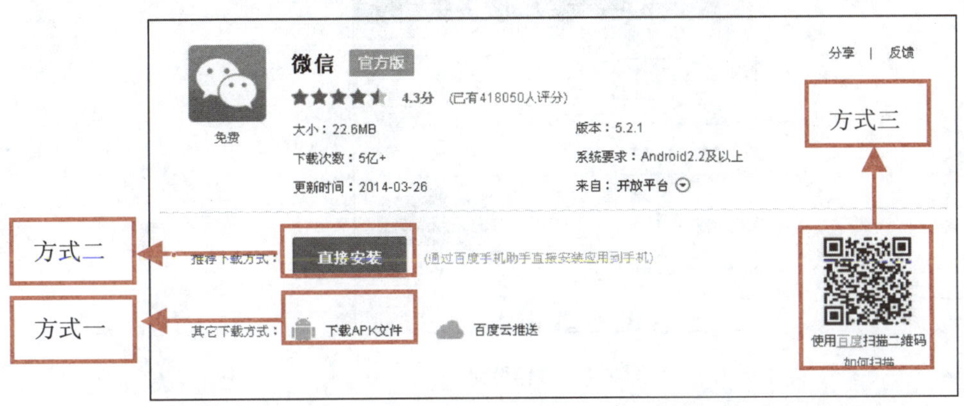

图 2.2　扫描二维码下载微信

下载完成后，只需点击微信下载软件即可，具体方式如图 2.3 所示。

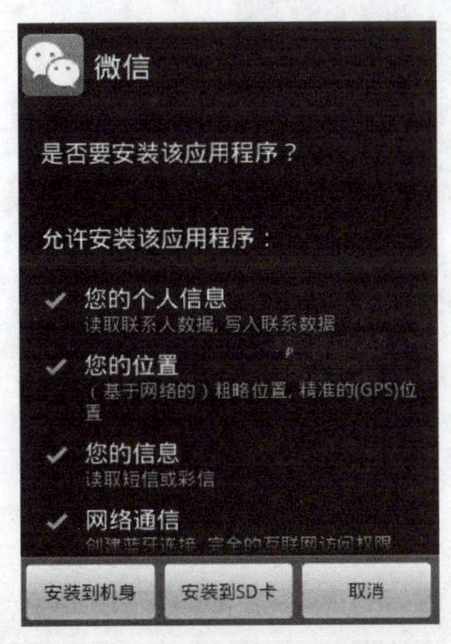

图 2.3　微信的安装

2.1.3 登录微信

微信怎么用？微信的使用方法其实非常简单。它与所有的即时聊天软件一样，需要注册与登录。不过，相对于其他即时聊天软件，微信的注册和登录更加方便，如图 2.4 所示为微信的登录页面。

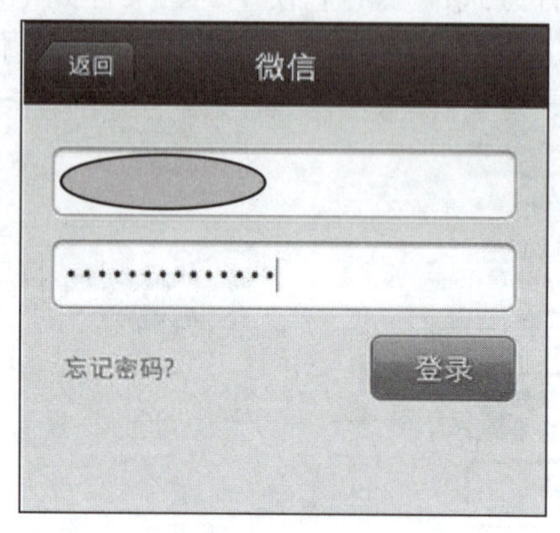

图 2.4 微信登录

用户首先要做的就是微信注册。如果用户拥有 QQ 账号，就不需要注册，可以直接使用 QQ 账号登录微信，如图 2.5 所示。

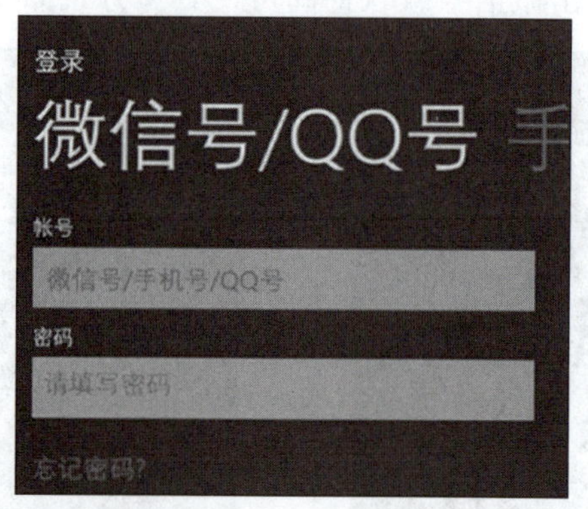

图 2.5 使用 QQ 号登录微信

如果用户不想使用 QQ 账号登入，可以用手机号码进行快捷注册。只要选择好自己所在的国家，然后填写手机号码与登录密码就可以，非常方便，10 秒钟就能搞定。注册成功之后，用户就将拥有一个微信账号，下次除了使用 QQ 账号、手机号码登录之外，还可以使用微信账号登录，如图 2.6 所示为快捷注册的页面。

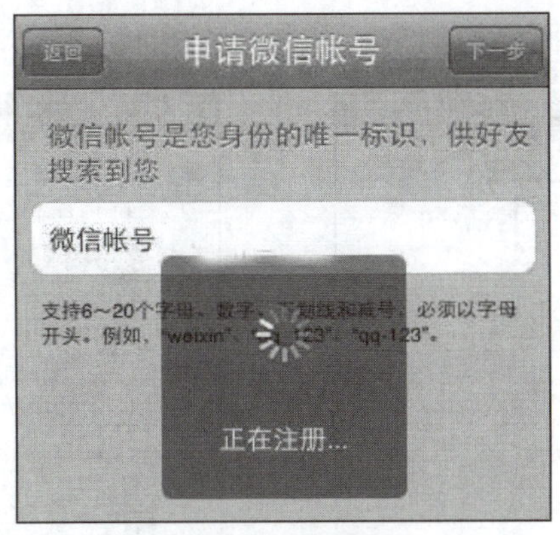

图 2.6　微信注册

2.1.4　界面介绍

微信的界面非常简洁，以安卓最新推出的 5.2 版本为例，主要由“聊天”界面、“发现”界面、“通讯录”界面以及“附加功能”界面四部分组成。

1. “聊天”界面

“聊天”界面显示的是用户正在聊天的好友，以及曾经联系过的好友，用户可以点击任意一个聊天窗口发送信息，如图 2.7 所示。

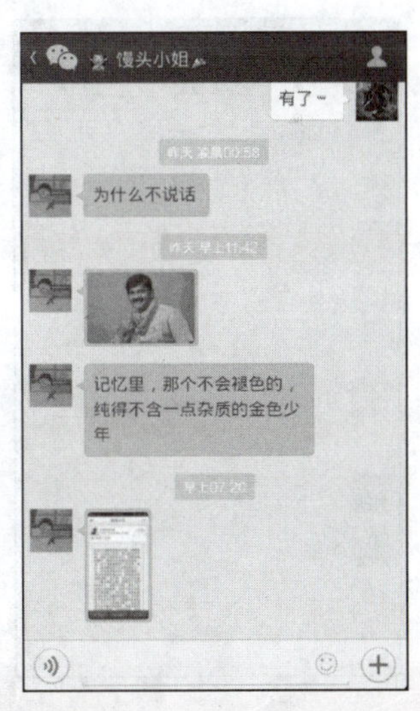

图 2.7　“聊天”界面

2. “发现”界面

“发现”界面由“朋友圈”、“扫一扫”、“摇一摇”、“附近的人”、“漂流

瓶”、“游戏”和“表情商店”组成，如图 2.8 所示，具体功能下文会有详细介绍。

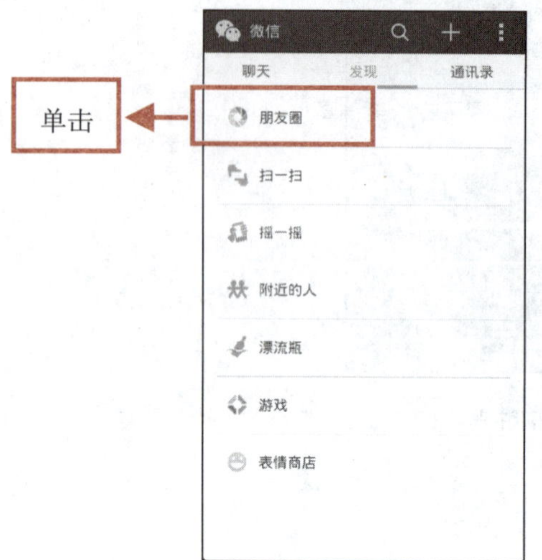

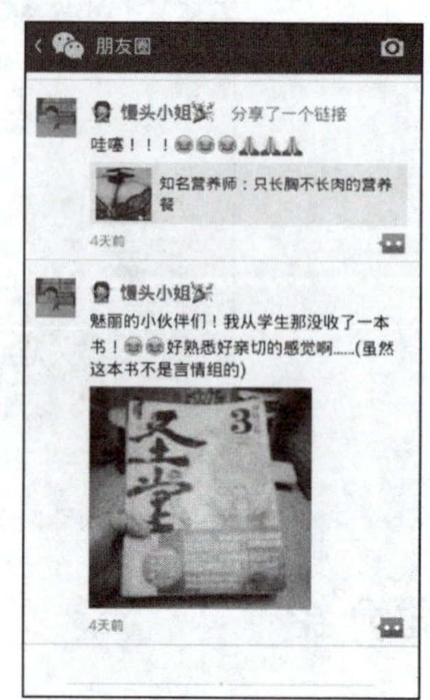

图 2.8　“发现”界面

3. “通讯录”界面

此界面中包括用户的所有朋友，包括新的朋友、群聊、服务号、订阅号以及所有好友，用户可以按照界面右侧的英文字母关键字，快速查找好友，如图 2.9 所示。

图 2.9　“通讯录”界面

4. 附加功能界面

在微信界面的右上角有“🔍”、“＋”、“⋮”三个图标，其中通过“🔍”可

以搜索关键词查找相关内容，如图 2.10 所示。

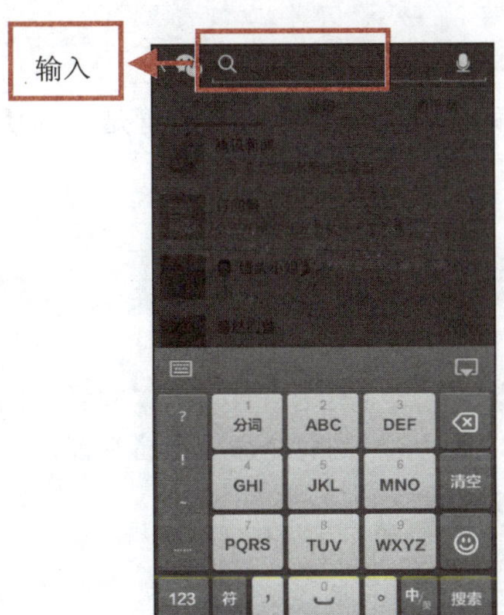

图 2.10　搜索功能

“+”图标下包括发起群聊、添加朋友、视频聊天、扫一扫、拍照分享等快捷方式，“⋮”图标下主要是个人信息的介绍，其他功能有相册、收藏以及银行卡等，如图 2.11 所示。

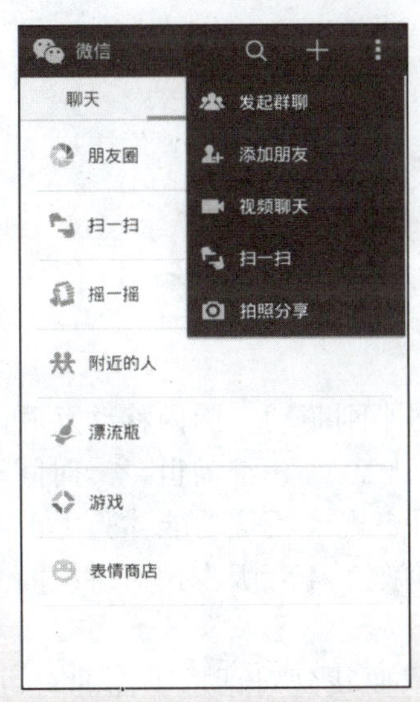

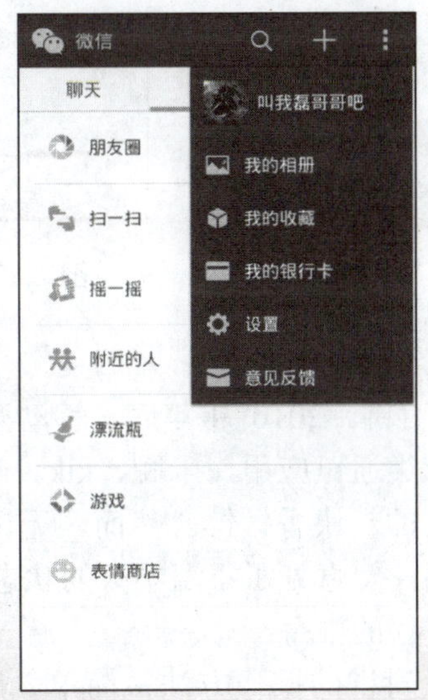

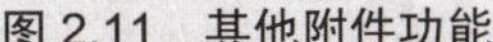
图 2.11　其他附件功能

2.2 微信热点功能

随着微信版本的更新，其功能也越来越完善、越来越强大，不管是个人还是企业，都能充分借助这个交流平台，享受它周到的用户服务。

2.2.1 微信语音

1. 功能简介

在 4.5 版本中，微信首次推出了语音功能，它支持发送语音短信、视频、图片和文字，这种聊天软件支持多人群聊，如图 2.12 所示展示的就是微信语音功能。

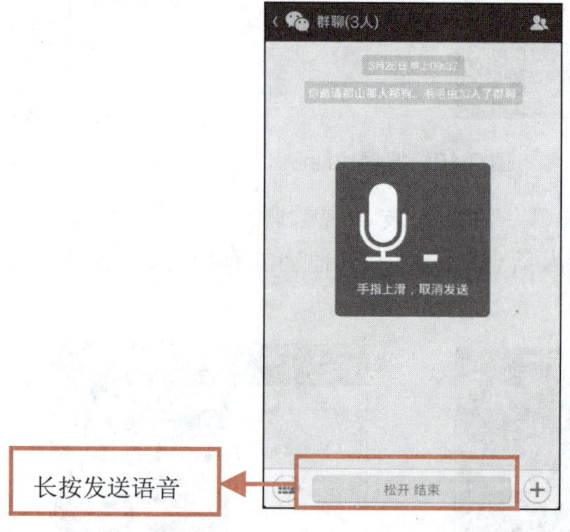

图 2.12　微信语音

2. 功能运用

(1) 语音对讲。2010 年年底，移动互联网刚刚萌动，国内移动互联网厂商就开始纷纷布局语音类通讯应用，米聊、kik、唱吧、YY 等相继问世，一时间语音社交成了移动互联网上的一块香饽饽。然而，无论在用户规模还是功能体验上，语音应用仍未能形成大气候，一直处于不温不火的状态，而微信 4.5 版本携对讲机而来，正式掀起了移动语音时代的帷幕。

进行微信对讲的操作方法很简单，用户只要找到对话框下面的对讲键(形状类似于喇叭)，用手指长按并开始讲话，松开手指，语音信息就发送出去了，如图 2.13 所示，方便简洁。

(2) 语音提醒。Siri 的横空出世引发一场语音热潮，建立在语音交互基础上的个人智能助理产品也代表着日后移动产品的发展趋势。早有业内专家指出，一款具备良好体验的移动 App 应用，除了要拥有长期结构化数据积累和索引技术的支持外，同样需要有强大的语音理解能力。

微信的语音提醒功能看似简单，却引起业界的无限遐想。它以公众账号形式呈现，用户只要对“语音提醒”公众账号说出待办事项，即可自动设置提醒，设置成功后系统会给出确认通知，同时把语音内容转换成文字。如图 2.14 所示为微信的语音提醒功能，用户只要添加设置，就能享受这一方便的服务。

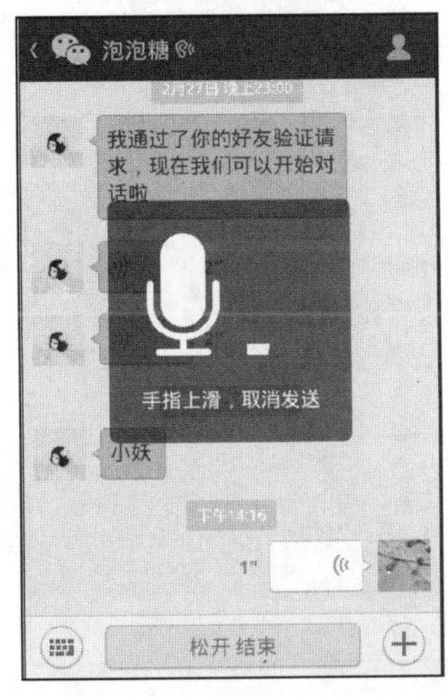

图 2.13　微信对讲操作

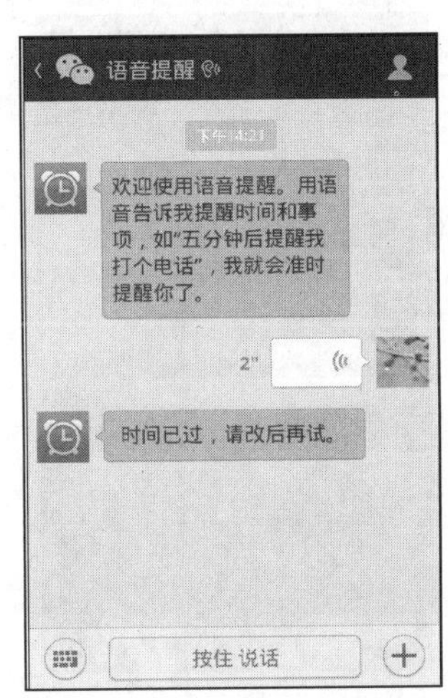

图 2.14　微信语音提醒

腾讯推出的“语音提醒”功能，打开了语音这个移动互联网的新入口，实现了 iOS 上 Siri+Reminder 的功能，并且腾讯做到了更加精准，微信跨平台的特点，让这一功能可以覆盖到更广泛的人群。

基于公众账号提供语音服务，未来微信可以通过分账号实现人工智能的精准语音服务。比如安排一个账号专攻询问天气，另外的账号负责安排任务等，采用分工合作的形式。未来可能还有更加复杂的服务交由第三方去开发，微信把这些接口开放，并将语音和语义的结果返回给某个智能的开发者运营账号，由开发者基于自己的数据和算法得出结果返回给用户。照这样的模式发展，微信就可以迅速成为移动互联网的语音交互入口。

(3) 语音聊天室。很多人惊叹于微信强大的实时对讲功能，微信语音聊天室迅速成为微博热议的焦点，关于微信语音的微博多达 276 万条。

用户可以通过语音聊天室和一大群人语音对讲。当参与人数过多时，用户需要抢麦才能说得上话。不同于在群里发语音，这个聊天室的消息几乎是实时的，并且不会留下任何记录。在同一个群组里，只有同时加入语音聊天室里的人才能收到对讲消息，其他人则不受打扰，如图 2.15 所示为语音聊天室的界面。

据说，语音聊天室的功能受杭州微信出租车队的启发而生。在一个微信群中，用户可以发起语音聊天室，加入聊天室的成员可以收听到实时的语音信息，如图 2.16 所示。并且无论是在聊天室页面还是群页面，甚至返回手机主页面，只要保持微信后台运行即可。当用户切换到不同的终端上使用语音聊天室时，聊天内容可以同步，避免了换终端就"搭不上话"的尴尬。不需要安装任何插件，这比目前市场上大部分的语音工具使用更方便。

图 2.15　语音聊天室

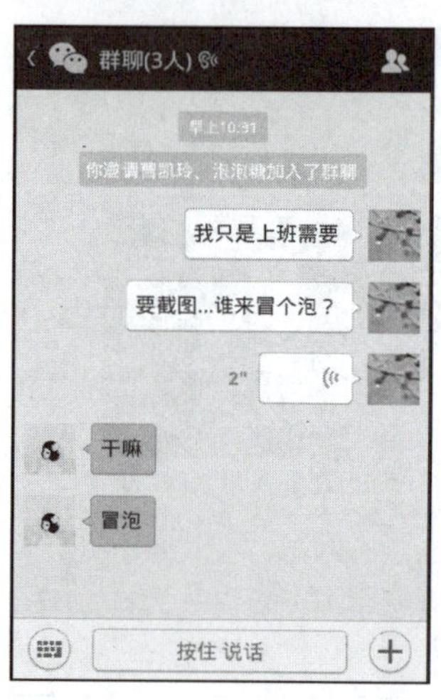

图 2.16　多人语音聊天

现在，纸笔书写被电脑所代替，随着微信的不断完善和发展，大家完全可以想象，未来语音智能也终将替代键盘输入。

•专 家 提 醒

随着微信语音的火热发展，它在方便用户交友的同时，也滋生了色情、欺诈等灰色产业，用户要提高警惕，规范使用，谨防被骗。

2.2.2　微信摇一摇

微信摇一摇，是微信推出的一个随机交友应用，通过摇手机或点击按钮模拟摇一摇，可以匹配到同一时段触发该功能的微信用户，从而增加用户间的互动和微信黏度，如图 2.17 所示。

1. 功能简介

摇一摇是微信最独特也是最强大的交友方式，支持通过摇一摇手机找到同时也在摇手机的朋友。只要是在同一时间摇动手机的微信用户，不论你在地球哪一个角落，都可以通过这个功能认识彼此，如图2.18所示。

图2.17　微信摇一摇

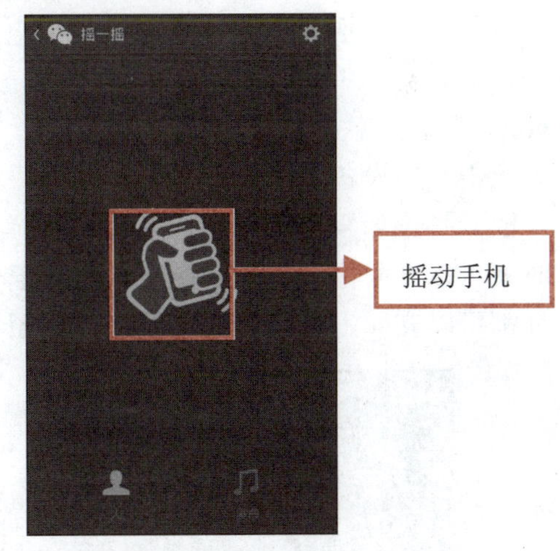

图2.18　摇一摇功能

2. 功能运用

通过摇一摇这个功能，用户能享受多重的服务体验。它操作方便，随时随地都可以进行，因此推出后立刻受到广大用户的欢迎。

(1) 摇一摇加友。首先点开摇一摇功能，在摇到周围的陌生账号之后，向对方打招呼，发起对话，在征得对方同意之后，就能添加好友了，如图2.19所示。

(2) 摇一摇传图。摇一摇传图是摇一摇的升级版：通过二维码连接一部电脑后，两个设备可以自如的发送图片和文字链接等，如图2.20所示。

图 2.19 微信摇到好友

图 2.20 摇一摇传图

目前，摇一摇传送图片插件需先用电脑进入 wx.qq.com/yao 进行插件下载后才可以使用。现在只有四款浏览器支持这一款附件，分别为 chrome、Safari、Firefox 和 Sogou。随意一款点击“安装插件”进行安装重启后，浏览器就会出现一个二维码，这时点击手中设备右上角的“扫一扫”，将二维码放入取景框内即可自动扫描。

取景扫描后再点击设备屏幕上的“确认绑定”，PC 端和设备端就会自动连接。这时就可以无限往设备端传图片，只要摇一摇，不管 PC 端在浏览何网页，网页内的图片都可以立即上传至移动设备中，如图 2.21 所示。

图 2.21 传图操作

(3) 摇一摇搜歌。这个功能主要是帮助用户搜寻歌曲，有时用户听到某首歌曲，又不知道歌名，就可以采用搜歌功能，自动获取歌曲名称。

用户登录微信，选择“摇一摇”功能，就能进入摇一摇主页面，选择“歌曲”选项，如图 2.22 所示。

图 2.22　摇一摇搜歌

轻轻摇一下手机后，手机会自动识别听到的声音，稍等片刻，即可出现正在播放的歌曲歌词，如图 2.23 所示。

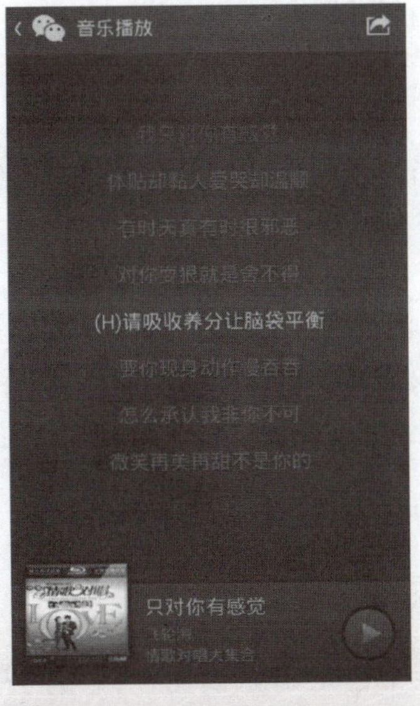

图 2.23　识别声音搜歌

2.2.3 微信消息推送

微信消息推送是微信最普及也是最基本的功能，它包括发布图文信息和发布活动信息。

(1) 发布单条图文信息。发布图文信息是将自己的网站内容推送给用户，在点击查看全文时即可连接至对应的网页。

在图文信息发送前，首先要上传图文信息中的素材文件，然后进入单条图文信息——新建单条图文信息，将对应的信息填入，其中地址为用户点击查看全文时进入的网址。

用户确定发送内容无误后，只需要点击“发送预览”，就能将编辑好的图文消息发布出去，如图 2.24 所示。

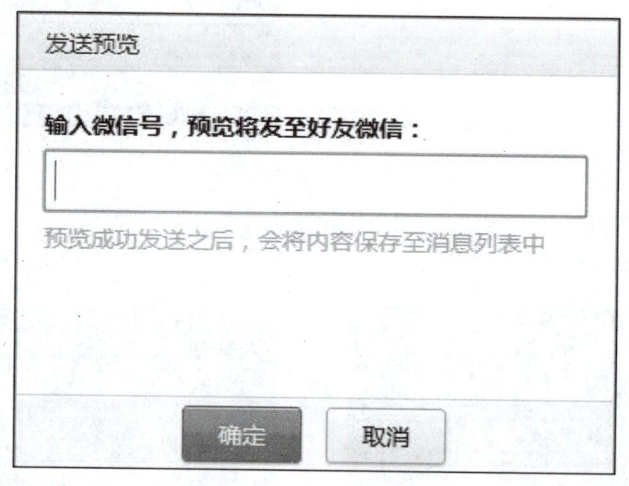

图 2.24 图文信息编辑

(2) 发布活动信息。相对发布图文信息来说，发布活动信息比较简单，设定的方法跟发布图文信息一样。但是由于是活动信息，所以腾讯微信官网对正文字数做了 800 字的限制，活动信息为短暂通知信息。

2.2.4 微信公众平台

1. 功能简介

微信公众平台是腾讯公司在微信的基础上新增的功能模块，通过这一平台，个人和企业都可以打造一个微信的公众账号，并实现和特定群体的文字、图片、语音的全方位沟通、互动。

如图 2.25 所示为微信公众平台的宣传图片，商家借助这个交流平台，实现和用户的一对一互动，确保消息的推送和阅读，以吸引用户消费，达到挖掘用户购买力的目的。

图 2.25　微信公众平台

微信在 2014 年 1 月升级到了 5.0 版本，同时微信公众平台也做了大幅调整。微信公众账号被分成订阅号和服务号，主要是组织(比如企业、媒体、公益组织)可以申请服务号，同时运营主体是组织和个人的可以申请订阅号，但是个人不能申请服务号，如图 2.26 所示为服务号和订阅号的界面。

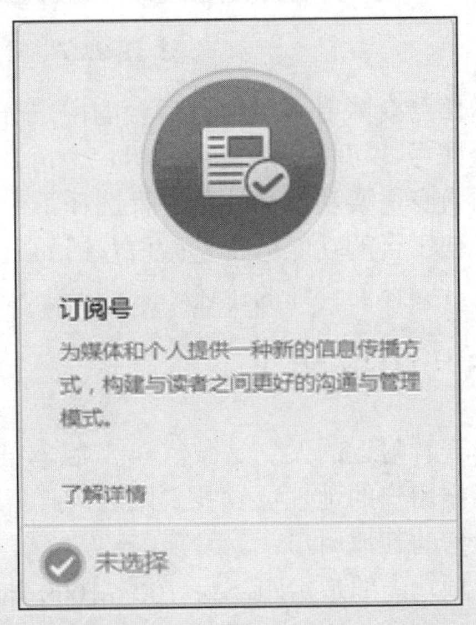

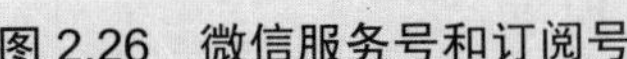
图 2.26　微信服务号和订阅号

2. 功能运用

微信公众账号主要是面向名人、政府、媒体、企业等机构推出的合作推广业务。在这里，商家可以摒除传统宣传媒介，通过微信渠道将品牌推广给上亿的微信用户，减少宣传成本，提高品牌知名度，打造更具影响力的品牌形象。

微信公众号的口号是“再小的个体，也有自己的品牌”，足以见得它对品牌推广的重要性和适用性。

如图 2.27 所示为利用微信公众平台推送消息的截图，商家在微信上发布产品信息或活动优惠，引导用户购买。

图 2.27 常见图文消息推送

微信公众账号可以通过后台的用户分组和地域控制，实现精准的消息推送。普通的公众账号，可以群发文字、图片、语音、视频、图文信息五个类别的内容，商家可以根据自身需要和产品特色进行选择。

微信平台的功能运用是微信营销的重中之重，也是营销能否成功的关键，第 4 章将会进行具体而详细的论述。

2.2.5 附近的人

“查看附近的人”是微信 4.5 版本推出的一项功能，目的是为了方便用户交友，它会根据用户的地理位置找到附近同样开启这项功能的人，使用户轻松找到身边正在使用微信的其他用户。

这项功能的适用距离为 100～1000 米，只要是开启了查看附近的人的微信用户，都能在列表中看到，如图 2.28 所示。

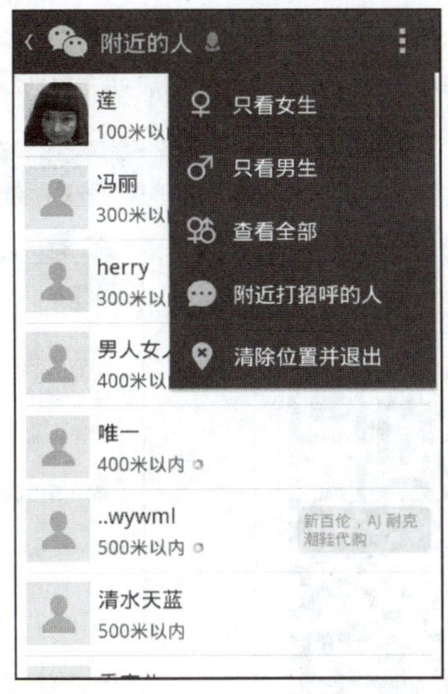

图 2.28　查看附近的人(1)

目前 iPhone 2.5、Android 2.3、S60 2.3 等系统可以使用这个功能，查看的入口在“找朋友”页面，如图 2.29 所示。用户在使用时，会有提示出来提醒用户，需要同意微信使用地理位置信息和补充个人信息。

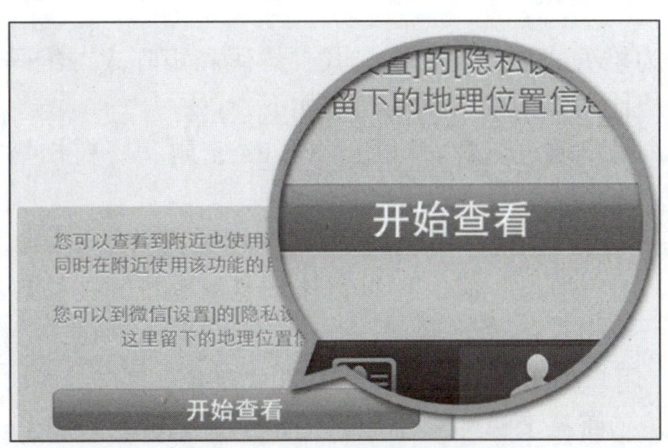

图 2.29　查看附近的人(2)

2.2.6　二维码

二维码(2-dimensional bar code)是指在一维码的基础上扩展出另一维具有可读性的条码，使用黑白矩形图案表示二进制数据，被设备扫描后可获取其中所包含的信息。一维码的宽度记载着数据，而其长度没有记载数据。二维码的长度、宽度均记载着数据。

二维码有一维码没有的“定位点”和“容错机制”，信息容量大，并且方便用户扫描，许多行业都纷纷进行开发。如图 2.30 所示为肯德基的微信二维码。

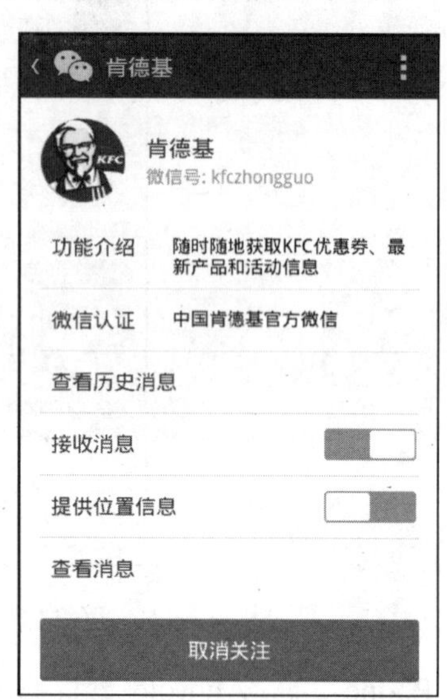

图 2.30　肯德基二维码

1. 功能简介

二维码可以分为堆叠式二维码、行排式二维码和矩阵式二维码，无论哪种，其功能都非常强大，用户比较常用的二维码功能如下。

(1) 信息获取。用户通过名片、地图、Wi-Fi 密码和资料扫描等，获取二维码上的信息。

(2) 网站跳转。跳转到微博、手机网站、互联网网页等。

(3) 广告推送。用户通过扫码，可以直接浏览商家推送的视频或音频广告，方便快捷。

(4) 手机电商。用户扫码，利用手机直接购物下单。

(5) 防伪溯源。在商品上标注二维码，用户通过扫码，就能查看生产地和商品具体信息，同时后台可以获取最终消费地。

(6) 优惠促销。用户扫码，下载电子优惠券，进行抽奖。

(7) 会员管理。用户在手机上获取电子会员信息、VIP 服务。

(8) 手机支付。用户扫描商品二维码，如图 2.31 所示，就能通过银行或第三方支付提供的手机端通道完成支付。

图 2.31　扫描二维码

2. 功能运用

二维码具有储存量大、保密性高、追踪性高、抗损性强、备援性大、成本便宜等特性，这些特性特别适用于表单、安全保密、追踪、证照、存货盘点、资料备援等方面。

(1) 票务销售应用。传统票务系统升级为电子票务系统的商家和代理商，为合作者提供了从网络电商平台搭建、软硬件集成开发、开放接口、维护等全系统的方案，建立的电商平台直接接入各种网银平台，用户在线支付完成后，凭得到的电子凭证或票据即可到此电商平台的对应实体商家消费，无须排队、无须等待、无须烦琐验证，让用户立即获得一系列完美的消费体验，如图 2.32 所示。

图 2.32　火车票二维码

(2) 表单应用。公文表单、商业表单、进出口报单、舱单等资料的传送交换，减少人工重复输入表单资料，避免人为错误，降低人力成本。

(3) 保密应用。商业情报、经济情报、政治情报、军事情报、私人情报等机密资

料的加密及传递。

(4) 追踪应用。公文自动追踪、生产线零件自动追踪、客户服务自动追踪、邮购运送自动追踪、维修记录自动追踪、危险物品自动追踪、后勤补给自动追踪、医疗体检自动追踪、生态研究(动物、鸟类等)自动追踪等。

(5) 证照应用。护照、身份证、挂号证、驾照、会员证、识别证、连锁店会员证等证照的资料登记及自动输入，发挥“随到随读”、“立即取用”的资讯管理效果，如图 2.33 所示为二维码名片。

图 2.33 二维码名片

(6) 盘点应用。物流中心、仓储中心、联勤中心的货品及固定资产的自动盘点，发挥“立即盘点、立即决策”的效果。

(7) 备援应用。文件表单的资料若不愿或不能以磁碟、光碟等电子媒体储存备援时，可利用二维码来储存备援，携带方便，不怕折叠，保存时间长，又可影印传真，做更多备份。

(8) 报纸应用。二维码作为一种连接报纸、手机和网络的新兴数字媒体，报纸利用二维码技术打造“立体报纸”以来，看报的用户通过使用智能手机上的各类二维码软件扫描报纸上的二维码，报纸立即成“立体”，同时还可以轻松阅读观赏报纸的延伸内容。国内应用二维码的报纸有华西都市报、长江日报、成都商报等。二维码应用使报纸的容量大大扩展，读报的乐趣也大大增加，这意味着报纸、期刊已经不仅仅是平面的新闻纸，更可以为我们带来一个全新 3D 视听影像感受，并且为产品提供了更为全面的资讯以及更为便捷的购买方式，缔造了全方位的移动互联网商务平台。

可将二维码放在哪里呢？首先可以考虑平面宣传物料，比如商家可在报纸、杂

志、图书、海报、传单、优惠二维码的应用券、广告牌、展架、产品包装、个人名片等媒介上加印二维码，既节省物料成本，让信息量最大化；又可引领潮流，实现信息快速获取，便捷保存，如图 2.34 所示。

图 2.34　二维码宣传

其次，视频广告宣传也是不错的手段。在电视、视频、广告上巧妙地嵌入二维码，突破时空限制，实现信息延伸，又能形成观众互动，扩大传播效果。再者，还可以利用线上推广，将二维码发布到企业网站、广告条、微博等媒介上以配合线上宣传，如图 2.35 所示。

图 2.35　金鹰网二维码

(9) 景点门票应用。景点门票，火车票告别传统文字纸张模式，采用二维码进行售票、检票，提高通行效率，防止伪票。

(10) 优惠信息传递。微信用户可以通过扫描二维码参与商家企业推出的优惠活动，如图 2.36 所示。

图 2.36　扫描二维码赢礼包

(11) 车辆管理应用。行驶证、驾驶证、车辆的年审文件、车辆违章处罚单等采用印制有二维码，将有关车辆上的基本信息，包括车驾号、发动机号、车型、颜色等车辆的基本信息转化保存在二维码中，其信息的隐含性起到防伪的作用，信息的数字化便于与管理部门的管理网络的实施实时监控。

除此之外，随着智能手机的普及，各种各样的二维码应用也接踵而至，看看有哪些极具创意的二维码应用：二维码请柬、二维码展示海报、二维码签到、二维码墓碑、二维码名片、二维码指示牌、二维码蛋糕、二维码宣传广告，以及二维码食品身份证等，如图 2.37 所示。

图 2.37　二维码告白

2.2.7 漂流瓶

微信支持扔漂流瓶匿名交友，相信用户对于漂流瓶都不会陌生，就是将自己想说的话写在纸上，然后放入瓶子，将它扔进水里，等待另外的用户拾取。微信还支持将语音放进漂流瓶，功能十分强大。

使用这一功能的用户，只要通过扔瓶子、捡瓶子，就能方便快捷地和陌生人打招呼，结交志趣相投的新朋友。

第一次使用漂流瓶，需要设置您的漂流瓶头像。如果没有设置，漂流瓶将会默认使用您的微信头像。如果您的个人信息不全，会提示您补充完整，如图 2.38 所示。

图 2.38　漂流瓶设置

功能一：扔一个

进入漂流瓶界面，您可以选择扔瓶子，发一段语音或者文字，您的话语将被装进瓶子扔向大海，如图 2.39 所示。

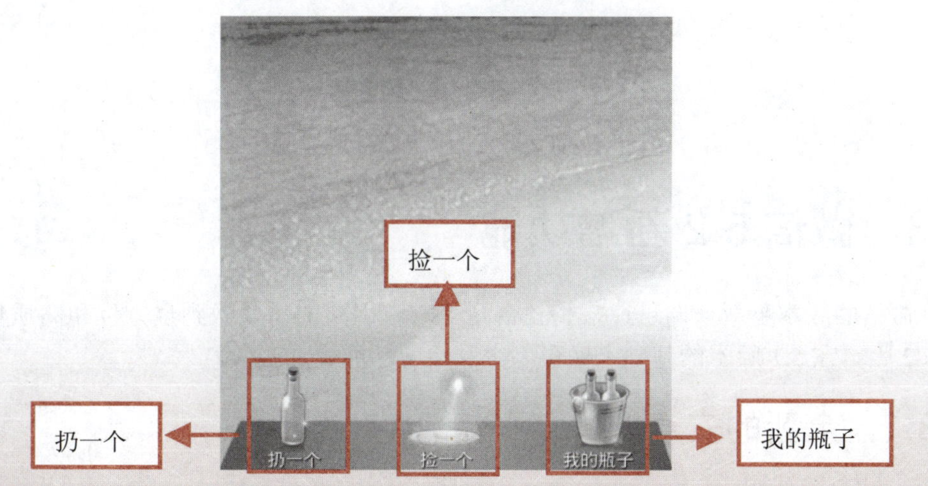

图 2.39　漂流瓶

功能二：捡一个

选择捡瓶子，会从茫茫大海中捡到漂流瓶，您可以回应 Ta，也可以扔回海里。

功能三：我的瓶子

如果想重温之前捡到的瓶子，或者和瓶友聊天，就点击“我的瓶子”。

需要提醒广大用户的是，随着微信的火热，很多不法分子也看中了漂流瓶这个强大的交友功能，利用用户交友的心理，进行欺诈。用户需要提高警惕，不要轻信对方，小心谨慎，以免给对方可趁之机。

2.2.8 语音提醒

微信语音提醒功能提出后很受欢迎，对广大的用户而言，它的实用性很强，只需要简单的设置，就能避免遗忘生活中的大小事情，作用类似于一个定时闹钟。

用户只需要进入微信，打开通讯录，在星级朋友那边就能找到语音提醒。如果用户需要提醒，直接向它发送语音消息就可以了，方便快捷，如图 2.40 所示。

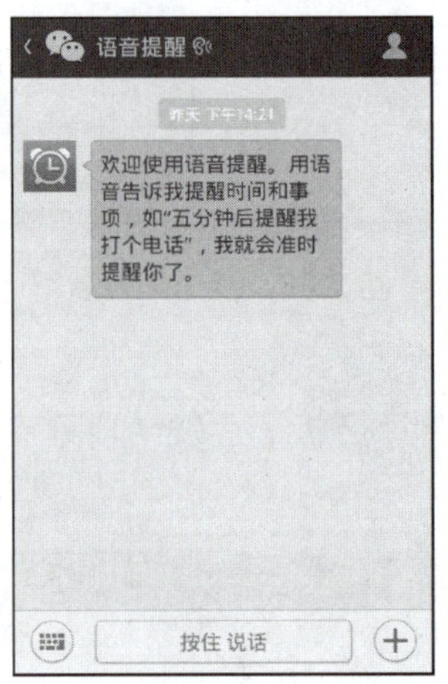

图 2.40 微信语音提醒

2.3 微信 5.2 新增功能

微信的版本更新一向迅速，腾讯公司力求让用户的体验做到全方位和高质量。微信 5.2 版本在 5.1 版本的基础上做了不少升级，功能更加强大。

2.3.1 全新的安卓 Holo 风格

Holo 主题是 Android Design 的一种表现方式，一共有三种风格：Holo Light、

Holo Dark、Holo Light with dark action bars，如图 2.41 所示为 Holo 风格的手机壁纸。

Android 4.0 以后的手机系统内集成有 Holo 主题的控件，简单的应用直接调用这些控件，就能设计出 Holo 风格的应用，和原生系统风格很一致。

魅力不仅仅是表面，Android 应用在多个层次上都是光鲜且具有美感的。微信此次采用 Holo 风格，变幻效果明确且迅速，布局和字体清晰且有意义，用户普遍反响良好。如图 2.42 所示为微信 5.2 版本运用 Android 的 Holo 风格。

图 2.41　Holo 风格壁纸

图 2.42　微信 5.2 全新风格

从画面上，用户可以直观地感受到应用的图标的美观，它们都是由艺术家设计的，就像一把精致的工具，努力结合美感、简洁以及易用性和强大的使用体验。

2.3.2　新增的顶栏快速入口

此次微信版本升级，在顶栏增加了快速入口，用户可轻松添加好友，快速建立会话和群聊，让用户享受更加方便快捷的体验，如图 2.43 所示。

图 2.43　新增顶栏入口

在此之前的设计，都是将这些选项设置在底部栏，用户在进行操作时比较不便。根据用户的反馈，腾信在原有设计上精益求精，设置了顶栏快速入口。这样，用户在进入微信页面后，只要轻触屏幕，就能快速地进入自己选择的功能页面。

2.3.3 会话的多图预览模式

微信 5.2 版本开发了会话的多图预览模式，用户在进入微信页面后，就能查看自己的会话记录，快速清晰地分辨出已经阅读和来不及阅读的信息，方便省事。同时，每条会话的后面都跟着部分内容，这样方便用户迅速的掌握信息，不用一一点开查看，如图 2.44 所示。

图 2.44　多图会话预览

2.3.4 优化的对话输入体验

微信 5.2 版本针对用户会话也进行了升级改造，在原有的基础上，提高了用户的服务体验。相比于它以往的版本，用户在会话输入时，可以进行选择的功能更多，操作也更简便。如图 2.45 所示为微信 5.2 内测版中的会话页面。

图 2.45　5.2 版本对话输入

2.3.5 其他功能

以上四点是微信 5.2 版本最大的变化，除此之外，它还有一些别的改动，比如它能将语音转化成文字，大大方便了用户，当用户处在不方便语音的环境时，可以照常进行微信对话，如图 2.46 所示。

另外，微信 5.2 版本对好友详细资料的设置也进行了改动，增加了交互界面，用户可以在手机上进行设置，和好友进一步亲密互动，如图 2.47 所示。

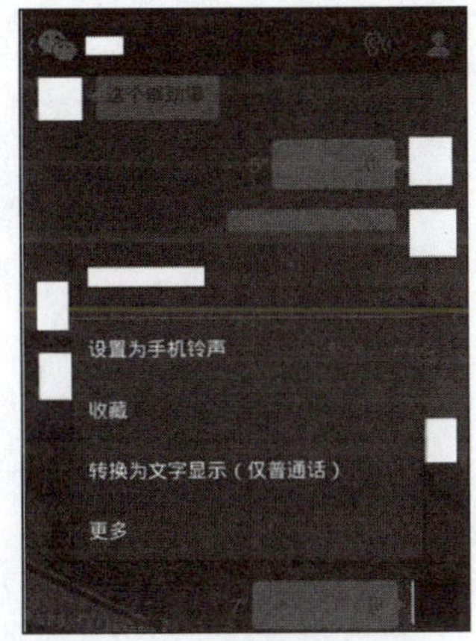

图 2.46 将语音转化为文字

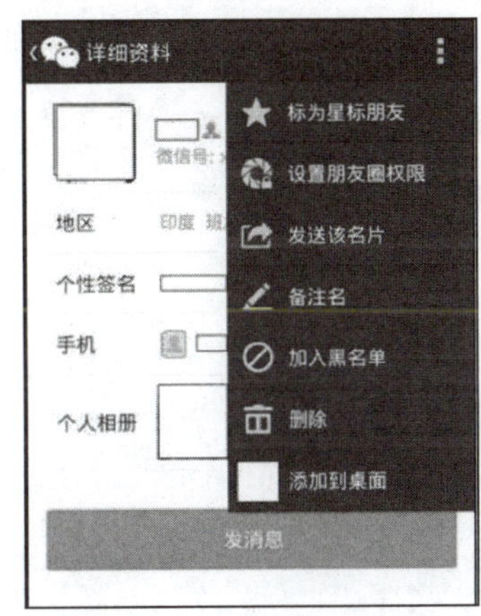

图 2.47 增加好友互动

第 3 章

钱途无限，微信商机大发掘

学前提示

微信营销是企业的机会，企业不仅能够科学合理地建立客户数据库，还可以进行持续的产品营销和口碑营销。通过互动沟通和精细化管理粉丝，企业的目标客户群将不断清晰和目标化，推广也更加科学和有针对性。

要点展示

- 了解微信商业模式
- 了解微信商业策略
- 了解微信如何盈利
- 微信商机模式案例

3.1 了解微信商业模式

微信的发展如此迅速，和它自身独具的优势是分不开的，相比传统的交流平台，微信的特点如下。

(1) 零遗漏地毯式营销。传统的营销模式往往得不到最新的客户更新资料，不便于客户分析，而企业微信营销系统不仅可以发送文字和图片，更能即时传送音频视频，多角度地对企业进行宣传推广。

(2) 针对性强。传统的短信、电话轰炸往往不能概括所有潜在客户群。企业微信营销系统，能定位搜索，针对不同潜在客户群，运用不同的营销宣传模式，多管齐下，让企业宣传达到更好的宣传效果，如图 3.1 所示。

图 3.1　微信一对一精准营销

3.1.1 订阅模式——高质量的资讯需求

微信上的信息资讯与微博中的不同，虽然两者的聚焦点都是用户的关注和订阅，但是，微博上的资讯是争取共鸣，披露真实；然而对于微信而言，无论是客观事件还是产品事实，客户所表露的意愿是能够在这里获得专业、全面的视角和观点。原始事实要经过整合再输出，给人以观点、想法。这就是微信的内容价值，也是传统媒体的优势所在。

许多传统媒体，有高黏度的群众基础，在做内容方面有深厚的经验和人才储备，也有积淀已久的内容量可以重组输出。而微信最大特点是与受众的接触做到“每小时、全天候”，这正好弥补了传统内容一期与下一期之间的缝隙，让品牌在间隙中也有被提及、被曝光的机会。

如图 3.2 所示，展现的就是微信带来的爆炸式资讯信息，用户可以根据自身的需要，对信息进行选择和使用。

图 3.2　微信带来的资讯信息

3.1.2　推送模式——让用户量更有价值

事实上，微信的营销模式是相辅相成的，例如订阅模式就紧密联系着推送模式，订阅量并不是单独一个数据，而是与商家的营销手段和推送内容息息相关的。如果订阅量不是一个量化的数据，而是质量的体现，它包含了商家对推送形式、推送内容的经营。

微信可以通过公众平台向用户推送各种形式的内容，这其中便包含了广告，文字、图片、链接、图文结合等，形式不一而足，商家还可以推活动、推广告、推内容、推 App。无论是哪种形式的推广，到达率都是 100%，这也就实现了微信的广告价值。如图 3.3 所示为星巴克的消息推送，结合了图片和文字两种形式。

图 3.3　微信推送广告信息

3.1.3 电台互动模式——语音信息的载体

语音信息是微信一个强大的信息功能，声音信息简化了短时沟通的方式，用户随时随地拿起手机，就能和朋友沟通，更适用于日常的交际和会话。

一般而言，声音的阅读难度远高于文字图片，商家不会利用语音宣传这个途径。如果选择发布语音消息，那么时间上就要受到严格限制，而信息量也会大打折扣，因此商家少有尝试。

实际上，语音消息非常适用于互动，就如电台模式，亲切直接，一问多答，商家可以直接和粉丝交流，掌握第一手的用户信息，如图 3.4 所示。

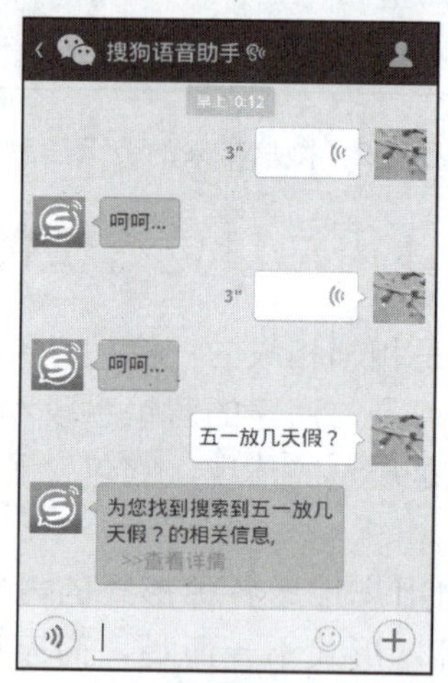

图 3.4　语音互动

另外，微信的语音功能，对于电台媒体来说，是一个招揽听众的绝好平台。

3.1.4 二维码——既公开又私密

二维码的应用有主读和被读的概念。在国外，二维码的平台式服务是指有一个平台来供商家生成二维码，并在那后面附上图片、文字、视频等各种各样的信息。本质上，它的内容是指向一个地址，所以二维码平台式服务属于被读的领域。

而二维码在微信当中的应用，是每位用户的专属标志，是私密性的，但与此同时，它又具有可读性，不可避免地成为一个公开的秘密，将隐私和公开完美结合。

当用户在浏览商家官方网站时，活动主题页面快速跳转，用户只需扫码即可浏览商家所有产品及信息，快速了解广告完整信息；在浏览商家微博时，也省去了输入查找的烦琐过程，扫描二维码之后就能快速关注，时时浏览商家微博新产品动态。更有甚者，部分实体商城商品一拍即买，在手机上就能实现购物，无论实物商品还是虚拟商品，都可以方便快速的购买，多种支付方式让手机购物更为便捷，而商家的折扣券、积分大礼等，扫码即有，如图 3.5 所示。

二维码应用快捷便利，主要有以下这些优势。

(1) 整合营销。二维码结合传统媒体，能无限延伸广告内容的实用性和时效性，消费者通过扫码，便捷入网，利用手机就能实时获得信息。

(2) 即时互动。企业可采取调查、投票、会员注册等活动形式，让用户参与调查、信息评论、活动报名、手机投票等，增加用户的黏度。

(3) 立体传播。二维码是移动互联网最便捷的入口，已经成为当下媒体传播最便捷的工具，商家能时刻进行线上和线下的信息传播，用户也能随时随地的接受资讯。如图 3.6 所示为二维码的推广和传播宣传图。

图 3.5　扫码有惊喜

图 3.6　二维码推广

3.1.5　自动回复模式——创意施展空间

企业微信的自动回复功能是十分强大的，能够吸引众多粉丝，可是微信公众平台关键字自动回复的规则，却并不是尽如人意，用户在回复了关键字之后，微信服务页面才会进行相应跳转，而这些可供选择的关键字并不能满足用户的全部需求，效果差强人意。

随着微信功能的不断完善，现在不少商家都是采用相关软件来实现智能回复，只需要直接下载软件进行设置，就可以智能答复用户问题，如图 3.7 所示。

现在市面上这样的软件比比皆是，比如小黄鸡，如图 3.8 所示，阿里旺旺的小二、小 Q 机器人，以及微品智能微客服等，各有特色。

小黄鸡可爱的形象深入人心，小 Q 机器人也为大家所熟知，这些都是比较成功的例子，虽然还有不足，不过这些智能回复的软件还是广受商家欢迎，纷纷投入使用。

例如微信牵手招行，促成了首个银行智能客服平台上线；杜蕾斯陪聊式对话微信；星巴克《自然醒》互动式推送微信等，这些都是微信智能回复应用的成功例证。

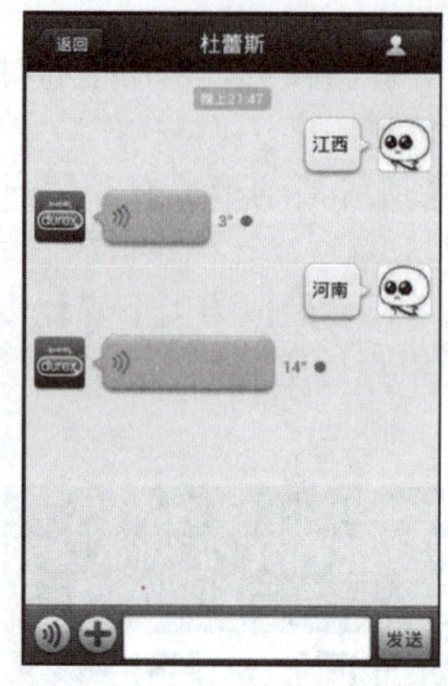

图 3.7　微信智能回复

图 3.8　小黄鸡聊天

3.1.6　CRM 工具——客户关系管理

与微博不同，微信是一种非常强大的 CRM(客户关系管理)工具。以前大众对 CRM 工具认识以 E-mail、短信、人工 call center(呼叫中心)为主，而现在则增加了微信。从某种意义上来说，微信甚至可以把前三种工具都替代掉。

微信的富媒体属性，可以让它变身成为 E-mail、短信、call center 的任何一种形态。商家可以发一条纯文字信息给用户，也可以发一篇带有照片和链接的文章给用户，当然也可以直接发语音和视频，这些都取决于商家的需要。

商家还可以利用微信进行客服，这在以前多数是通过 call center 来完成的，远不如现在方便快捷。首先，用户要祈祷自己的电话能打得进去；其次，要忍受很长一段时间的自动回复。比如“国内机票请按 1，国际机票请按 2”等，甚至还有可能遭遇态度恶劣的客服人员。利用微信，这一切问题都迎刃而解，变得方便而迅速，用户不用等待什么，直接发文字或者语音给商家的官方微信，用摄像头把发票、保修单、破损的商品拍照下来，发送过去，然后等着官方微信的回复就可以了。如图 3.9 所示为 CRM 的强大功能示意图。

微信公众平台还具备了对用户进行分组功能，商家完全可以对订阅用户进行分组，这与 CRM 工具对客户的分类整理功能也是相似的。

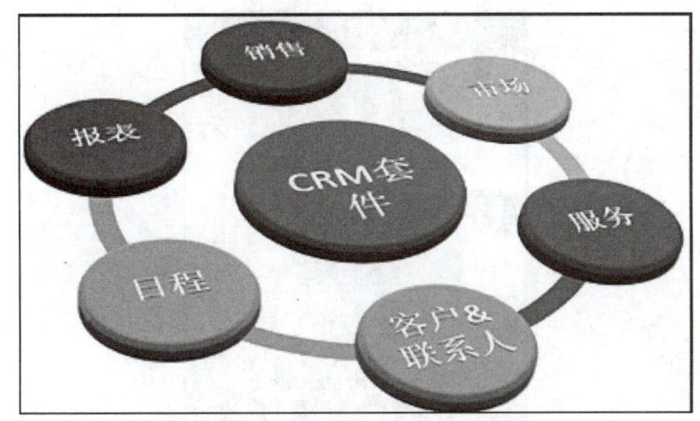

图 3.9 CRM 功能示意图

·专家提醒

商家在操作微信 CRM 工具时，可以进行权限设定，针对企业内不同部门、不同岗位的使用人员分别设定不同的操作权限，以确保资料的保密性和安全性。

3.2 了解微信商业策略

微信作为一款时下最火爆的沟通工具，备受年轻人青睐，更是众多商家用来获取利润的一种营销手段。借助微信，商家纷纷打造自家独属的公众号，实现和特定群体的文字、图片、语音的全方位沟通互动。

3.2.1 “意见领袖型”营销策略

企业高层管理人员的观点具有相当强的辐射力和渗透力，对大众言辞有着重大的影响作用，潜移默化地改变人们的消费观念，影响人们的消费行为。微信营销可以有效地综合运用意见领袖型的影响力，和微信自身强大的影响力刺激需求，激发用户购买欲望。

如图 3.10 所示为演员黄晓明的微信，他也是首位注册微信账号的明星，粉丝群体庞大，其他明星例如姚晨、杨幂等，也拥有超高的粉丝人气。商家完全可以借用这些明星的粉丝号召力，聘请明星充当代言人，在微信上宣传商品信息。

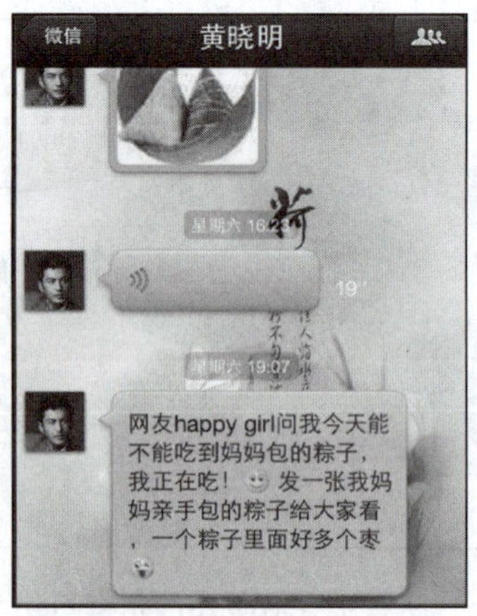

图 3.10　黄晓明微信

3.2.2　“病毒式”营销策略

微信的即时性和互动性强，同时，它的可见度、影响力以及无边界传播等特质，也特别适合病毒式营销策略的应用。微信平台的群发功能可以有效地将企业拍的视频、制作的图片，或是宣传的文字群发给微信好友。企业更是可以利于二维码的形式发送优惠信息，这是一个既经济又实惠，更有效的促销好模式。顾客主动为企业做宣传，激发口碑效应，将产品和服务信息传播到互联网以及生活中的每个角落，如图 3.11 所示。

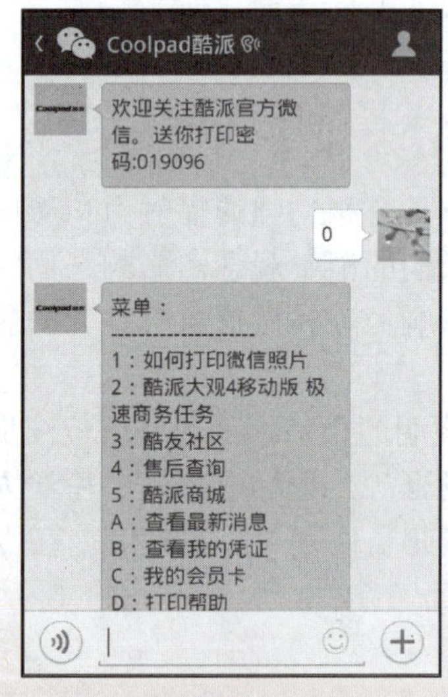

图 3.11　商品信息推送

3.2.3 “图文并茂”营销策略

单纯的文字或者语音消息推送，可能宣传效果有所欠缺，商家可以运用“图文并茂”的策略开展微信营销。

图文并茂的信息形式能够更直观地展示产品，包括特色和优惠、折扣等，吸引特定的市场和特定的客户，提供个性化、差异化服务。

其次，这个方式有助于商家挖掘潜在客户，将企业产品、服务的信息传送到潜在客户的大脑中，为企业赢得竞争的优势，打造出优质的品牌服务。如图 3.12 所示为肯德基的优惠活动信息，商家借助产品图片，直观而形象的诱导用户。

图 3.12　图文信息推送

3.3 了解微信如何盈利

想要利用微信赚钱，商家公众账号是引导用户购买，要想方设法让用户掏口袋的，而那些由个人经营的公众账号则主要是依靠收费。这里主要包括前向收费和后向收费，前向收费就是向用户收费，后向收费也就是向广告主收费。

3.3.1 前向收费

1. 电商

微信的浪潮已经席卷了各个行业，电商行业也不可避免。原始的一手交钱一手交

货的买卖方式可以照搬到互联网上，在微信上也依然适用，而且相比传统模式，微信营销会更具有优势。

比如大家都熟知的成功案例“美肤汇”，它就在微信上售卖自己的产品，引起强烈的反响，用户量和销售量都迅速增长。

虽然微信的平台功能不完善，购物体验还需要改进，但这不能阻止微信电商前进的脚步，不少电商企业纷纷开始投入微信营销的大潮。

如图 3.13 所示就是美肤汇的微信服务页面，它将美容美妆经营搬到微信上来，在传统的营销方案上，借助开放平台，加入新的元素。

图 3.13 美肤汇

2. 游戏

在传统 PC 互联网上，游戏的收入数据直接造就了一些纳斯达克上市公司，即使不上市，赚得盆满钵满的也大有人在。在移动互联网上，Appstore 在 2012 年收入突破 40 亿美元，其中游戏就占了 30 亿美元。由此看来，游戏也将会是微信盈利模式上的重要一环。

用户最为熟悉的大概是微信的“飞机大战”，这款游戏一经推出，立刻形成风靡之势，不论男女老少，不论身份职业，用户纷纷热捧这款小游戏，表现出极大的喜爱，如图 3.14 所示。

目前腾讯对游戏这一块的开发力度还不够大，除了那些自带的小游戏，其实很多曾经风靡的游戏都可以移植到微信平台，比如魂罗斗等。

图 3.14 微信游戏

3. VIP 服务

通过提供高质量差异化服务，对 VIP 用户进行收费，比如婚恋、专业知识的推送或问答等。

专家提醒

前向收费的盈利方式门槛高，对普通草根来说，实现起来很困难。但是如果是由企业来做，以微信的用户数，有非常大的潜力。

3.3.2 后向收费

提及后向收费，商家一定会不约而同地忌惮腾讯封号，的确，微信官方一直根据推送的广告量，对微信号进行选择性封杀。粗略估计，被屏蔽的账号用户数至少有 300 万以上，其中不乏几十万粉丝的大号，可见现在的微信广告，处在一个冰火两重天的境地。

但是商家也不能太过悲观，云科技的成功就给微信广告经营带来了希望的曙光。它利用微信公众平台投放广告，日入万元，目前收入接近 20 万元，可谓经营有道，商家完全可以取其精华，如图 3.15 所示。

1. 接单

几乎每个讨论微信的群里，都有一些广告联盟的人在派单，让商家直接把广告以富媒体的方式推送出去。这种广告推送风险比较大，容易引起用户的反感和厌烦，对方可能直接取消账号关注，那么商家就白白流失了一个潜在顾客。

但是接单同样也意味着丰润的费用，商家可以在折中的基础上，完成用户需求和自身利益的平衡。直奔主题的做法最容易吸引用户群的眼球，如图 3.16 所示。

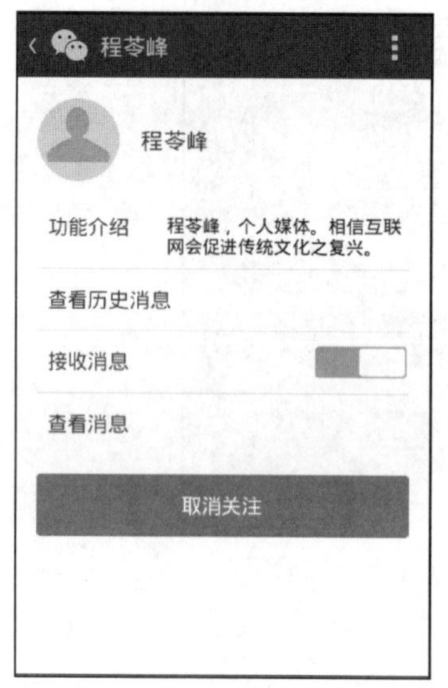

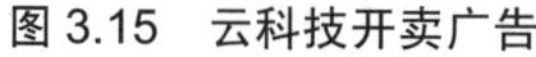
图 3.15　云科技开卖广告

图 3.16　广告直接输送

同时保证自己的微信消息被阅读率，所以，关键是看商家如何操作，可以针对目标群体用心设计等。

2. 品牌广告

商家可以借鉴云科技的做法，直接和广告主联系，在文章的最后面，附上一张图和一条链接，收取广告主一定的费用。这种方式需要有一定的品牌影响力和粉丝数，因此更适合企业公众账号采用。

3. 间接投放

这种方式不要求商家直接在微信官方编辑后台投放广告，而是把用户带到第三方的页面上，在这个页面上投放广告，然后商家向第三方收取中介费用，这时微信就相当于一个浏览器，所有 WAP 页面上可以做的广告，都可以在微信上尝试，借助它庞大的用户群宣传。但是这种方式也有缺点：第一，跳转时商家会有一定的用户损失；第二，不恰当的广告会严重影响用户体验，因此建议商家在操作时把握适度的原则。

皮皮微信就是这类经营中的佼佼者，它的官方账号就提供广告功能，接受各商家的广告投放，反响昭著，如图 3.17 所示为皮皮的微信账号。

4. 植入广告

商家可以在推送的富媒体内容上，植入广告内容，比如在文章、图片中提到某些品牌的名字、广告词等，如图 3.18 所示。

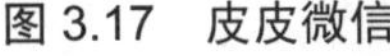
图 3.17　皮皮微信

图 3.18　广告植入

这类广告植入需要商家拥有足够的粉丝数量，才能形成规模化宣传效应，才可能吸引到广告主。

5. 软文

有很多公司需要做 PR(PageRank，网页级别)，比如科技类的微信，商家可以借助这个商机，给一些创业公司、App 做很好的宣传，如图 3.19 所示的“心灵鸡汤”微信账号，即由温州国亚科技有限公司提供，是该公司的 iOS App。

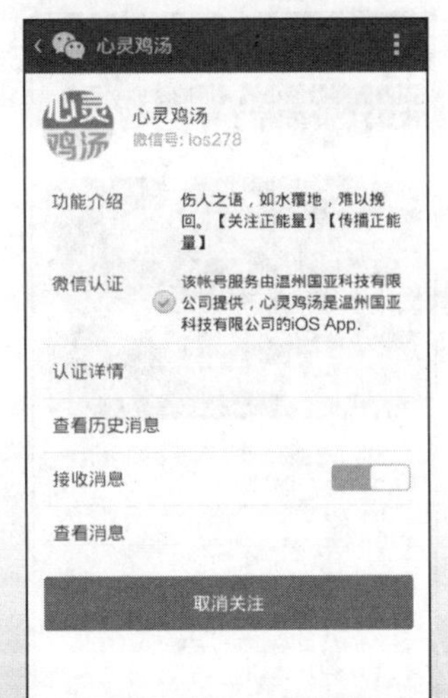

图 3.19　心灵鸡汤软文推送

除此之外，商家还可以考虑一些其他的有效方法：①对推送的合作、招聘信息收费；②帮助行业内举办的大会售卖门票。

•专 家 提 醒

商家需要的是把握尺度，不要触犯微信官方政策的高压线。同时，还要尽量结合微信内容特点和用户属性，精准营销，将广告内容本身就成为用户需要的一种服务。

3.4 微信商机模式案例

想要将微信的六大商业模式融会贯通，并加以灵活运用，商家企业必须了解相关成功案例，在借鉴前人的基础上，打造属于自己的商业模式。

3.4.1 活动案例：微杂志

随着微信公众平台的推出，其精准的信息推送功能吸引了越来越多企业或品牌的注意。现在，已经有越来越多由个人或小团队制作的微信公众账号进入公众视野，这给热衷于数字阅读的用户提供了一种新的阅读体验。由此，微信也开启了全新的“微信阅读时代”。

所谓微杂志(Vmook)，区别于纸质出版和数字出版等传播方式。即通过微博，将杂志(Magazine)和书籍(Book)合在一起，成为独具魅力的“杂志书”(Mook)，对此进行有效的推广传播人，如图 3.20 所示。

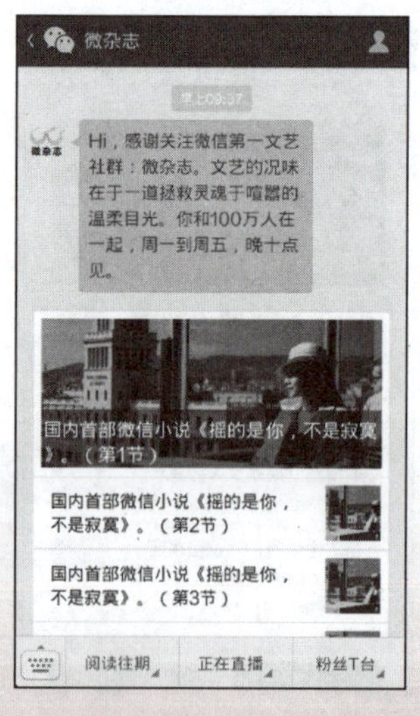

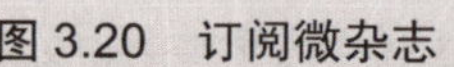
图 3.20 订阅微杂志

《微杂志》是最近兴起的微信杂志的代表，这类杂志的背后，并没有专业而庞大的技术队伍，也没有强大的资金后盾。目前，微信杂志写手基本都是免费提供作品，还处于读者积累阶段。但是，从长远来看，免费阅读是不可能持续的，还需要探索合适的盈利模式，这也是相关产业的商业机会所在。

一项调查结果显示，60%～70%的人愿意为一部微信小说付费阅读，而且大多数人愿意承担 10 元以内的收费。以《微杂志》中的畅销连载作品——《摇的是你，不是寂寞》为例，目前该小说的微杂志的朋友圈里已经有 20 多万人，如果有 5%的人愿意付费阅读，每人 10 元，便有了 10 万元的版税，比出一本书赚得多。

现在微信上已经具备了支付平台，微信正在尝试着要求商家以微信会员卡的形式与用户对接，用微信移动支付完成支付。对于这些免费提供数字阅读内容的微信杂志创办人来说，这将是一个极好的消息。

3.4.2 活动案例：央视新闻

2013 年 4 月 1 日，“央视新闻”官方微信正式上线，央视主持人欧阳夏丹在官方账号的首条微信中表示，今后将每天向网友推送一组图文消息，主持人将就热点话题与观众进行互动，为大家带来最新鲜的新闻资讯，如图 3.21 所示。

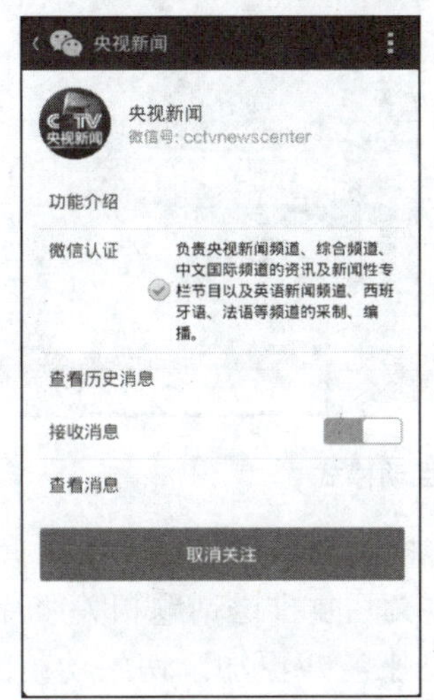

图 3.21 央视新闻推送

据悉，“央视新闻”官方微信账号将主要呈现央视新闻频道、综合频道、中文国际频道的资讯，配以部分新闻性专栏节目以及英语新闻频道、西班牙语、法语等。每天会发布五条左右的微信，内容均为当天的热点新闻，微信用户点击标题，既可看到简要的图文内容，也可转到网络电视台直接观看视频新闻。

不仅如此，听众们在遇到突发新闻时间时也可以在第一时间通过文字、语音，或者视频向“央视新闻”官方微信直播现场情况，第一时间发表对新闻的个人见解。

3.4.3 活动案例：电台互动

如今，新媒体正占据越来越多受众的注意力，电台节目“一些事一些情”把声音移植到新媒体平台上进行传播，使品牌基因得以延展，用声音挽起听众的回忆和联系，取得了非常好的效果。

电台把主持人语音以及用户针对该话题反馈的即时语音剪辑起来，形成声音精彩回顾，发到官方微博以供分享。立刻吸引不少粉丝的转发及评论，而且引起粉丝们“认领自己声音”和“认领朋友声音”的行为，关注度和参与度都非常高，如图 3.22 所示。

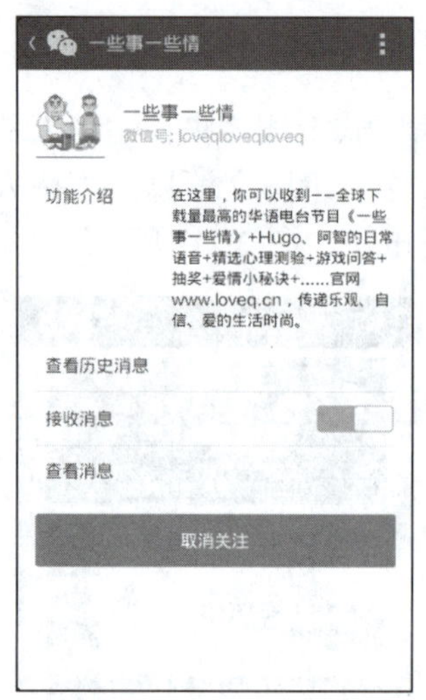

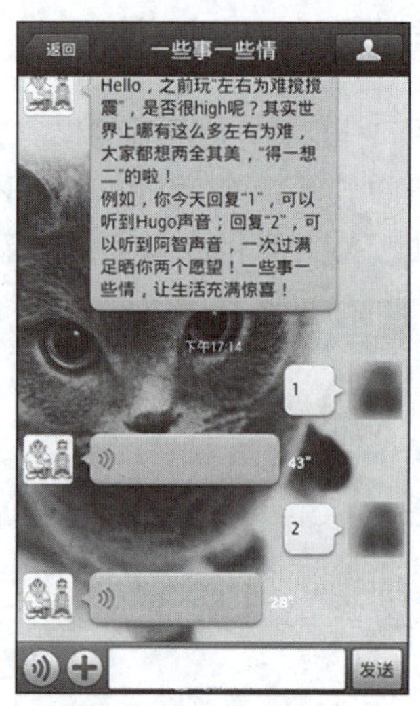

图 3.22 电台互动模式

相对于电台直播室和直播设备，在声音传播方面，微信给予了时间和空间的更多自由度。主持人群发语音后发起小互动，自定义回复推送话题相关照片，即日就吸引了过万次回复参与。语音的加入，使一些互动小游戏更加亲切生动；而语音+互动，让用户不再“只接收不参与”，使沟通变为双向。

透过“一些事一些情”微信平台的运营策略，我们可以学到：当人力投入不足以进行一对一问答回复时，不妨把精力投入到用户研究、数据分析、需求把握中去，大概估计用户对不同内容的喜好度的强弱。这对于推送内容的选择大有裨益。因为微信用户的敏感度远远大于微博，偶尔的反感信息。微博上可以用指尖扫走，而微信上则会果断取消关注。

3.4.4 活动案例：ONLY 营销

二维码体积小、容量大，能够将丰富的信息搭载于小小的黑白方框内。它不仅是品牌触摸移动互联网与获取微信粉丝的一种重要的方式，还是顾客在微信生态体系内宣传品牌产品的一种途径。在微信平台上，用户可以随时将企业搭载有营销信息的二维码分享到各类聊天平台上(如朋友圈、漂流瓶等)，让更多的用户通过简单的“扫一扫”操作成为品牌的粉丝，享受品牌的服务。

闻名于欧洲的丹麦时装公司 BESTSELLER 拥有的四个著名品牌之一——ONLY，于 2012 年 8 月推出首部科幻惊险微电影《忆战》，使品牌理念与线上活动完美结合，充分迎合目标受众的兴趣点，引导消费者的关注点，实现了品牌与消费者的灵活互动，从而获得了大量的线下客流，为线下营销创造了很好的机会。

主题活动以实体店二维码幕布和主题海报相结合，将 ONLY 品牌的个性化理念融入其中，放置在店铺最显眼处，迎合消费者对新鲜事物的追求，吸引了众多消费者驻足关注，如图 3.23 所示。

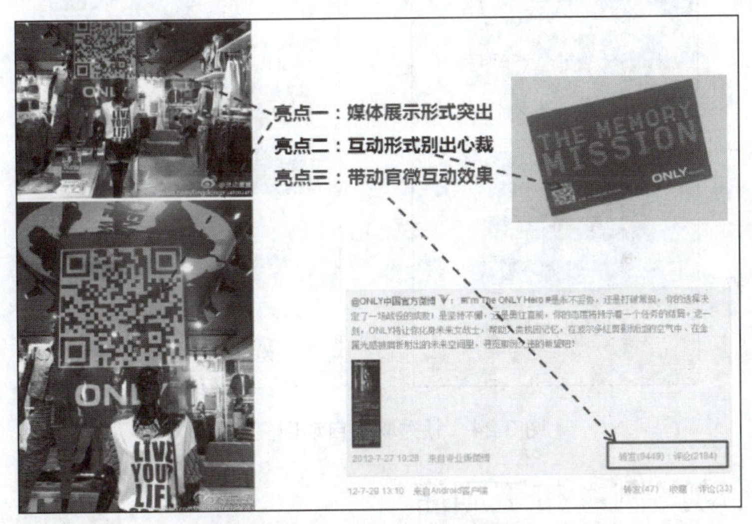

图 3.23 ONLY 二维码营销

ONLY 的受众群体定位是 15～35 岁的都市女性，该群体购买力最强，对服装的购买频率高，有一定的经济基础，对时尚与流行保持着较高的敏锐度，对新鲜事物有着强烈的追求，对形式新颖的活动创意也有着浓厚的兴趣与关注。

利用 ONLY 品牌的受众群体的分析，以及活动主题——“微电影”的关注群体，本次活动主要针对符合 ONLY 品牌定位的学生及都市白领开展。后台数据监测，实时记录拍码人次，有效统计参与活动的人数，保证了信息的真实性和有效性。

根据为期 4 周的活动数据统计显示，约 2 万人次参与，ONLY 官方微博日均浏览量增幅超过 10%，同时线下活动的关注者、参与者数量也得到大幅度增长。本次互动活动有效地向广大消费者展现了 ONLY 品牌个性化，人性化的新体现，扩大了线下活动的影响力，对于提升整体品牌竞争力也起到了推动作用。

3.4.5 活动案例：领秀职场

一直以来，微信账号的自动恢复功能是用户关注的主要功能之一，集趣味性与个性化于一身的自动回复，不仅能够达到低成本互动的目的，同时可以通过个性十足的回复，打造创意十足的空间。以“领秀职场”这个微信为例，在自动回复上就花了一番心思，增加了不少趣味。用户只需回复相应的关键词，即可阅读各种职场美文即攻略，如图 3.23 所示。

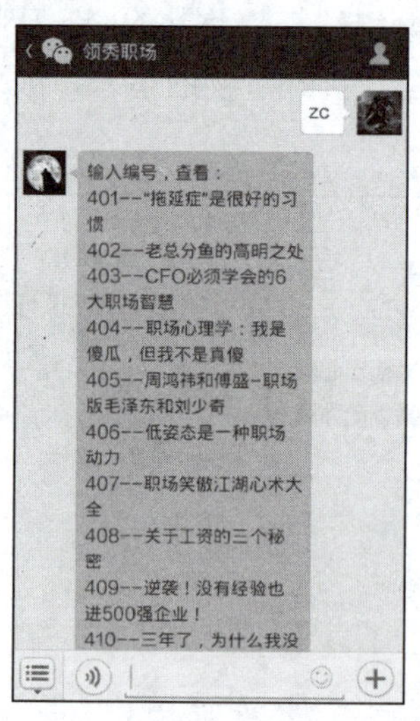

图 3.24 领秀职场自动回复营销

3.4.6 活动案例：布丁酒店

时下有几家公司已通过开放 CRM 的 API 接口，实现与微信融合的比较高级的功能，比如“布丁酒店”这个账号。2013 年 3 月 25 日，布丁酒店 CRS 系统与微生活 CRM 后台正式对接，用户只需将账号与自己的手机号码关联，便可通过布丁酒店账号很方便地搜索酒店并预订，如图 3.25 所示。

微信是一种优秀的 SNS 传播工具，其特点是传播快、范围广且便捷，可给客户关系管理(CRM)带来巨变；而 CRM 是传统的客户关系管理系统，内容复杂丰富，可让微信得到更全面的提升与改造。因此，“CRM+微信”让企业界多了一个营销新利器，也从此衍生“微信 CRM”的新术语。

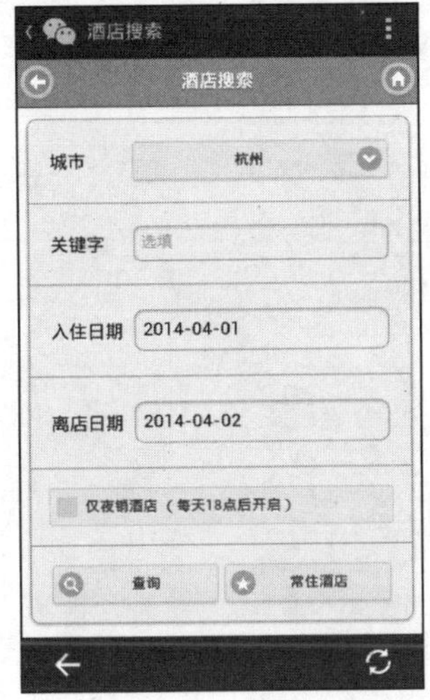

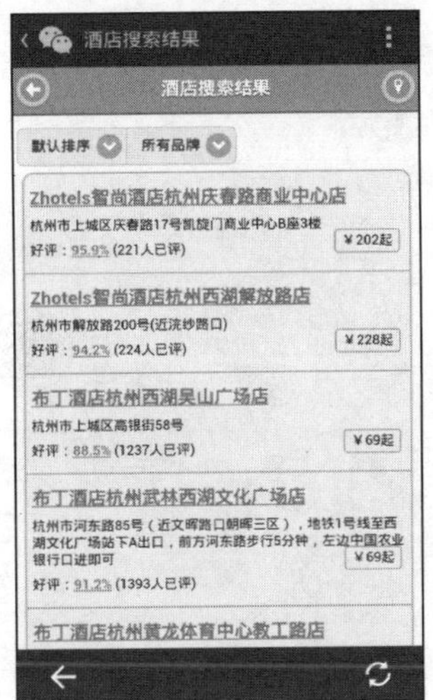

图 3.25　布丁酒店

第 4 章

你来我往，微信平台大互动

学前提示

微信公众平台是腾讯公司在微信的基础上新增的功能模块，借助这个交流平台，个人和企业都可以打造一个微信的公众账号，并实现和特定群体的文字、图片、语音的全方位沟通及互动。

要点展示

- 公众平台简介
- 公众平台的价值
- 公众平台的使用与管理
- 公众平台的运营技巧
- 公众平台的营销案例

4.1　公众平台简介

微信公众平台是腾讯公司在微信的基础上新增的功能模块，通过这一平台，个人和企业都可以打造一个微信的公众账号，可以群发文字、图片、语音、视频、图文信息五个类别的内容。

微信公众平台是腾讯公司布局电商网络的重要一步，2014 年，腾讯公司将其升级为公司战略级。微信公众平台分为微信大陆版与微信海外版，如图 4.1 所示为微信的海外版，腾讯命名为 WeChat。

图 4.1　微信海外版

目前平台支持 PC，移动互联网网页登录，并可以绑定私人账号进行群发信息。微信公众平台是一个自媒体平台，它是微信系统的重要组成部分。

由于微信公众平台申请的条件非常宽松，每个成年人都可以申请，公众平台现在的持有者有将近 200 万人，随之而来的是轰炸式的消息推送。微信公众平台并不是一种单纯意义上的营销工具，因此腾讯官方对公众平台的审核越来越严格，以此打击广告的泛滥。

腾讯对公众平台的定位很明晰：一个让公众都参与进来的交流大平台。

微信公众平台也并没有辜负腾讯的期许，从问世之初开始，它就一跃成为当下最火热的营销渠道，身兼交流工具、营销工具和通信工具等多重身份。

微信此时已经有了亿级的用户，挖掘自己用户的价值，为这个新的平台增加更优质的内容，创造更好的用户体验。形成一个不一样的生态循环，是平台发展初期更重要的方向，如图 4.2 所示，微信公众平台旨在为每个企业打造品牌形象。

图 4.2 微信公众平台

4.1.1 平台类型

微信公众平台现在已分成订阅公众号和服务公众号两种类型，商家在进行账号认证时，要根据自身产品的特色和定位慎重选择，因为账号类型一经选定，是无法再进行更改的。

1. 服务号

公众平台服务号，是公众平台的一种账号类型，旨在为用户提供服务。如招商银行、大铭装饰，以及中国南方航空等。如图 4.3 所示，就是迪信通的微信服务号，为用户提供服务式的体验。

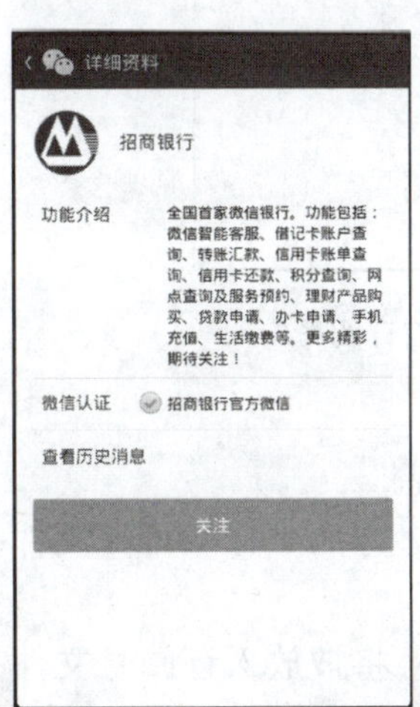

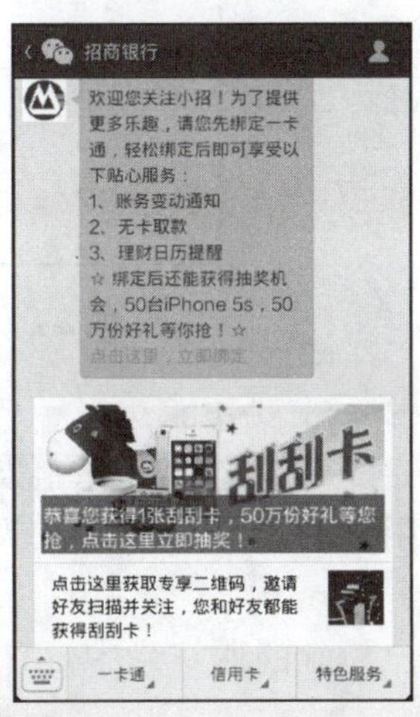

图 4.3 微信服务号

服务号主要有以下的功能。

(1) 1 个月内可以发送 1 条群发消息。

(2) 发给订阅用户的消息，会显示在对方的聊天列表中，并出现再相对应的微信首页。

(3) 服务号会出现在订阅用户的通讯录中。通讯录中有一个服务号的文件夹，用户只要点开，就可以查看所有服务号。

(4) 服务号可申请自定义菜单。

2．订阅号

公众平台订阅号，是公众平台的一种账号类型，和服务号不同，它旨在为用户提供信息和资讯。如骑行西藏、央视新闻等，如图 4.4 所示就是央视的订阅号，用户添加关注之后，就能享受央视的实时新闻推送服务。

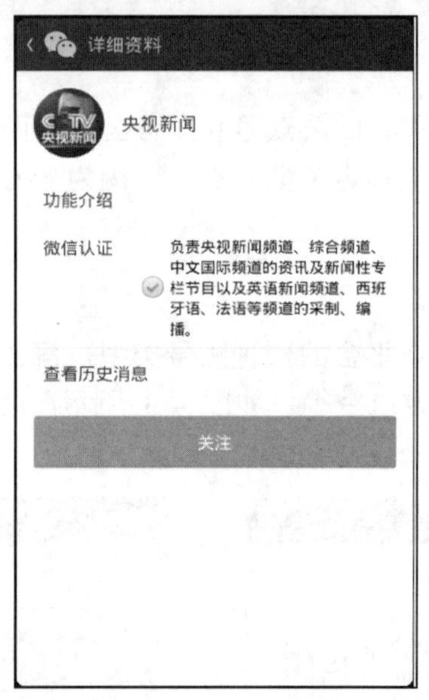

图 4.4　微信订阅号

微信订阅号有以下主要功能。

(1) 每天 24 小时内可以发送 1 条群发消息。

(2) 发给订阅用户的消息，将会显示在对方的“订阅号”文件夹中，点击两次可以打开。

(3) 在订阅用户粉丝的通讯录中，订阅号将被放入订阅号文件夹中，用户不用再在好友列表中查找。

(4) 订阅号不支持申请自定义菜单。

·专家提醒

在微信 4.5 版本之前申请的订阅号可以有一次机会升级到服务号。新注册的微信公众平台账号在注册到第四步的时候，有一个选择类型，是让商家选择订阅号或者服务号，这个一旦选择就不可以改变，商家一定要确定好。

一般来说，作为企业推荐选择服务号，因为后期对服务号腾讯会有一些高级接口开放，企业可以更好地利用公众平台服务客户。

4.1.2 平台功能

作为公众交流的阵地，微信公众平台具有强大而日益完善的功能，用户最常用的功能主要有以下几点。

(1) 群发推送。公众账号可以主动向用户推送重要通知或趣味内容，一些商家的账号就是借用群发这个手段，向用户群发推送活动信息，招揽用户的关注，如图 4.5 所示。

在推送的防扰方面，用户增加订阅，相应的也就会增加被打扰的概率，但是以微信如今更新和完善的速度，用户这方面的困扰也会得到解决。腾讯微信下一版本的推送或许能做到取消声音提醒，把私人信息和内容消息区分。总而言之，对用户而言，最重要的还是内容和品牌的选择问题——人们会喜欢少量而精致的资讯，因此商家应该投其所好。

(2) 自动回复。由于是一对多的点对点方式，微信公众平台后台设置了自动回复选项，用户可以通过添加关键词(可以添加多个关键词)以便自动处理一些常用的查询和疑问。

用户可以尝试和官方账号互动，查看它的回复方式。不过，自动回复其实对于非明星类的小媒体或者品牌来说，不是一个特别好的选择，用户都喜欢真正交流的乐趣和温暖，如图 4.6 所示，就是明星们设置的自动回复。

一般而言，商家会选择在公众账号后台进行设置，用户根据指定关键字，进行服务选项的选择，主动向公众账号提取常规消息，如图 4.7 所示。

(3) 一对一交流。这主要是指公众账号针对用户的特殊疑问，为用户提供的一对一的对话解答服务，如图 4.8 所示。

微信公众账号被分成订阅号和服务号，两者不仅仅存在以上的区别，运营主体是组织(比如企业、媒体、公益组织)可以申请服务号，同时运营主体是组织和个人的可以申请订阅号，但是个人不能申请服务号。

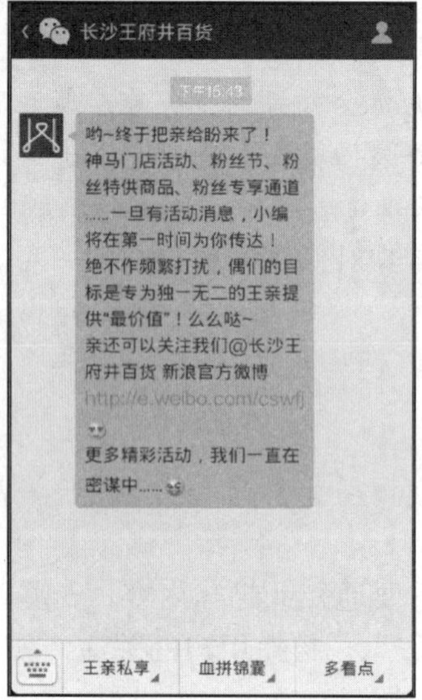

图 4.5　商家推送活动信息

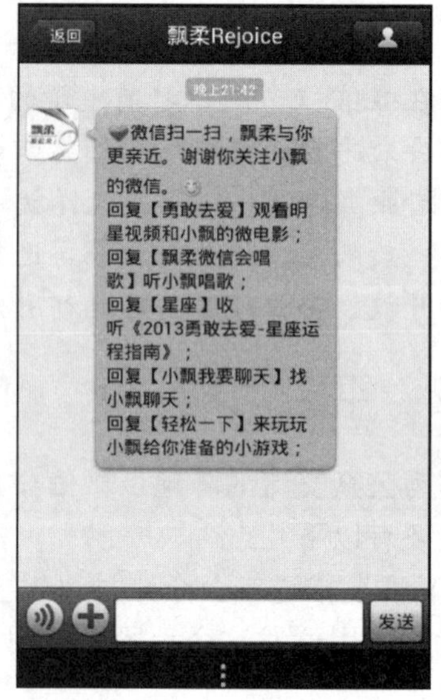

图 4.6　自动回复

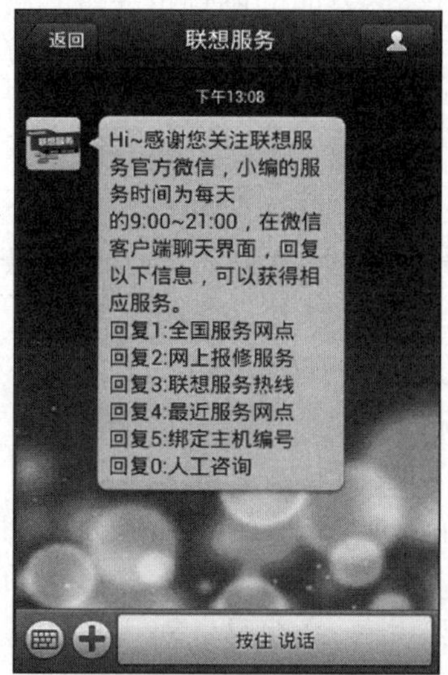

图 4.7　微信指定关键词

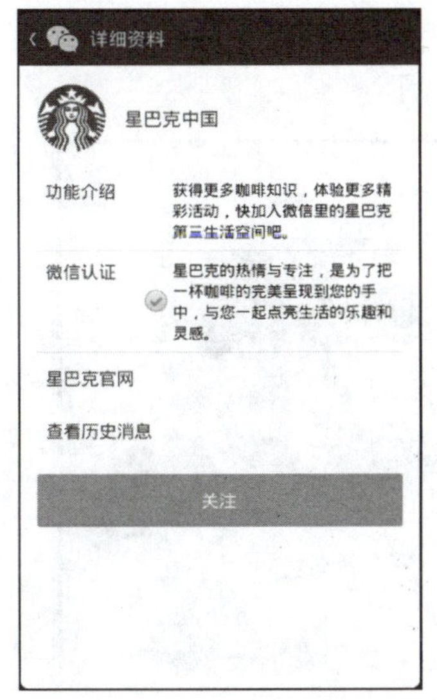

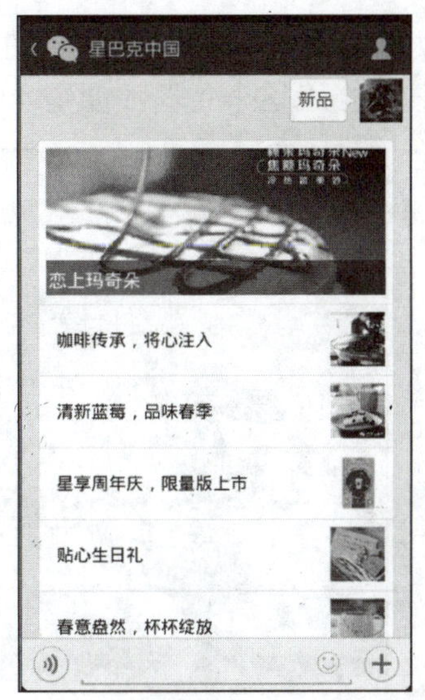

图 4.8 微信一对一互动

4.2 公众平台的价值

微信公众平台的广告语就是：“你的品牌，让亿人看见”。它的目标用户就是企业和机构等，它向所有用户打开了一个门户，信息和资本在这里高速流通。

公众平台推送的信息会直达手机端，属于强关系，影响力远强于其他微媒介，每条微信基本上都会被用户看到。

4.2.1 公众账号定位

不同于微博，微信作为一对一的沟通工具，商家、媒体和明星与用户之间的对话都是私密性的，不需要公之于众，所以亲密度更高，商家完全可以做一些真正满足需求和个性化的内容推送。

虽然微信具备高效快速的传播效应，但是企业并不能将它单纯地看做一个销售平台，现在有各种宣传渠道，企业缺的是品牌，缺的是信任，如果用户不接受商家的品牌，不信任商家，那么，商家的销售只会让用户反感。

企业应该将微信作为品牌的根据地，要吸引更多人成为关注粉丝，再通过内容和沟通将普通粉丝转化为忠实粉丝，当粉丝认可品牌，建立信任，对方自然会成为商家的顾客。

营销上有一个著名的“鱼塘理论”，把客户比喻为一条条游动的鱼，而把客户聚集的地方比喻为鱼塘。鱼塘理论认为，企业应该根据企业的营销目标，分析鱼塘里面不同客户的喜好和特性，采取灵活的营销策略，最终实现整个捕鱼过程的最大成功。微信公众平台就相当于这个鱼塘，如图 4.9 所示。

图 4.9 鱼塘理论

4.2.2 公众账号推广

微信公众平台是无法在手机上登录的，也无法主动添加好友，所以微信公众平台推广起来比较困难，只能通过不同的其他推广方式来增加微信的曝光度。

1. 以网站带微信

商家可以通过在自有媒体(如网站、杂志、报纸)上发布公众账号二维码，将已有的庞大的用户群吸引转化成为微信公众账号的忠实粉丝来源。

2. 以微博带微信

这个方法要求商家利用媒体的官方微博，通过微博这个平台来推广微信公众账号二维码，在官方微博发布每条博文时后面都加上微信号的二维码，从而吸引微博原有粉丝加入微信，同时还能吸引不断增加的微博新粉丝加入进来，源源不断的扩大微信账号的粉丝群，图 4.10 展示的就是微信和微博的完美融合。

3. 微博、微信“反哺”网站

所有的媒体形式都遵循这样的规则：当其所产生的媒介聚合效应达到一定规模时，其传播价值便应运而生。作为近距离与用户互动的微博和微信平台，在很大程度上对自有媒体用户群体的壮大起到了“反哺”作用。

图 4.10 微信与微博结合

微博经过粉丝的二次转发获得新粉丝，新粉丝转化为网站用户，网站用户又成为微信账号粉丝。如此良性循环可以使网站、微博和微信，成一个以信息获取和互动交流为特点的生态圈，生态圈的各个平台相互影响，彼此促进，形成一种和谐共振，从而最终完成酒类媒体价值链条的完整构架，维持这个生态圈不断健康发展的核心就是为用户提供价值。

4.2.3 公众账号导航

公众账号导航就是把微信的公众账号都收集起来，方便用户快速找到自己想关注的账号，并结合微信二维码快速地关注该账号。

但是，微信都是基于熟人的平台，用户所关注的都是自己的朋友和身边的人或者是工作上的同事，可以说，它是建立在用户的日常关系圈子上的。基于此，商家的微信公众账号就成了用户查找账号的主要来源，然而，用户不可能关注太多的公众账号，原因有以下几点。

(1) 商家推送的信息过多，而用户时间有限，不可能全部阅读。

(2) 推送的频率过高，用户的手机一天到晚都被刷屏，很容易产生厌烦感。

(3) 有的用户会考虑到隐私方面的顾虑，不想让个人隐私给太多账号知道，从而减少对公众账号的关注。

基于以上几点，用户会对公众账号的推送内容有严格要求，因此，商家需要对自己的微信内容进行高要求、严把关和精编制。这样，用户通过用微信导航，就能在浏览账号时，快速准确地挑选自己感兴趣的，然后添加关注，如图 4.11 所示。

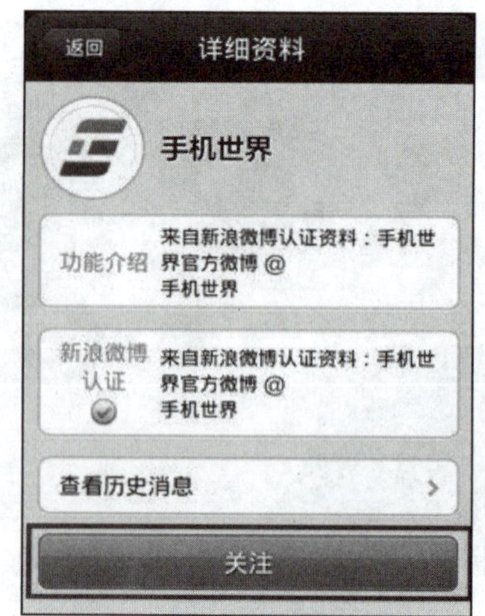

图 4.11　公众账号资料

4.3　公众平台的使用与管理

微信平台怎么用？怎么注册和登录？微信公众平台中还有自动回复、开发平台、认证等功能，这些要怎么设置？怎么使用？

4.3.1　账号申请

用户如果已经拥有 QQ 号码，那么使用 QQ 就可以直接登录微信公众平台，确认成为公众账号用户。申请的中文名称是可以重复的，用户不需要担心有人抢注了自己的微信公众号。

确认公众账号后，用户就会进入微信公众媒体的后台。后台很简洁，主要有实时交流、消息发送和素材管理。用户对自己的粉丝分组管理、实时交流都可以在这个界面完成，如图 4.12 所示。

1. 发布方式

公众账号最重要的发布和订阅方式，是通过发布公众账号的二维码，让微信用户随手扫描订阅。任何微信公众账号用户，都在设置中找到二维码，品牌 ID 会放到二维码的中部。

用户也可以用其他方式来订阅微信公众账号。比如，用户可以通过微信号进行订阅，在微信上直接点按“添加朋友”，然后选择“按号码查找”，输入账号(字母，数字，下划数组必须以字母开头)，就可以查找并关注感兴趣的内容，如图 4.13 所示。

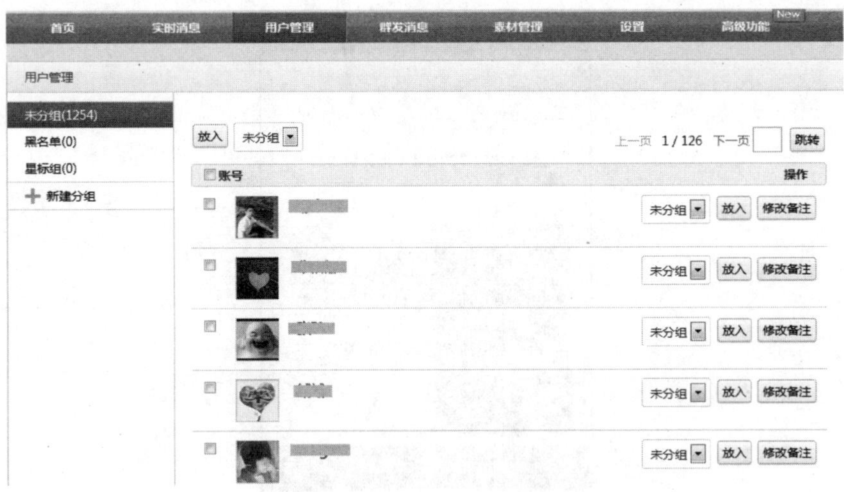

图 4.12　公众平台后台

图 4.13　查找公众账号

2. 分类订阅

目前公众平台已经可以自定义分类，能够让阅读者按分类进行信息阅览，这种更精准的信息订阅功能，让用户享受到更完善的体验。这个功能让公众账号更为强大，阅读公众账号信息更为方便。微信可以充当用户的个人媒体，或打造一个新的全媒体。

“骑行西藏”这个公众账号将发送内容编辑分类，“新藏线骑行攻略”、“骑行西藏路线汇总”、“青藏线骑行攻略”、“唐蕃古道骑行攻略”等，用户根据自己的爱好和兴趣进行选择阅读，如图 4.14 所示。

图 4.14　微信内容分类选择

4.3.2　账号认证

微信公众号怎样认证？一般而言，个人和普通商家账号都难以通过认证，只有著名人物和公司，基于庞大的用户群体，很方便申请微信公众号认证。

笔者建议，想要通过认证的用户可以通过微博、网站等途径，推广自己的微信公众号的二维码，获取更多订阅用户，积攒粉丝，扩大影响力。

微信认证，也称微信公众号认证。需要在业内有一定知名度，且订阅用户至少需要 500 位，才能申请认证，如图 4.15 所示。

图 4.15　企业微信公众号认证

微信团队于2014年1月24日对外公布了新的公众平台微信认证更新通知，具体内容为：微信公众平台已开放订阅号的企业类型认证，流程与服务号完全一致。所有认证成功的账号(包括微信认证和已获得关联微博认证的账号)都可以自动获得自定义菜单。企业组织类型的微博认证入口已关闭，同时由于微信认证不支持个人认证，个人的订阅号可申请关联个人微博认证，如图4.16所示。

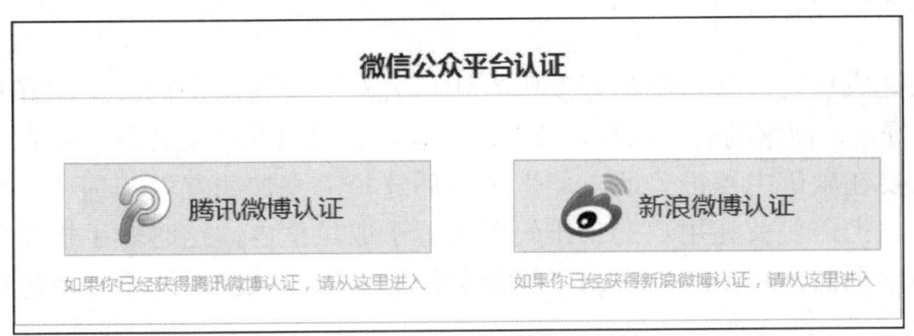

图4.16 订阅号认证

除了账号类型的选择，认证类型的选择也是商家需要留意的重点。登录微信平台，商家可以看到平台的公众认证账号主要有三个分类：阅读、媒体和明星。

微信公众平台把“订阅”(即内容类的品牌)放到了第一位，这种细节透露出了微信公众平台的“公众”取向的核心定位。

目前的微信公众号有两类，“认证账号”和普通的“公众账号”，两者存在一些区别。任何人可以注册微信公众号，但是申请认证则有条件限制。这种对品牌的认证可以更好地在前期控制公众号的质量内容，在一个海量的开放平台，这种示范和培育对平台的发展无疑也是相当必要的。如图4.17所示为明星的公众账号，海量的粉丝无疑有助于认证的成功。

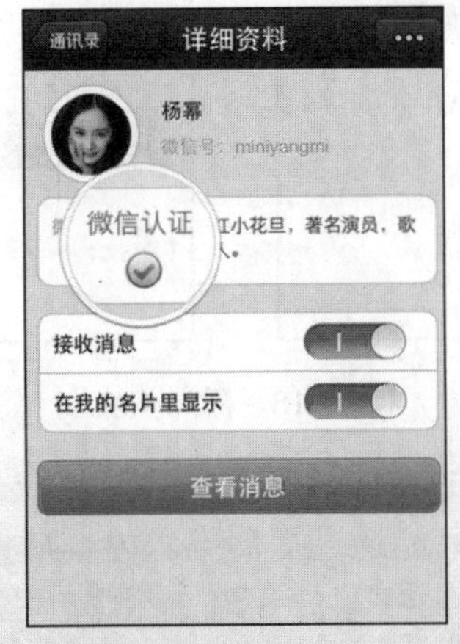

图4.17 微信认证

认证的媒体，在微信的详细资料页面上面会有一些品牌的认证细节和官方链接。这里值得注意的是，微信可以借助个人关注页和朋友圈，实现品牌的病毒式传播。每一个人的个人信息页，都会出现所关注的品牌 LOGO。当周围的用户对公众账号添加关注时，也就知道了公众账号的偏好和关注。当然，商家也可以选择是否展示品牌。

4.3.3 账号加友

账号认证成功之后如何添加好友呢？微信公众平台无法主动去添加好友，只能被他人添加为好友，商家的公众账号只要通过认证，就可以在微信公众平台被用户搜索。

用户只要在微信中点击“朋友们”，然后选择“添加朋友”的选项，再点击“扫描二维码”，把需要关注用户的二维码图案置于取景框内，这时候手机就会自动跳转到企业的微信页面，用户只要点击“添加关注的人”，就能对这个企业进行实时动态的掌控。

加关注成为粉丝之后，用户所关注的公众账号即可通过微信公众平台发送消息与用户开始互动。如图 4.18 所示为泊富国际广场的微信账号，用户添加关注，就可以了解广场的各种动态。

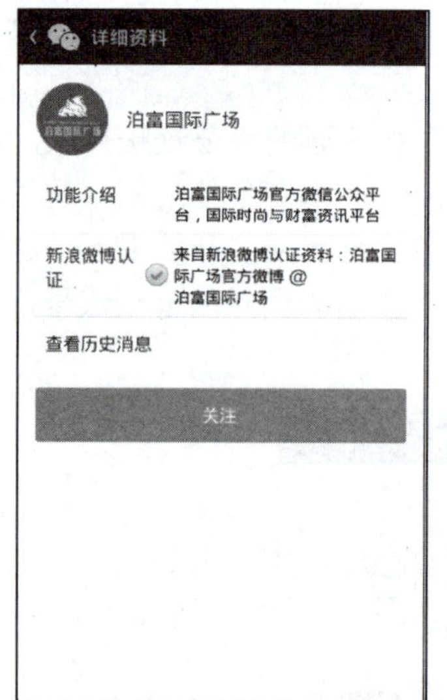

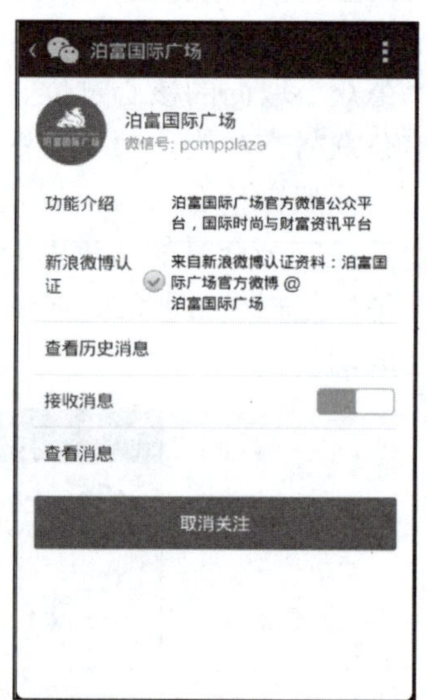

图 4.18　添加关注

个人可以通过搜索微信号的方法，来添加关注公众平台，但是公众账号平台不能搜索和添加任何人，因此商家只能通过提高推送内容质量来吸引用户添加。

4.3.4 账号营销

1. 营销方式

选择一家在行业中具有相当影响力和权威性的微信公众账号作为营销平台，在新的媒体环境和市场竞争中才能与时俱进，这已成为企业的共识。拥有真实粉丝数量庞大的微信公众账号已经成为网络营销的必备利器。微信公众平台营销的方式主要有以下几种。

(1) 图文广告。微信公众账号可以每天精选有价值的新闻、资讯等富媒体推送给订阅用户，并且在文章的插图后面或者文章最后面，附上一张精心设计的广告图，一目了然，不影响用户体验，还能实现广告传播效果最大化。

(2) 植入广告。这种方法主要是让商家在推送的富媒体内容上，植入广告内容，比如在文章、图片中提到某些品牌的名字、广告词等，在用户的阅读过程中不知不觉完成宣传。

这类广告不漏痕迹，不易引起用户抵触，基于数量巨大的粉丝和用户对微信账号的高度认可，这类广告效果也不错，商家可以尝试，如图 4.19 所示。

图 4.19 微信植入广告

(3) 纯粹广告。某些信息发布类媒体的微信公众账号可以定期整理一定数量的“纯粹广告”进行发布，广告内容本身就是用户需要的一种服务，因此，纯粹广告推送的效果自然最佳。

·专家提醒

这种方法不建议长期大规模的使用，商家要针对特定用户群，否则，长篇累牍的广告只会引起受众的厌烦。

2. 营销技巧

掌握了营销的主要方式，并不意味着商家就可以高枕无忧了，微信公众平台的运营还有很多的小技巧。

(1) 要建立微信品牌官方公众账号，让任何人都可以申请。微信公众号申请之后可以了解推送和沟通的效果。每一个用户都可以用一个 QQ 号码，打造自己的一个微信公众号，并在微信平台上实现和特定群体的文字、图片、语音的全方位沟通、互动，如图 4.20 所示。

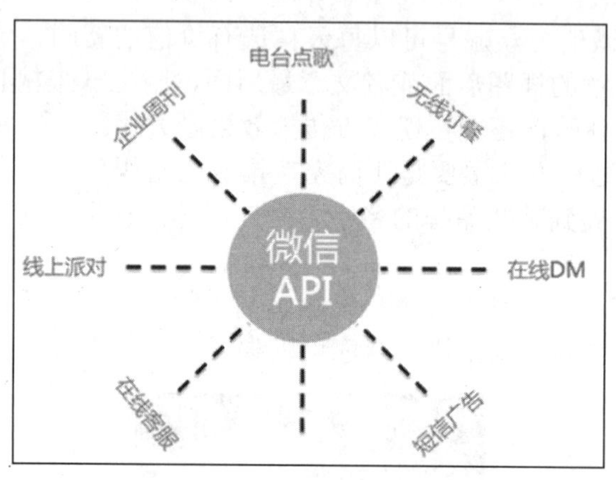

图 4.20　微信平台与大众交互

(2) 要开发二维码，用户只需要扫一扫，就能轻松添加关注。商家可以扩大宣传微信二维码，申请官方认证，通过微博、网站等途径，推广以下二维码，获取更多订阅用户，扩大影响力，如图 4.21 所示为中国平安的二维码。

图 4.21　中国平安二维码

(3) 要熟练掌握营销的操作。微信营销公众平台分为：实时消息、用户管理、群发消息、素材管理、设置五个板块。

功能操作比较简单，内容运营要符合商家申请认证平台的需求(例如求医网)，如图 4.22 所示为求医网微信公众账号二维码。

图 4.22　求医网二维码

鉴于行业性质，在求医网上，用户咨询比较多的是健康问答方面的内容，有的可能涉及隐私，因此商家特别提供专家一对一的回复，并结合微博私信回复。

(4) 要结合微信开放平台。商家可以通过微信分享信息，借助微信开放平台开发者，让拥有亿级用户的微信平台成为商家的免费推广平台，让用户帮助商家进行口碑营销。

4.3.5　账号管理

商家需要留意的是，微信公众账号的所有权归腾讯公司所有，商家在完成申请注册手续后，获得微信公众账号的使用权，但腾讯公司有权回收用户的微信公众账号。不少商家借助微信公众平台大肆进行广告轰炸，最后只能是以封号作为收场，如图 4.23 所示。

同时，商家有责任妥善保管注册账户信息及账户密码的安全，用户需要对注册账户以及密码下的行为承担法律责任。

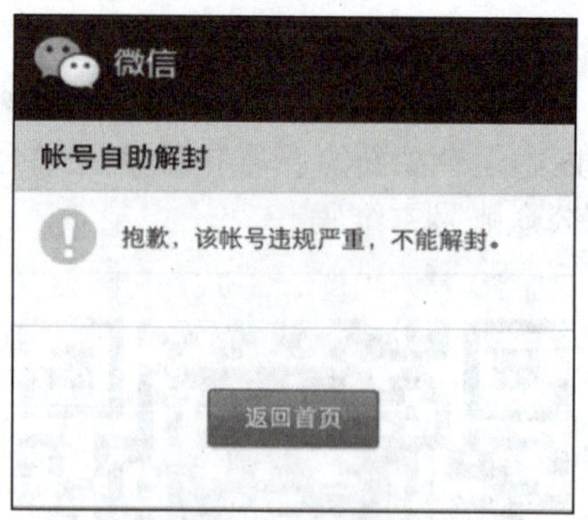

图 4.23　微信封号

4.4　公众平台的运营技巧

要想在如火如荼的微信营销中脱颖而出，商家不仅仅需要对微信公众有全方位的了解，还必须要下功夫，掌握运营技巧。

微信不微，小平台里暗藏着大玄机，商家关键要把握它一对一交互的特点和完善用户体验的服务。总之，不再像微博那样充斥着广告。

4.4.1　做好内容定位

微信公众账号一定要做好内容定位，比如艺龙旅行网，它在自身定位以及瞄准客户等方面可谓经营有道，正对目标群体的消息推送有内容、有价值；因此很受欢迎，成功将自身打造为一个非常专业的旅游爱好者的首选微信账号，如图 4.24 所示。

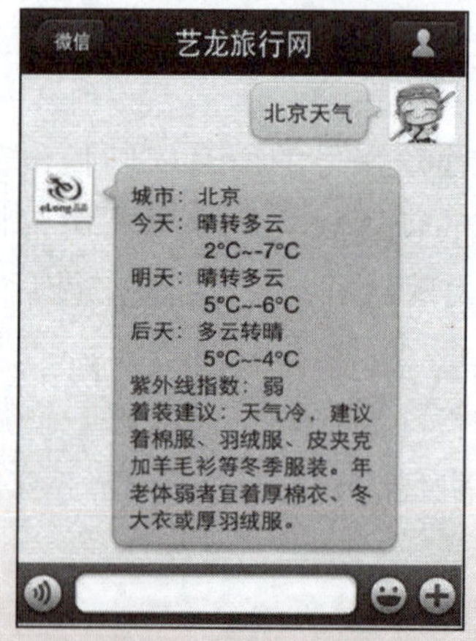

图 4.24　艺龙微信账号

商家从刚开始运营微信时，就一定要做好微信内容的定位，必须精耕细作，无价值的内容、纯粹的广告推送，只会引起用户的普遍反感。内容的形成，建立在满足用户需求的基础之上，包括休闲娱乐需求、生活服务类的应用需求、解决用户问题的实用需求等。

企业希望推送的信息和用户想要的信息往往不尽相同，可能会有一定出入，商家应该高度尊重订阅用户的意愿。以艺龙旅行网为例，它采用和微博上一样的定位就是为旅行爱好者提供服务的平台，因为推送次数的宝贵，也减少了心灵鸡汤类的推送(这种内容其实在微信时代已经行不通了)，微信公众账号需要推送的内容一定是高质量的原创或者以转载率高的内容为主。

4.4.2 尽快完成认证

有些商家在微信公众账号开通后，不确定是否需要认证，认为可有可无，往往就忽略了。实际上，微信公众账号的认证是很有必要的，因为认证的微信号会有搜索中文的特权，这样一来，会更方便商家的公众账号被搜索到。

微信认证的门槛也相对较低，只需要有 500 名订阅用户，商家只需要绑定企业的认证微博即可。

认证后的最大益处，就是可以确保用户直接在微信的添加好友内搜索到商家公众账号，而且还能支持模糊查找，用户只要输入“化妆”就可以搜索到“化妆小窍门”这个微信公众账号；只要输入“联通”，就可以搜索到一长串和联通相关的公众账号，如图 4.25 所示为微信的账号搜索功能。

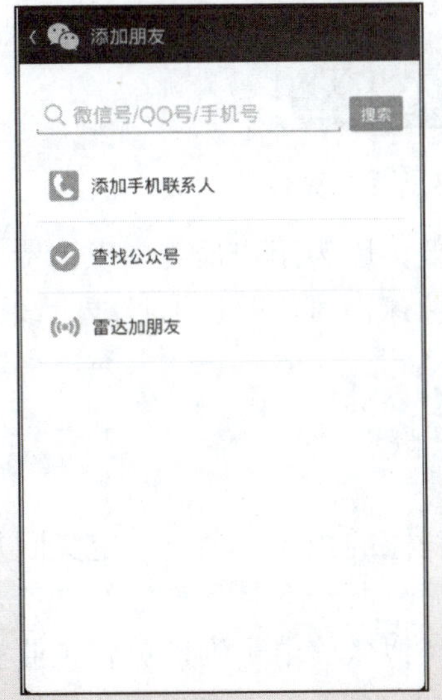

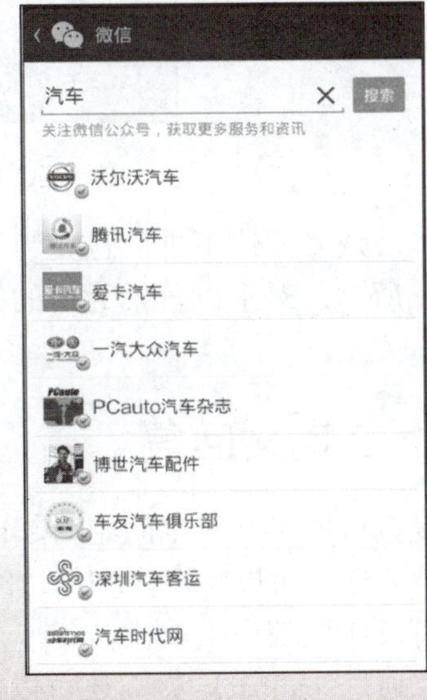

图 4.25 公众账号搜索

另外，建议商家在认证时选择好记的微信 ID 或者是申请微信公众号的 QQ 号码在 6 位之内，方便记忆，因为对于口碑传播来说，简洁方便是最符合用户需求的。

4.4.3 联合线上线下

商家要灵活利用所有线上线下推广渠道。早期那些微信的草根运营者，之所以能一跃成为拥有几十万订阅用户的微信公众号，很大程度上要归结于社交平台的推广，比如人人网、微博等。

QQ 账号与微信的打通，能大大增加用户转化的便捷度，商家通过 QQ 邮件、好友邀请等方式，都能批量实现 QQ 用户的导入。

如图 4.26 所示，具有一定的可行性和回报率。商家也可以在自建的官网等，所有可以网上宣传的地方都放上了微信公众号，线上全渠道全面推广。

图 4.26 QQ 好友搬家到微信

同样，微信公众号的线下推广也尤为重要，因为用户最终实现消费，大部分还是在线下进行的。所以，对于以营销为目的的商家而言，可以通过线上线下双管齐下，吸引更多的用户关注。

4.4.4 开发自定义回复

自定义回复接口的可开发空间绝对超出商家的预计，通过自定义回复接口，微信路况这样的微信公众号可以实现查询周边路况、查询违章，如图 4.27 所示。

有的企业可以在微信内生成微信贺卡，类似微信电子狗，更有企业实现了微信导航。另外，商家通过 callback 接口还可以做出一整套行业微信服务解决方案，比如在艺龙旅行网的微信公众号中就内置了不少智能对话服务，用户通过发送“攻略”关键词就可以返回预设的旅游攻略，查天气、查列车、查景点等也都适用。据了解，有很多用户通过这些功能来和微信公众号大量互动，并提出不少宝贵的修改意见，逐步丰富服务内容。如图 4.28 所示为艺龙无线的微信公众账号，用户可以选择各种自助服务。

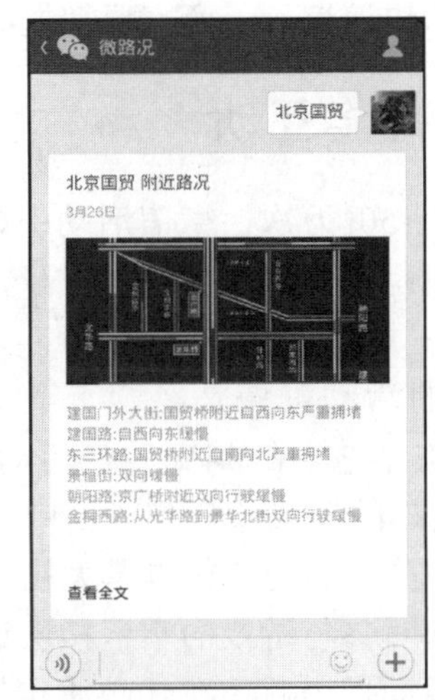

图 4.27　微信查路况

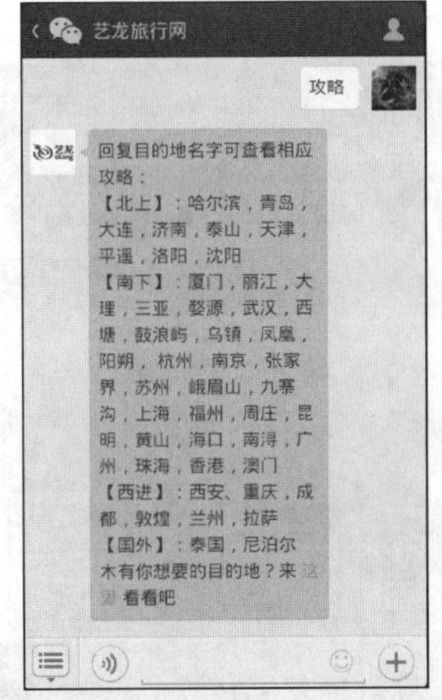

图 4.28　艺龙微信

值得一提的是，商家还可以通过地理位置来获取周边的数据，比如当用户按照提示发送定位请求给某个微信公众号时，商家就可以迅速返回精确地理信息，并插入周

边的商家信息，反馈相应服务和价位，让用户加以选择，充分挖掘潜在的消费力。

其实这个业务逻辑很简单：用户发送请求，然后微信接收到请求，对需求做处理，及时返回数据给用户，这个数据就包括用户本身需求的信息和可能会用到的信息。目前，通过微信公众号预订酒店越来越普及，据了解，通过这个功能微信预订酒店的用户正在不断快速增长，商家要把握好这个商机。

4.4.5 策划有奖互动

"日均互动超 50 万次，微信活动引爆营销热点"这组强大的互动数字是艺龙旅行公众号创下的纪录，它强有力的证实了，针对企业类微信公众号的运营来说，活动尤其重要。

艺龙网此次的活动可谓是经营有道。活动的名字结合艺龙旅行网的外号"小艺"，起名为"与小艺一战到底"，活动的内容主要是基于自定义回复接口开发的App，将答题赢奖品的模式植入到微信中，采取了有奖答题闯关的模式，设置了每日有奖积分，最终积分最高的获得丰厚大礼。

艺龙还专门针对参与游戏的幸运楼层送上好礼，这样就大大地促进了游戏参与的积极性，加上在活动推出后还在其微博和其他可宣传的渠道大力推广，根据后台真实的数据显示，每日参与的互动活跃度高达五六十万，微信的订阅用户也同步新增几万。如图 4.29 所示为艺龙的活动宣传。

图 4.29　与小艺一战到底

4.5 公众平台的营销案例

微信的到来，为腾讯在移动互联网布局赢得了非常重要的一张门票。微信公众平台的开放，似乎给草根大众带来收金之旅。

4.5.1 活动案例：微团购

微团购是微信团购的简称，是一种区别于传统团购模式的新型便捷的团购方式。微团购，借助强大的微信平台，依托于微信公众平台，为热爱团购，乐享优惠的微信好友主动推送应季的热门商品，由微信用户自己决定是否要进行商品的团购。

微团购已经开通支付功能，支持财付通、支付宝。虽然对于 O2O 产品来说已经不是新鲜事，但是它凭借着微信自身的资源，在未来完成手机端一体化的团购、支付，也是一个很好的盈利之路。目前，微团购采用的模式并不是主动推荐，商家在精准营销和被用户视为垃圾信息两者之间权重。目前，在关注了“微团购”后，用户就可以通过微团购名片中的“每日团购精选”进入团购频道，如图 4.30 所示为微团购的二维码。

微团购还和国内首本微信营销实战指南《玩转微信实用攻略》达成了合作，即日起在微团购上线接受购买，成为国内首例微信卖书的案例。

短短的半天时间，微团购显示书已经售出几百本，并且还有不少用户询问计划购买。和以往在电脑上购物不同，在手机客户端操作，微团购的购买过程十分流畅便捷，还能够在线支付，如图 4.31 所示。

图 4.30 微团购二维码

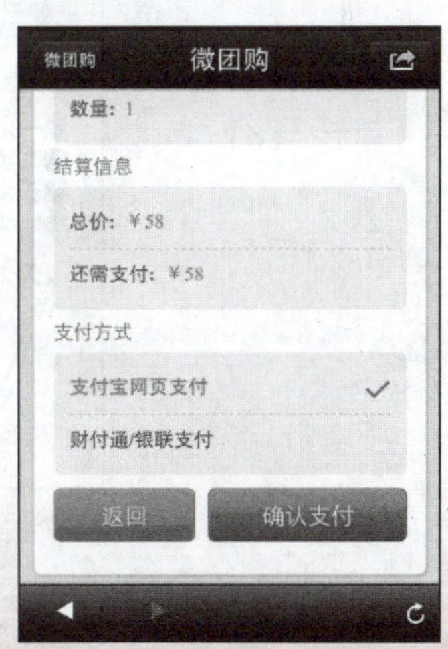

图 4.31 微团购在线支付

用户只需要在微信的查找公众号里面搜索“微团购”，到第一个点击关注即可，然后用户就会看见本书的团购，选择抢购即可进入订单页面，选择需要购买的数量，再填写送货地址就可以通过支付宝或者财付通这样的支付平台完成购买，如图 4.31 所示，非常方便。

·专家提醒

微团购此次微信卖书，是国内首例，必将成为微信图书零售产业试水的一个里程碑，后续相信会有更多的图书进入微团购，让微信的用户获得精神和物质的双丰收。

4.5.2 活动案例：1 号店

提起微信营销，不得不提 1 号店的成功案例，它就是借助公众平台，策划各种主题活动，与用户友好互动，增进双方黏度。

1 号店在微信中推出了“你画我猜”活动，活动方式主要是双方互动。用户对 1 号店的微信账号添加关注，成为粉丝，1 号店就会每天推送一张图片给订阅用户，然后，用户可以会发答案来参与到这个游戏当中来。如果猜中图片答案并且在所规定的名额范围内的就可以获得奖品，如图 4.32 所示。

借助这种主题活动，用户在参与过程中感受到了趣味性和互动感，同时，1 号店也借此获得了很好的用户自发的口碑传播。

图 4.32 1 号店微信

4.5.3 活动案例：罗辑思维

知名自媒体“罗胖”罗振宇在 2013 年 8 月做了一件很轰动的事，他发起了一项

"史上最无理"的会员募集活动，募集 5000 名发起会员及 500 名铁杆会员，前者的会费是 200 元，后者的会费是 1200 元，期限均是两年。

5500 个会员名额在 6 个小时宣告售罄，换言之，160 万元已经通过支付宝、银行等途径轻松入手。13 点活动截止后还不断有人汇钱过去，"@罗辑思维"朋友圈只好在微信上请求别再付款。如图 4.33 所示为罗辑思维的微信公众账号二维码。

图 4.33　罗辑思维二维码

罗振宇资深电视人，曾任央视《对话》、《中国房产报道》、《商务电视》、《经济与法》等栏目制片人。2008 年他从中央电视台辞职，成为自由职业者。2012 年底，罗振宇与独立新媒创始人申音合作打造的知识型视频脱口秀《罗辑思维》在优酷上线，此后每周更新一期，分享内容有文化、书籍、历史等。在微信公众账号上，罗胖更是花费心思，每天真人录制一段 60 秒的语音。

和商家的公众账号运营不同，罗辑思维的营销成功，更大程度上是借助了用户群的忠诚度，没有这些忠实粉丝的"包养"，罗胖不可能获得成功。笔者认为，这充分彰显了非理性和部落化才是自媒体的真正威力，商家和其他草根大号可以从中借鉴。

4.5.4　活动案例：政务微信

目前，在微博之后崛起的微信已经成为新的社交热点，众多政府部门也纷纷"试水"微信，也就是现在出现的"政务微信"，如图 4.34 所示。

政务微信其实就是微信公众账号，一般来说，有政务微信的部门或单位会在它们的微博或网站上公布微信 ID。知道 ID 之后，用户可以在微信的主界面里点击"朋友们"，在"添加朋友"中选择"查找微信公众账号"后，输入 ID 进行搜索，就可以对公众账号进行关注了。

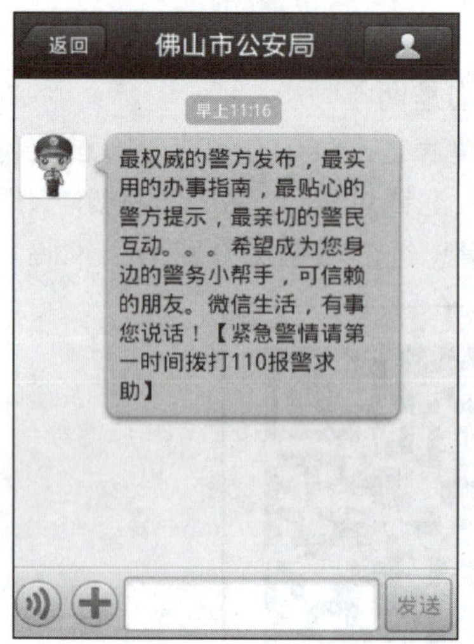

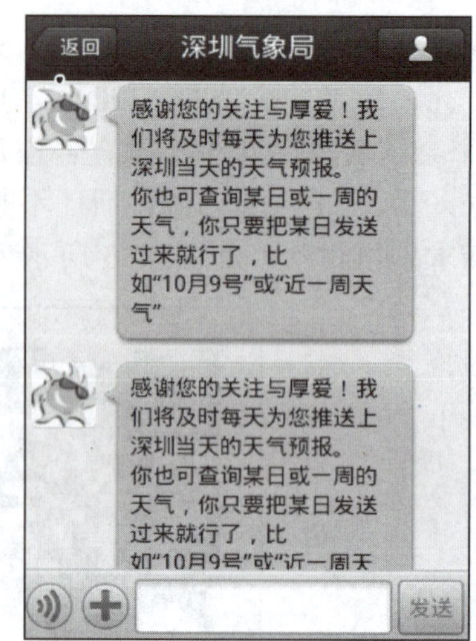

图 4.34　政务微信

·专 家 提 醒

政务微信一般都经过了微信的官方身份认证，用户在添加关注时要警惕“假微信”。

一般来说，有些政府部门和单位很适合微信公众账号，如气象局、公安局、交管局等。气象局每天发送一条天气预报；公安局的微信公众账号可以建立真正意义上的在线政务办事，将办事流程都搬到微信里，既节省自身的人力资源，同时也为普通民众提供了便利，可谓一举两得。

4.5.5　活动案例：武大助手

不久之前，微信公众账号“武大助手”火了。武大的学生可以利用这个账号查成绩、算 GPA、看课表、在图书馆里找书或者研究某个老师的挂科率，非武大的学生则可以满足一下看“校花”的需求，也可以在紧急情况下找到周围厕所的坐标。

将微信引入校园，既是新的尝试，也是顺其自然，因为大学校园以年轻人为主，对新事物有很强的好奇心，微信很容易普及。除了帮助学生查询信息之外，微信还可以用于校园销售与招聘等方面。以校园招聘为例，招聘方可以通过微信发送面试通知和录取通知，也可以即时回答求职者的问题，甚至可以直接通过微信进行简短的面试，非常方便，如图 4.35 所示。

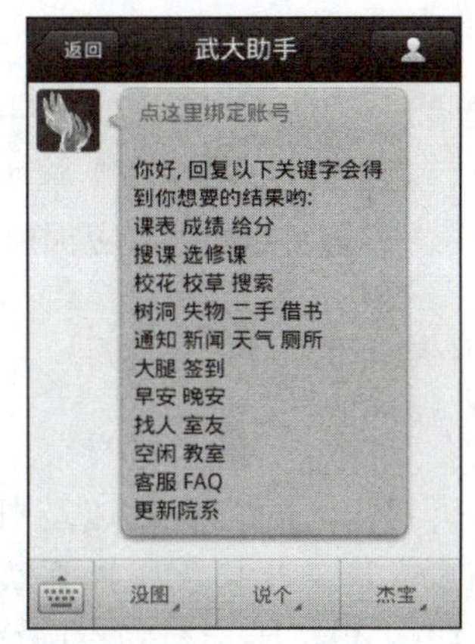

图 4.35 武大助手

4.5.6 活动案例：招商银行

招商银行利用微信智能服务平台进行了许多开创性的尝试和探索，或为微信公众平台目前所推崇的“成功案例”。

2013 年 4 月，招商银行信用卡正式在微信上推出招商银行信用卡智能客服平台，用户将个人信息与微信账号绑定，就可以办理信用卡申请、账单查询、个人资料修改等业务，接收在招商银行信用卡上产生的所有交易信息，如图 3.36 所示。

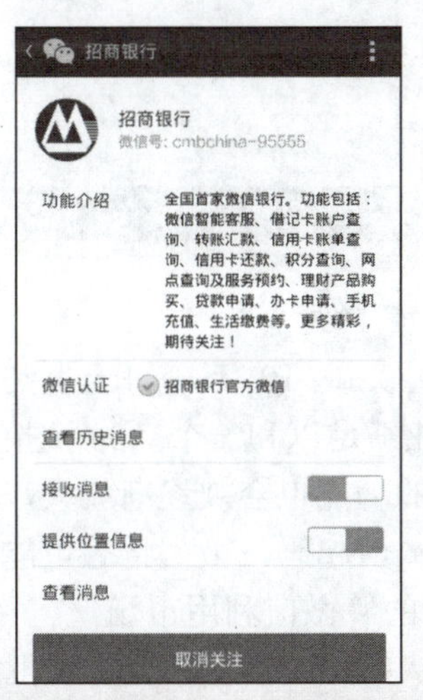

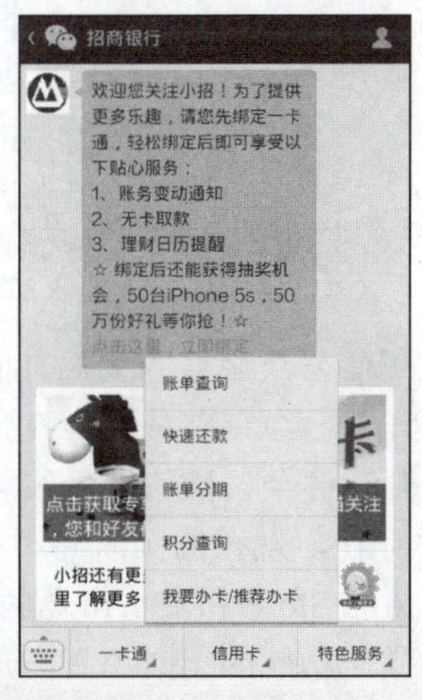

图 4.36 招商银行

就招商银行信用卡“微客服”来说，初次使用只需三步：首先是找到公众账号“招商银行信用卡中心”并点击“关注”，也可通过扫描官方二维码关注；然后在对话中，点击“立即验证身份”链接，即自动从微信跳转到招商银行手机银行页面；最

后在招商银行手机银行页面中输入相关信息即可使用。

关注并通过验证之后，招商银行信用卡“微客服”提供的服务非常丰富，有我的额度、我的积分、我的个人资料、账单明细、手机还款和历史账单等业务内容，而且每次刷卡之后，微信都会接收到相应提醒。

4.5.7 活动案例：同程网

同程网微信公众账号借助自定义菜单，向用户中心评比了订门票、查攻略、查航班、查天气、投诉提倡、热门行动以及自助预订等功能。用户可依据自己的需求迅速打听各类旅游消息。这一举措大大地晋级了用户对同程网微信公众账号的会意，并晋级了大局经验。如图 4.37 所示为同程网微信账号。

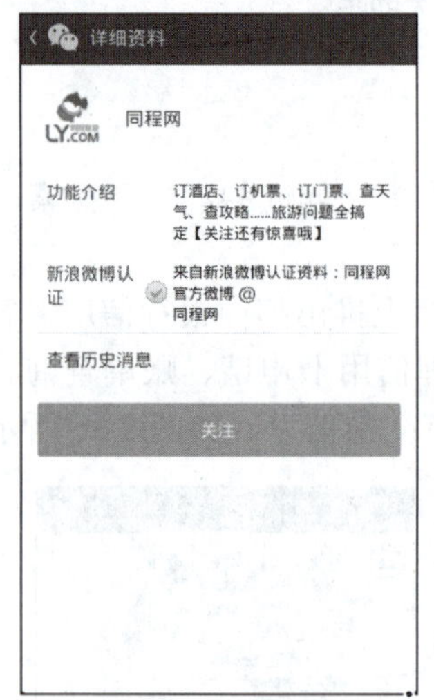

图 4.37 同程网微信

现在同程网微信公众账号的大局订阅曾经突破 10 万，每天收到的消息少说也有几万条，发生的订单已经突破每天一百张，业绩足以和一个 App 抗拒。随着微信接口和功能的不时盛开、健全，微信轻量级 App 的功能也会被逐渐放大，至于是否能顶替 App 而自力更生存在，现在的倾向并不豁亮。但起码，微信将有可能帮企业发生起另一个自力更生于 App Store 和安卓市场的崭新的“微信利用市场”。

而随着局部微信功能的不时添置，服务从单一变丰富，自定义批复曾经无法满足所有功能的出现。此刻，微信自定义菜单功能的推出大大处理了这一问题。穿越菜单，企业可将自己供给的服务尽可能翔实地揭示出来，让用户一目了然，需要什么服务，直接单击菜单查询。这更像是一个能够互动的轻量级 App 版面，看起来很简明，但所能供给的服务却能够满足用户最大地需求。

第 5 章

一呼百应，微信粉丝大发展

学前提示

微信营销重在互动，重技术，重服务，涉及更多的人工和技术开发，投资回报率却高得惊人，一对一传播到达率100%。开展微信营销的第一步，就是建立公众账号粉丝群。

要点展示

- ◆ 八大策略，教你如何增加粉丝
- ◆ 锦囊妙计，教你如何留住粉丝
- ◆ 粉丝经济，教你如何营销获利

5.1 八大策略，教你如何增加粉丝

微信时代，商家和企业最为关心的应该是：怎么把粉丝拉进来？微信公众怎么样快速加粉丝？想要回答这些问题，首先要清楚微信加粉的特点。

(1) 微信整个平台交互性强，比较适合客户互动，增加客户黏性。

(2) 微信是截至目前最经济、最便捷的客户关系管理平台。商家所加进来的粉丝一定要是企业的目标用户群，包括老客户或者是跟你的品牌调性相符合的潜在客户，借助微信消息，向他们传递品牌文化、维护客户关系、发布活动促销通知、组织微信互动等。

(3) 粉丝添加商家的微信，一定是被某些利益点触动的，不可能平白无故。所以，商家应该抓准用户的心理，了解他们想要什么。

5.1.1 微博群发

怎样推广企业微信账号？借助微博原有粉丝是途径之一。在官方微博的原有受众基础上，企业可以通过更新微博头像，或者增加头像二维码来推广，并发布全新的关于微信公众号推广的新段子。

通过微博大号带动，企业微信号就能收到第一波粉丝。当然使用这个办法的前提是产品的官方网站全新改版，以二维码微信为主流视觉导向。如图 5.1 所示，头条新闻借助它的新浪微博账号推广它的微信，具体做法有以下几点。

图 5.1　头条新闻借助微博植入二维码

(1) 微博置顶公告推荐店铺微信。

(2) 微博背景模板放置微信二维码推荐。

(3) 微博活动引导粉丝关注店铺微信。在活动公告图片上，放置微信二维码。

(4) 官方微博不定时发布消息引导客户加微信。

(5) 与忠实品牌粉丝进行微信互动，引导粉丝在微博上传播，再由官方微博进行转发。

(6) 企业微博轮播图推广。

5.1.2 摇一摇，漂一漂

不得不说，微信凭借“摇一摇”的功能，成就了多数人的交友梦想，因此，“摇一摇”这种趣味交友的模式风行一时。商家可以充分利用年轻人的好奇心与交友欲，通过“摇一摇”的方式将企业的活动宣传出去，如图 5.2 所示。

图 5.2 利用摇一摇增加粉丝

另一个可以利用的功能是漂流瓶，它采取传递的模式，影响力大，受众人群更广，对于需要吸引粉丝的商家而言，这无疑是一个有力的途径。

利用漂流瓶寻找潜在用户的方法也很简单，商家只需要注册多个小号，每天扔出一定数量的漂流瓶，内容可以具有鼓动性或诱导性，让用户主动添加关注。

专家提醒

这种方法也存在一定缺点，不适宜长期、单独使用。漂流瓶的转化周期和转化率并不像摇一摇那么显著，在宣传效果上可能有所欠缺，商家可以考虑和其他的方法配合使用。

图 5.3 所示为微信漂流瓶功能。用户只要通过扔瓶子、捡瓶子，就能实现和商

家，以及其他用户的交流互动，完成信息流通。

图 5.3　利用漂流瓶增加粉丝

5.1.3　头像换一换

大多数商家的微信头像都是企业的 LOGO，千篇一律，受众容易产生疲软，在添加关注时，看到企业头像就直接略过。商家在无形中就错失了很多潜在客户。

针对这种现象，商家可以考虑把头像换一换，很多知名企业的头像也是商家，但是都是经过艺术处理的，或者可爱，或者呆萌，或者文艺，很容易抓住用户的眼睛。图 5.4 展示的就是比较有代表性的企业微信头像。

图 5.4　各类企业微信头像

5.1.4 广告扫一扫

这种方法主要是在商家的各种宣传广告中植入微信账号，让用户在看到广告的同时就能看到商家的二维码，通过扫一扫，关注最新动态。商家可以参考如下的办法进行操作。

(1) 包裹二维码不干胶。可张贴的位置有快递袋外部、飞机盒外部、商品外包装等。

(2) 二维码印制。商家可以在商品吊牌、商品说明书上面大做文章，在设计时就为微信二维码留出推广位置。

(3) 包裹小卡片、售后卡放置微信二维码。设计一张小卡片，随包裹发放，引导客户。

(4) 品牌宣传期刊。如有通过包裹向客户附赠品牌期刊的，可利用封面、封二等黄金位置引导粉丝关注微信。

(5) 包裹公开信推荐。以公开信的形式进行品牌沟通，文尾可以推荐微信二维码。如图 5.5 所示，用户只要扫一扫二维码，就能将企业的动态掌握在手中。

图 5.5 微信二维码

5.1.5 线下推广

广告圈有一句很流行的经典名言，“我知道我投放的广告有一大半都是浪费的，但是我却不知道浪费在哪里。”

这句话充分表现了线下推广的高投资和低回报的特点，虽然并不能确保每一个投放出去的广告都能收到效益，但是广告的投放是必需的。同理，虽然并不是每一张二维码都能带来客户，但是商家还是不能放过任何一个潜在的可能，具体流程可以参考下面的建议。

(1) 利用线下资源优势，策划线下活动，可以是试吃会、可以是交流演讲会、产品发布会，甚至是野游，只要是和用户互动性强的，都具备可行性。

(2) 接下来要做的就是利用社会化媒体发布消息，吸引粉丝参与活动。商家完全可以借助微信发布消息，其他例如微博、豆瓣等平台也可以利用。

(3) 预先在微信中植入活动互动环节，制造亮点、热点来吸引用户参与。

(4) 线下活动时，引导用户扫“二维码”关注公众号，来触发“活动内容”，用微信引导活动进行。

(5) 活动后好好维护新获取的客户，再次回归线上。

5.1.6 活动推广

无活动，不营销，如果只是单纯的广告植入，它的关注度和阅读率是很低的。企业微信要吸引众多粉丝，活动推广也是其中重要的一环。

基于活动的推广可以分为线上和线下，线上还包括互联网和微信活动，方式众多。比如在微信上发起活动，只要用户添加关注就赠送礼品；或者是以折扣和奖品鼓励用户推广微信账号，让身边的亲朋好友关注，如图 5.6 所示，安徽投融资网就是利用微信来进行活动推广，采取关注有好礼，转发有惊喜的计策。

图 5.6 微信活动推广

5.1.7 以号养号

所谓的以号养号就是商家采用微信个人小号来吸引用户，等积累了一定的数量，就转化为公众账号，或者转发有诱惑力的软文诱导粉丝主动关注公众账号。这种小号加粉方式的主要策略有以下几种。

(1) 装修头像和签名，吸引用户关注。图 5.7 展示的就是有特色的微信个性签名，商家可以在这方面多下功夫。

图 5.7 个性签名

(2) 主动搜索，利用摇一摇、漂流瓶等功能，来者不拒，多添加好友，然后转化成粉丝。

(3) 基于 LBS 的推广，方法很简单，设置具有煽动性和诱惑性的个性签名，然后查看附近的人，就能被附近的用户捕捉，从而被关注。

(4) 漂流瓶，这个方法就是准备几百个微信小号，每天丢出成千上万的漂流瓶，写下留言，让捡到的人主动添加小号。当然，商家也可以直接宣传微信公众账号，只是不容易被发现。

(5) 摇一摇，微信小号的目的就是让用户看到商家的签名和 LOGO，产生好奇心，然后添加关注。所以，商家可以选择固定的时间段和地段，摇一摇，添加附近的用户，既快捷方便，效果也很显著，如图 5.8 所示。

图 5.8　微信摇一摇

5.1.8　合作互推

微信互推的效果要远比微博互推的效果好，找到一个合适的互推对象很重要，同样地，商家自身必须具备一定的粉丝号召力，这样双方才能达到共赢。微博合作互推的方式主要有以下几种。

(1) 群发资源互换，合作账号可以分享商家推荐的一些图文信息，可能是价值比较高的，也很可能是关注度比较高的，从而分享对方的超高人气。

(2) 关键字回复资源互换。

(3) 文章链接资源互换。

·专家提醒

微信公众账号想要长久运营，最关键的还是要靠内涵吸引用户。吸引粉丝是必需的，但是单纯地依靠技巧是无法留住粉丝的。

5.2　锦囊妙计，教你如何留住粉丝

微信重新定义了品牌与用户之间的交流方式，它为品牌开通了“自助式”服务。当品牌成功得到关注后，便可以进行到达率几乎为 100%的对话，它的维系能力便远远超过了其他宣传媒介。

然而从另一面看，微信的特点更像一把双刃剑。因为微信营销属于“许可式”的，它只有在得到用户许可后，品牌方可展开对话。虽然这部分用户可以被明确定义为品牌的忠实用户，但是用户也可以随时关闭与品牌之间的互动。试想一下，如果一

个用户关注了 20 个品牌，每个品牌每天向他推送 3 条信息，那么这些信息就显得有些扰民了，他随时可以选择取消关注。所以如何维系与用户之间的关系将成为进一步讨论微信营销的关键。

5.2.1 内容至上

“提供价值，而非吸引眼球”，这是运营微信的态度，也是能否留住粉丝的关键，应该引起商家的重视。

当用户扫描二维码进行关注后，会提示用户查看以前的资讯和信息，并且以微信主页的方式展现，让每一个随时关注的新用户都能看到旧的资讯，不会出现资讯的断层，提升了用户体验，如图 5.9 所示。

图 5.9 微信介绍礼仪知识

5.2.2 互动及时

互动性是微信公众平台的最大特点，企业必须重视，不能在添加了一大堆粉丝之后，只顾推送广告，这样只会让用户群渐渐放弃关注，最后得不偿失。因此，留住微信粉丝的关键方法就是制造有效互动，具体的操作办法如下。

(1) 利用语音交流。有时候，商家设置的文字回复可能太单调，也不能够赋予情感，这时候就可以选用语音，能有效地拉近双方的距离。

(2) 利用游戏或调查互动。商家可以设计一些让用户参与进来的小游戏，在玩乐中宣传自己的产品，同时又很好地加深了感情。如图 5.10 所示，就是一款猜测明星的

小游戏，简单又有趣，用户很乐意参与。另外，调查问卷也是不错的选择，还能集中收集用户的反馈，进一步完善产品。

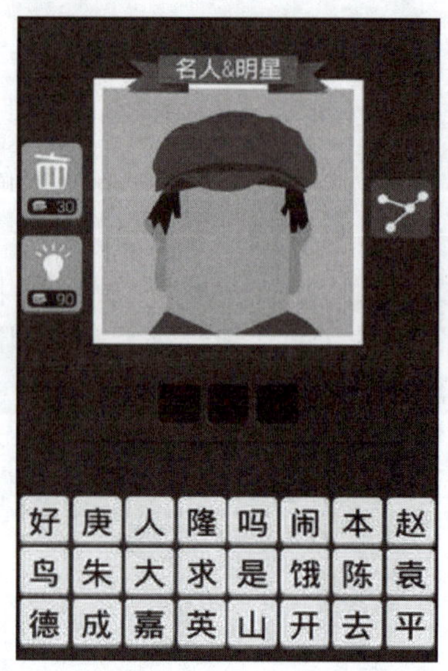

图 5.10　微信小游戏

(3) 采纳用户意见，商家应该定时地收集用户反馈信息，对阶段内的工作进行调整。如果用户的意见被采用，对方会觉得受到尊重，从而更加密切地留意商家微信。此外，商家还可以让用户参与微信的内容编写，实行面向用户征稿的形式，让用户更大限度地参与。

(4) 回复用户留言。用户的留言大多是针对企业的不足与优势，或者是提出疑问，很多商家可能忽视了这一块，结果往往是以失去用户群为代价。

就和售后服务一样，商家只有向每一个顾客确保承担质量，顾客才会放心的购买。同理，商家只有一一解答了用户的留言，用户才会持续关注商家。

5.2.3　人性化服务

当用户扫描二维码关注后，系统会自动推送服务菜单。用户根据菜单提供的自助服务，可以进行不同的选择。目前腾讯已经开放了自定义回复的接口，但是很多运营微信的人还不清楚如何试用，人工不能做到 24 小时服务，其实很多服务都是可以通过提供类似的自助服务来增加用户体验。如图 5.11 展示的是淘绿网的人工服务页面。

商家微信可以借鉴这种做法，让用户感到贴心。有些商家设置的自动回复千篇一律，如“离线请留言”，用户会觉得问题得不到解决，因而对商家失去信心，从而取消关注。

图 5.11 微信的自助服务

5.3 粉丝经济，教你如何营销获利

在微信时代最有价值的就是粉丝，如果能够成为意见领袖，那么就能够影响、引导更多的人，吸引更多的关注，从而创造更多的价值。

想要经营好粉丝经济，那么如何引爆粉丝的痛点、兴趣点就成了关键，同时也是一个极富挑战性的问题，如果处理得好，那带来的就是购买力和凝聚力。

5.3.1 理论分析：粉丝营销法则

粉丝经济，也就是一种注意力经济，没有粉丝的关注，那就无法完成营销。前面已经讨论过如何吸引粉丝，在有强大粉丝基础的前提下，商家又应该怎么把粉丝转换成钱呢？

1. 粉丝买卖

随着微信的火热，越来越多的人参与其中，企业迫不及待地需要提升关注度，而用户则是纷纷对有影响、有号召力的微信账号趋之若鹜，比如艺人姚晨的微信，用户关注度一直居高不下。

这种情势催生了粉丝买卖的形成，粉丝已经成为一种流行的“商品”，“亲，你的微博、微信粉丝够多吗？你只要花 5 元，就能得到 1000 个粉丝，40 元则能获得 10 000 个粉丝！”类似这样的广告语层出不穷，而很多用户为了显示自己的影响力，

满足自己的虚荣心，在私底下选择了购买粉丝，这也就是所谓的“僵尸粉”。

2．广告植入

广告所带来的收益是目前微信最主要的效能，不管是用户的口碑，还是实际购买量，对商家而言，都是宝贵的回报。

企业公众微信账号针对目标群体的需求，在平台上发送广告，招徕公众参与并购买，从而实现经济上的获利，如图 5.12 所示。

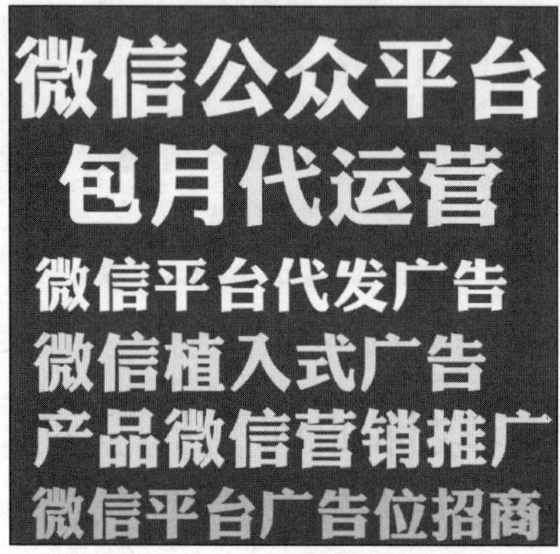

图 5.12　微信广告招商

3．商业活动

商家如果充分了解自己的粉丝群，针对粉丝需求，制定符合粉丝兴趣的商业活动，有的放矢，通常宣传效果会更显著。

比如商家的主题是 HTC 手机，那么就可以进行 HTC 相关配件的商业推广，这样不会引起粉丝反感，相反地，会很乐意接受。

当然，商家在推出这样的商业活动时，要考虑一个适度的问题，太频繁的活动推送只会让用户感到厌烦，因此过度的广告推送是不建议进行的，商家需要制定合理的频率推送，坚持适度的原则。

图 5.13 所示为房地产商家利用微信推广活动，商家充分利用微信交互性强、粉丝量大的特点，将交流平台打造为宣传平台。

4．微信租赁

在日常营销中，冠名是一种很常见的方法，不少电视节目都会表明由某某品牌冠名，或是由某某大力支持。观众在欣赏节目的同时，也记住了这个商家品牌，最重要的是，它的植入方式巧妙而不会引起人的反感。

商家在微信运营上也可以效仿这个方法，打造品牌友情赞助，甚至提供转发的奖品、冠名权、活动赞助等，同时也可以为企业做宣传，并且广告性质比较淡薄。

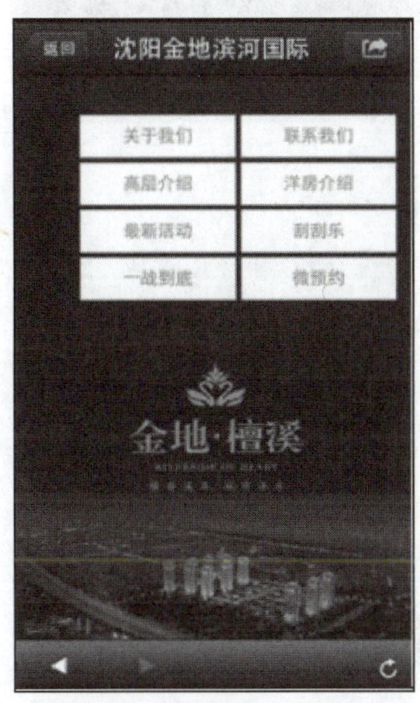

图 5.13 微信推广活动

5.3.2 活动案例：成功营销案例

2013 年可以说是微信爆发的一年，2014 年热度不减反增，俨然有蓬勃之势。近来业内外都热衷于微信营销的问题，但就目前情况而言，微信营销仍处于探索阶段，至今仍没有固定的模式，我们只能通过一些成功的微信营销来总结一下。

1. 杜蕾斯微信营销

对于杜蕾斯大家都不陌生，每每提及微博营销案例，杜蕾斯的经营之道总是被大家津津乐道，它几乎成了微博营销中一块不可逾越的丰碑。这个在微博上独树一帜的“杜杜”也在微信上开启了杜杜小讲堂、一周问题集锦。

让广大订阅者所熟知并且感兴趣的，还是杜杜那免费的福利，2012 年 12 月 11 日，杜蕾斯微信推送了这样一条微信活动消息：“杜杜已经在后台随机抽中了十位幸运儿，每人将获得新上市的魔法装一份。今晚十点之前，还会送出十份魔法装。如果你是杜杜的老朋友，请回复‘我要福利’，杜杜将会继续选出十位幸运儿，敬请期待明天的中奖名单！悄悄告诉你一声，假如世界末日没有到来，在临近圣诞和新年的时候，还会有更多的礼物等你来拿哦。”

活动一出，短短两个小时，杜杜就收到几万条“我要福利”，10 盒套装换来几万粉丝，怎么算怎么划算。微信活动营销的魅力在杜杜这里被演绎得淋漓尽致，毕竟免

费的福利谁都会忍不住看两眼，如图 5.14 所示，杜蕾斯通过微信与粉丝互动。

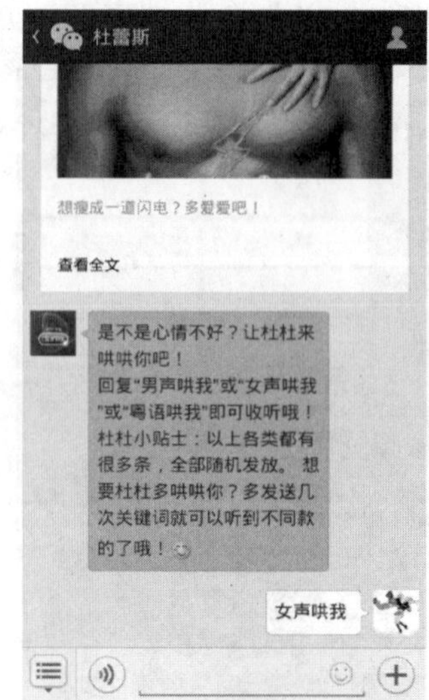

图 5.14 杜蕾斯微信服务

2. 美的生活电器

美的电器微信主打的是一站式服务，主要的营销方式是售前、售中、售后一应俱全，站在用户的立场，做到省时、省力，方便快捷的购物。

通过美的生活电器的自定义菜单，微信用户可自主选择了解美的产品及最新上市情况(售前)，如需购买，可选择进入商城购买(售中)。除此之外，用户还可通过微信查询售后服务，如查询服务网点、产品说明书、产品投诉、帮助及答疑等售后相关服务。

这种形式大大拉近了与客户的距离，也缩减了客户与企业之间的沟通成本，商家完成了在与粉丝互动中完成营销的目的。

图 5.15 所示为美的微信服务界面，粉丝只要参与互动，就能享受自主选择，轻松快捷地完成购物，避免了传统购物的烦琐，而且还能更加深入地了解所购买的电器的性能。

3. 婚纱摄影微信营销

韩国艺匠是一家专注于韩式婚纱的高端摄影集团公司，采用微信平台的微官网、微预约、微团购等一系列功能，在微官网上展现出自己的场景、套餐、婚纱礼服，还分享客户照，并且通过刮刮卡、大转盘、积分计划等活动与客户产生很好的互动，大大提高了用户体验度。图 5.16 所示为韩国艺匠婚纱店的微信服务页面。

图 5.15　美的微信服务

图 5.16　韩国艺匠微信服务及二维码

它的微信粉丝量庞大，自开通之后，粉丝呈直线增长，1 个月之内通过微盟微预约功能预约的客户量达到 200 多人。

韩国艺匠婚纱店在微信经营方面可谓经营有道，它十分关注和粉丝的互动。只要是关注韩国艺匠的微信公众账号，每天都会收到影楼的早安心语、美图下午茶、经典花絮、爱情故事等内容，艺匠致力于用这种方法和粉丝培养感情。粉丝也可以通过微

信和官方微信互动，咨询最新优惠、意见、建议，甚至查件等都可以，影楼都会选择性的回复。

此外，韩国艺匠在宣传它的微信号方面也很有办法。它在官方微信网站右侧、活动页面及微博、店内 pop 放置微信二维码，引导顾客关注官方微信号，顾客可通过手机随时随地地与官网互动。

更值得一提的是，韩国艺匠在它的活动项目中增加了网友婚纱走秀，由参加活动的网友自己当模特走秀。这样的网友互动无疑是最为成功的亮点之一。网友走秀虽然没有模特专业，但是更容易让消费者认同，说服力更强，而且专业模特费用不低，网友走秀省去了不少银子。另一方面，这样的活动为网友见面提供了一个舞台，让韩国艺匠的粉丝聚在一起，增加了活动的参与性。

韩国艺匠推出的优惠内容设计也非常合理，能满足各个档次的消费群体的需求，如图 5.17 所示。

4. 微信卖菜

“小农女送菜”案例绝对堪称微信营销的经典案例之一，三个年轻有为的青年聚在一起卖菜，与传统卖菜不同的是，他们通过微信来接单，如图 5.18 所示。

图 5.17 微信优惠活动

图 5.18 小农女微信

小农女团队选择的送菜地点目前主要在深圳科技园附近，他们提供的是半成品(也就是净菜)。微信用户可以在前一晚用微信预订，小农女团队会在早上 5 点采购菜品，并在下午 3 点多以前完成对食材的装配，通过自建物流完成下午 4—6 点的配送；而用户这边则可以在下班前收到送来办公室(或是家里)的新鲜菜品，到点回家就

能做饭。下面分析一下小农女成功的几个要点。

(1) 名字有创意。虽然创业团队是三个小伙子，但他们的思维能够突破男人限制，从“卖菜”“小龙女”想出“小农女”，吸引力十足，让人叫绝。

(2) 传单有创意。传单的成功就在于传单上有什么内容，从发的人手里到看的人手里，那 1 至 2 秒能否抓住用户眼球，关键就在于内容，而他们在传单上印有显眼大字“微信送菜”，肯定能吸引人们去拿手机扫一扫。

(3) 前期试运营。小农女团队每天送出 30 个特价单，每单赔 10 元，售价 9.9 元，但是必须要把图文信息分享到自己朋友圈才有机会获得特价菜。

(4) 信息无广告。虽然小农女团队是卖菜的，推送的内容主要以菜品为主，但是从用户的角度出发，谁都不希望每天收到广告信息。于是小农女团队想办法在消息内容上做文章。他们经常会发一些有关饮食人文、创业想法的交流等，兼具了趣味性和实用性，也拉近了与客户之间的距离，图 5.19 展示的就是小农女的宣传单。

图 5.19　小农女微信卖菜

5. 创业影院

创业影院是北京地区最高效的第三方创业投资平台，每周不定时举办线下创业投融资对接会，每期邀请 TMT、移动互联网等圈内人士、投资界大牛以及创业团队进行面对面交流。

借着微信的火热势头，创业影院适时地推出了微信签到活动，初次参加活动使用微信签到，都将得到小礼品一份，如图 5.20 所示为创业影院的图标。

6. 国色天乡乐园

说起微信粉丝，国色天乡乐园官方微信可以说是最成功的一个公众账号了。在运作的一个月里，国色天乡乐园粉丝达到 6 位数，单日增粉峰值 57 805，单日互动峰值

173 734。庞大数据的背后，有许多经验策略值得我们学习，如图 5.21 所示。

图 5.20　创业影院

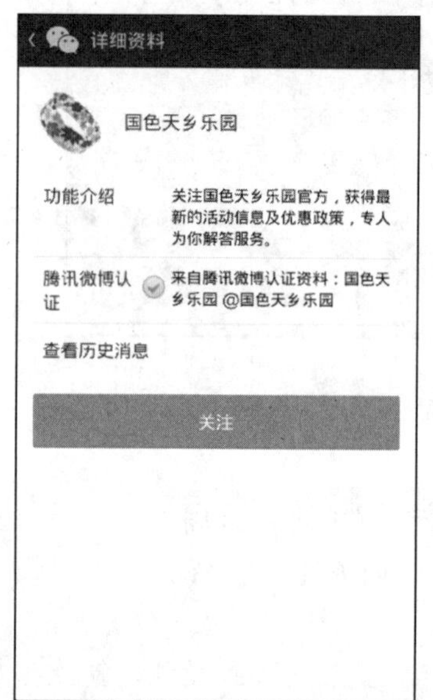

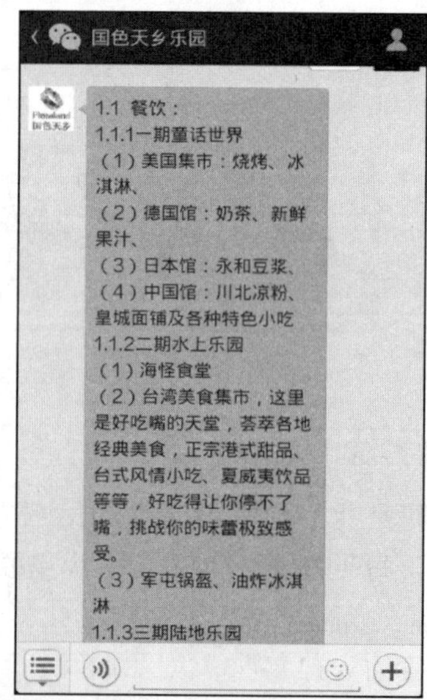

图 5.21　国色天乡乐园

微信运营，首选需要获取用户，其次需要实现用户黏性，最后达成商业目的。获取用户不再赘述，主要说说“黏性”。

当粉丝达到一定量级后，最关键的便是黏性，也就是与粉丝之间的关系深度。边

交朋友边做生意，这才是社交平台区别于传统媒体或平台的本质，图 5.22 所示为国色天乡推出的互动活动。

图 5.22 国色天乡活动

那么，微信实现黏性的核心是什么？答案就是内容和客服。

(1) 内容。内容的基本原则跟微博一样，即“有价值+有品牌相关性”。如果你推送的内容不能给用户创造某种价值(或娱乐、或利益、或信息)，等着每天的掉粉猛增吧；如果你推送的内容长期跟品牌无关，不仅你自己会怀疑是不是在浪费时间，粉丝也会怀疑自己是不是加错微信了。

(2) 客服。微信是沟通工具，是“一对一”的模式，当用户向你发送一条信息时，一定是带着问题的或者是沟通意愿的，是会期待你的回复的，如果你不搭理用户势必引起对方的不满。所以说，在微信运营中客服的重要性是不容忽视的。

第 6 章

图文并茂，微信内容大派送

学前提示

微信营销时代的到来，使不少企业争先恐后地进入微信公众账号平台，打造企业自身的微信营销平台，可企业微信应该如何去运营呢？本章将从微信内容入手，重点讲述企业应该注意的要点及应该避免的误区。

要点展示

- 了解发送流程
- 重视编辑内容
- 发掘写作技巧

6.1 了解发送流程

企业营销应以内容为王，当内容有实用性、贴近性、趣味性，并满足粉丝分享的满足感、炫耀感时，微信营销可以说就成功了一大半。具有上述特征的内容，粉丝会主动分享，辐射到用户强关系链上的好友，促发更多基于真实关系的传播。

本章将从内容的推送、编写和技巧三个方面，论述企业如何成功地进行微信内容的推送。

6.1.1 发送步骤

(1) 用户在等待通过微信平台的审核时，在网页的公众平台页面，往右端输入账号和密码登录，如图 6.1 所示。

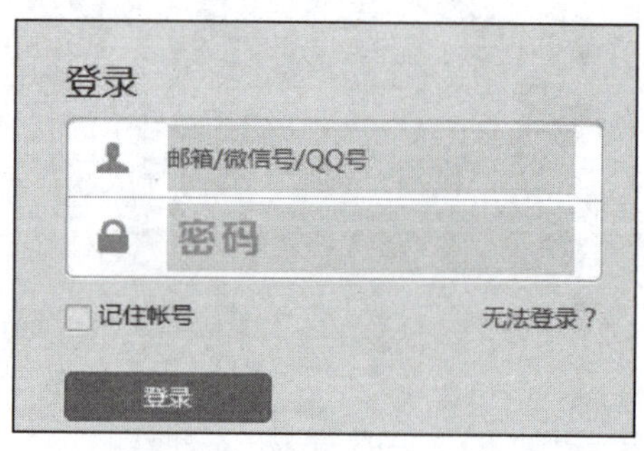

图 6.1　微信登录页面

(2) 登录成功后，用户接下来就能看到微信公众账号的编辑页面，用户选择点开右侧的“功能”。

(3) 接着可以看到“功能”菜单下有两个工具：群发功能和高级功能。

(4) 用户再点击“群发功能”，进入下一个页面，就可以看到发送消息所用的工具。

(5) 接下来介绍图文消息，点开图文消息，有两个功能：一个是新建单图文消息，另一个是新建多图文消息，如图 6.2 所示。

(6) 先了解图文消息，用户点击“新建多图文消息”会直接弹出素材管理的图文消息，这里就表示直接到素材管理中可以直接新建多图文消息。图片中箭头为相对应的预览。这时封面的第一条消息是 360×200 像素的大图，文字内容可以在 Word 文档内编辑好大小和格式复制到微信编辑框中，这个操作更方便一点。

(7) 加上封面的主题，一共可以建立最多 8 个主题。除了预览图是 200×200 像素的小图，其他主题的标题、作者、插入图文和文字视频是一样的尺寸。每编辑一条主

题，左边都有大致的预览。

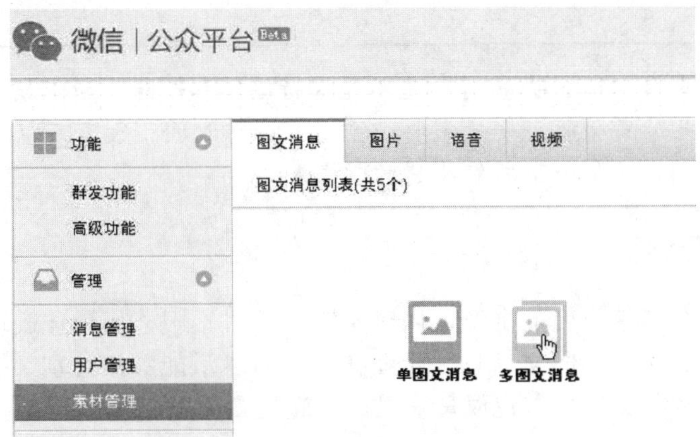

图 6.2 图文消息编辑

(8) 编辑完成后，在网页下方有预览和保存按钮，用户可以进行选择。

(9) 点击预览可以发送给指定微信号，在手机客户端预览一下效果，然后修改，如图 6.3 所示。

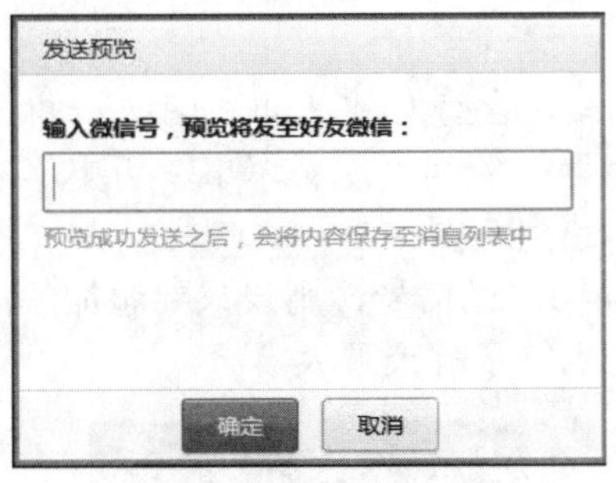

图 6.3 微信预览

(10) 点击保存就直接跳回到素材管理页面，页面中有以前保存过的信息。如图 6.4 所示，每一条保存过的信息下都有一个铅笔，那是再进入编辑；垃圾桶就是删除。删除谨慎使用，一旦删除，就没有办法恢复。

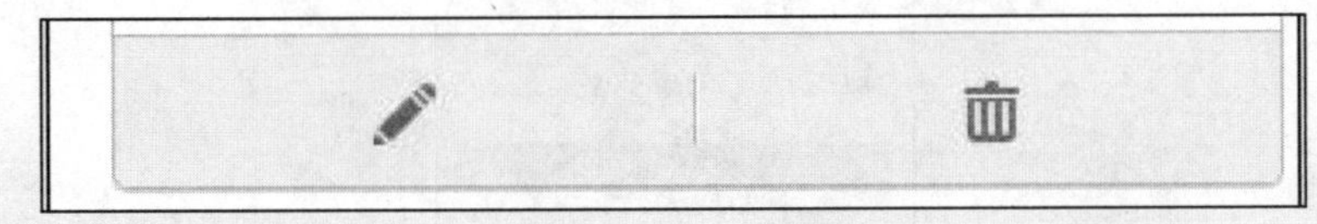

图 6.4 编辑与删除

(11) 然后再回到步骤(4)，点击新建群发消息中的“图文消息”。用户只要从中

选取已经保存修改好的消息进行发送，点击确定即可。

•专家提醒

现在微信平台发送出去的消息还不能重新编辑和删除，所以切记要审核好后再发出。所有账号都接收到一般需要 10～20 分钟时间。大家可以扫一下步骤(9)中的微信二维码，预览一下微信消息的效果。

6.1.2 发送形式

微信可以发布任意长度的文章，内容不限，形式不限，但最佳表现形式无疑是文字加图片，也就是所谓的图文信息。企业在推送时尽量能够按性别、按地域等形式发送，可以添加多条图文消息，建议每次发送不超过 3 条图文消息，以免引起粉丝的反感和厌恶。

单条内容的长度要保持在 6 次翻页以内为佳，换言之，图片尽量不超过 3 张，文字以 200～1500 字为宜。

根据网上同行的尺寸，商家发送图片的大小应该是：置顶图片大小为 395×220；缩略图片大小为 200×200。当然，在实际操作中，商家可以根据自己的需要调整。

1. 新闻

腾讯网(新闻中心)是一家包含有时政新闻、国内新闻、国际新闻、社会新闻、时事评论、新闻图片、新闻专题、新闻论坛、军事、历史等的专业时事报道门户网站，每天向用户推送重大时事、热点新闻。

图 6.5 所示为腾讯新闻网的微信号，用户只要添加关注，就能随时享受腾讯网的新闻推送，即使足不出户，也能了解天下大事。

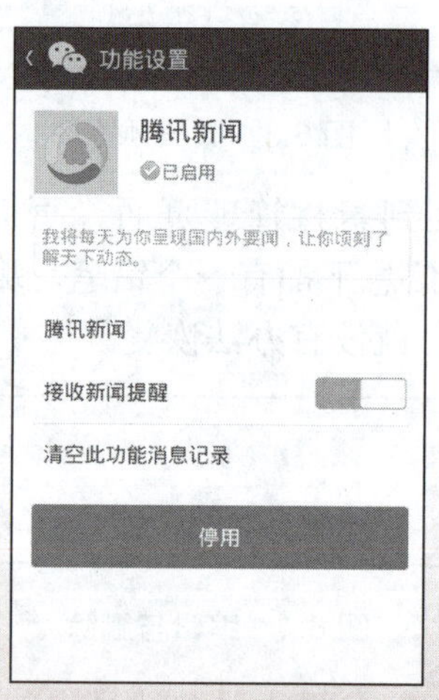

图 6.5 腾讯新闻微信

腾讯新闻网站从每天的新闻中精选热点、亮点、关键点，利用微信发送到用户，配上相应图片，既满足了客户对最新资讯的需求，又有所筛选，省去了用户的阅读时间，一举两得，获得了用户的一致好评。

2. 娱乐

对于电视台而言，微信群访省钱又省力，还免去了发布会这些琐碎的形式，也不用协调记者和明星的档期，新鲜有趣，灵活机动。因此，微信取代传统娱乐形式，一举成为文娱界的新宠。

以凤凰八卦网为例，它的微信每天推送最新最热的娱乐，包括明星八卦、影视搜讯、趣闻逸事等，满足用户的猎奇心和好奇心。用户既高度关注，又热衷于参与互动，和心目中的偶像近距离接触，这也让微信公众账号和用户关系更加融洽。

例如有条关于胡歌剃光头的微信，“老僧来啦！师太在哪里？”。这条微信一经推出，立刻引来无数粉丝转发，大家群情激动，热聊有关胡歌和袁弘的话题，娱乐效果非同一般。

凤凰八卦网正是精确把握了用户的好奇心，针对用户心理，专门挖掘各明星名人的趣闻、最新动态、搞笑段子等，以此迎合受众。用户对那些在荧屏前光鲜亮丽的形象总是充满好奇，而凤凰八卦网把他们背后不为人知的一面暴露出来，在如何避免泄露隐私和满足大众窥探欲之间巧妙周旋，在最大限度上做到两全其美。

图 6.6 所示凤凰八卦网的微信，它紧跟潮流，提供 24 小时的新鲜娱乐资讯和行业信息，用户只要添加关注，就能尽享八卦。

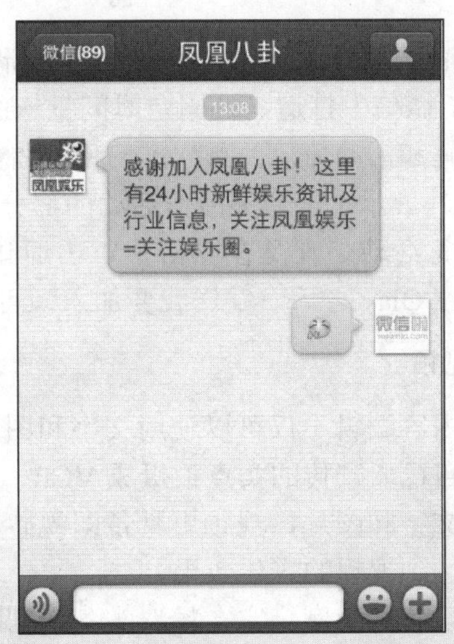

图 6.6　凤凰八卦微信

3. 活动

相比一些文娱性质的网站和杂志，更多的企业微信在内容推送上倾向于打广告，例如商家的优惠活动、打折促销等，以此吸引用户来参与。

化妆品牌玉兰油在这个方面成效显著，它主打的是粉丝互动，具体的策略是将玉兰油家族旗下品牌 ProX 的产品进行拟人化。图 6.7 所示为玉兰油的微信活动。

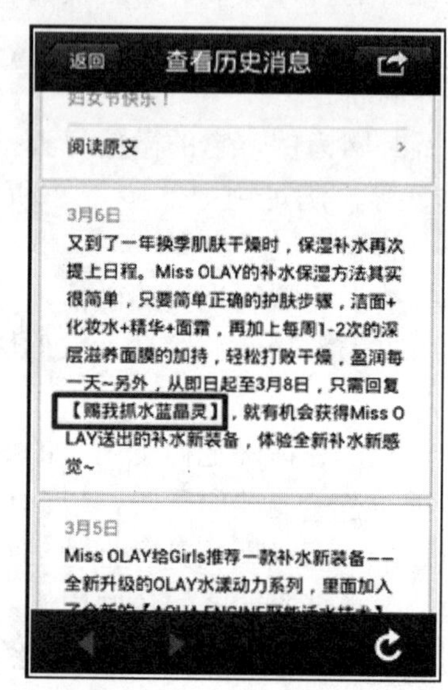

图 6.7 玉兰油微信活动

玉兰油这次微信活动塑造出了两个新角色——“刷子先生和亮肤仪小姐”，并为其在 ProX 微信中打造一档固定时间推送的访谈栏目《呵呵 talk show》，在访谈中适当植入品牌和活动信息，首次推出便获得好评。

图 6.7 展示了玉兰油微信活动的部分内容，无疑是冰山一角。玉兰油近期正在推出关注有礼活动，凡是在微信中点击通讯录，添加朋友，查找微信公众账号，输入 Olay，关注 Olay 之后，发送我要加入即可获奖，引发用户群热捧。

4. 视频

微信内容编辑不仅可以使用文字和图片，视频也成为当下很热门的选择。各大商家可以把自己要宣传的卖点拍摄成 VCR，通过微信公众平台发送给广大用户群。

相比文字和图片，视频更具备即视感和吸引力，能在第一时间快速抓住受众的眼球，从而达到理想的宣传效果。

以腾讯新闻为例，它在精选头条新闻时，往往会推送一段视频，受众只需要轻轻一点，就能够立刻观看，既方便又快捷。图 6.8 展示的是腾讯新闻视频专题的首页。

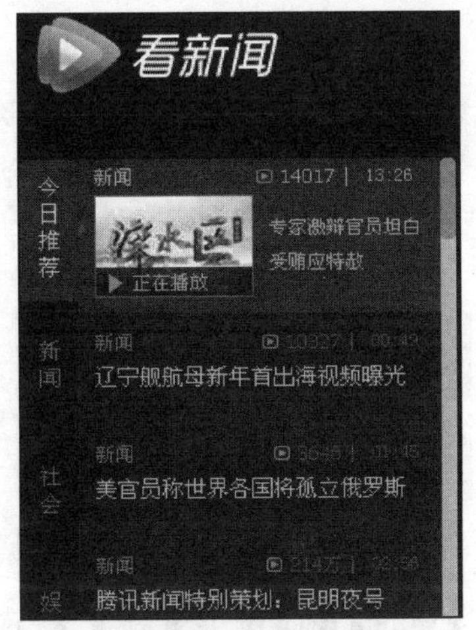

图 6.8 腾讯新闻视频专题首页

5. 美文

采用美文形式推送也开始在微信中流行起来，在商业广告、打折促销渐渐泛滥的时候，一则或清新、或优美、或充满哲理的美文无疑是给人耳目一新的感觉，特别容易引起用户的注意。

除了传统的文化报刊可以采用美文发送，其他商家也可以借鉴一二。爱范儿(ifanr)是第一家进入微信媒体平台的科技媒体，一般它每天发布 1～2 篇精华文章，内容并不拘泥于纯文学，但格调高雅，被受众普遍青睐。图 6.9 所示为爱范儿的美文推送示意图。

图 6.9 爱范儿推送美文

6. 搞笑段子

除了以上介绍的各种形式，在编辑微信内容时，那些流传在网上的各种段子也是不错的选择。商家可以整理改编一些搞笑段子，巧妙融合企业的宣传点，在笑声中完成宣传，糗事百科就是一个很好的例子。

图 6.10　糗事百科微信二维码

糗事百科是一家专注于笑话、趣闻集锦的网站，它通过微信平台，发送各种搞笑段子，形式新颖，在众多公众微信账号中别具一格。用户只要扫一扫糗事百科的微信二维码(见图 6.10)，就能享受最新最全的搞笑段子。

7. 新信息

信息发布是微信推广中最常见的内容形式，大多商家都是借助微信，将最新的消息和动态发布给用户，完成宣传。

例如商家将店铺最新的活动、优惠和折扣等通过微信传送，吸引用户的参与。图 6.11 所示为 QQ 美食城的信息发布。

图 6.11　微信发布活动信息

6.1.3 运营模式

目前微信内容的运营模式大致可以分为单项订阅型、目录选择型、陪聊互动型、服务应用型、混合型和互动游戏型六种。

1. 单项订阅型

单项订阅运营模式是指企业公众账号精心编制图文资讯，每天早晚发送给自己的用户。这是一种十分大众化的运营模式，就像公众平时订阅报刊一样，在特定的时间内可以看到早报、晚报、周刊、月刊等读物上的信息。只不过商家将这种传统的订阅方式转变为新兴的微信模式，通过微信来为用户推送资讯。

这种运营模式简而精，在固定的时间，例如早上或晚上的某个时段，为用户推送1～2条的信息内容即可。

它的亮点在于，与传统邮件杂志订阅异曲同工，有助于用户开阔眼界，获取一定的知识信息。媒体账号、娱乐时尚类草根账号、文化类草根账号等都适用这种模式，十分的方便，可选择性强。

2. 目录选择型

目录选择运营模式，就是先为用户推送目录，当用户回复后，继续推送阅读内容或企业信息。

众所周知，目录的功能在于帮助人们大致了解信息内容，并提供可以选择的阅读方式。在微信营销中，目录选择运营模式就为用户提供了自主选择的空间。商家或企业只需要将目录推送给用户，然后根据用户的回复继续推送相关信息即可。

这种模式的最大优势是推送频率低，为用户提供充足的选择空间，不容易使用户产生反感情绪。图6.12所示为城市画报的消息目录推送。

3. 陪聊互动型

陪聊互动运营模式就是公众账号管理员利用微信的会话功能，与用户一对一互动交流，给用户周到的服务体验。这种模式对人力成本有较高的要求，但是对聚敛粉丝具有显著的效果。

微信有会话功能，这与文字信息、图片信息等传输模式比起来，具有更方便、更直观的推送效果。而且这种陪聊方式，有贴近用户、开发创意等功能，为用户带来了更多趣味和惊喜，更容易提高用户的关注度。

图6.13所示为长虹公司的机器人陪聊服务，长虹公司将它旗下的产品冠以小C的名字，用户只要有需求，就能和小C进行线上互动。不管是生活琐事，还是各种烦恼和困惑，小C都能陪着畅所欲言。

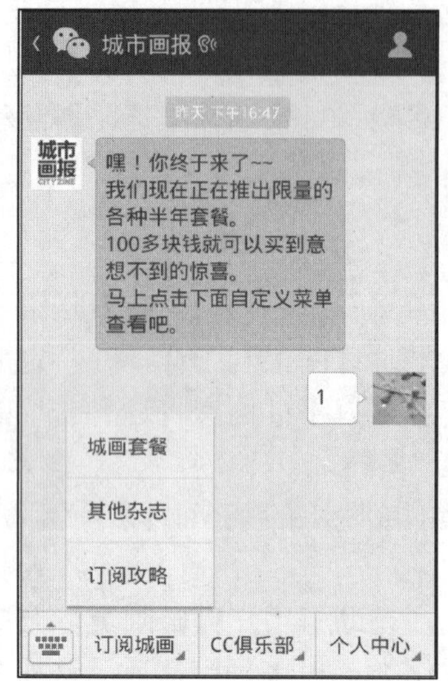

图 6.12 城市画报的消息目录推送

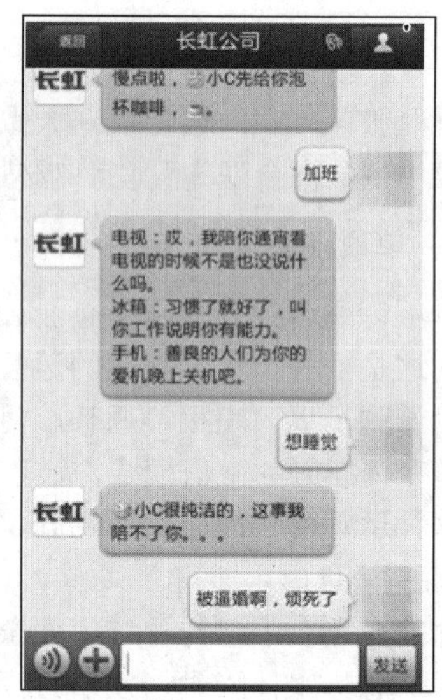

图 6.13 长虹公司机器人陪聊

4. 服务应用型

服务应用运营模式，将第三方应用与微信联合在一起，用 LBS(定位服务)技术将内容推送给用户。用户不仅可以在公众账号上查询相关内容，还可以直接下单购买心仪的商品。

服务应用运营模式主要是从服务用户的角度出发，利用第三方应用来完善现有的软件系统，然后通过 LBS 技术获取用户的地理位置，进而将信息推送给用户。它的推送频率低，有助于提高用户使用微信账号的频率。此外，用户还能体验像 App 一样便利的服务。

5. 混合型

所谓混合运营模式，就是将前面提到的五种模式类型有机地结合在了一起，这种模式具有广而全的特征，能够根据用户需求变换不同的推送方式，不容易给用户造成死板、枯燥的感觉，是一种持续性很强的运营模式，花样多变，吸引力强，令用户始终保持高度的热情。

6. 互动游戏型

互动游戏运营模式就是利用公众账号设置简单的游戏，与用户进行互动。游戏是一种轻松、有趣的运营模式，将它融入微信营销，不仅能够增加营销的趣味性，还可以体现商家特色，调动用户的好奇心，在成功推送商家信息的同时，收获众多粉丝关注。它的特点是有效激发用户兴趣，提升品牌形象。图 6.14 所示为小米手机微信的互动游戏。

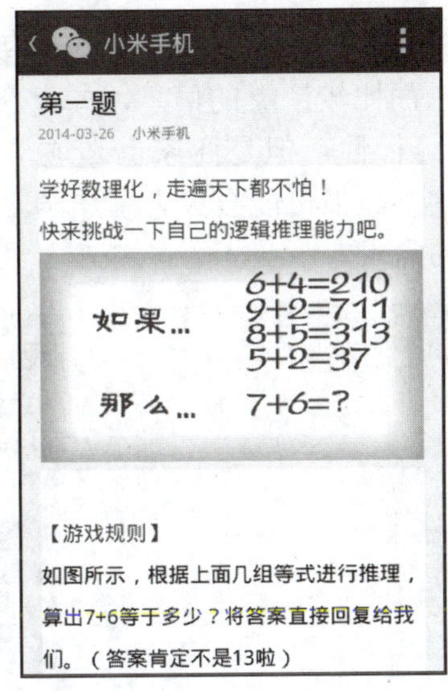

图 6.14 小米手机微信互动游戏

6.2 重视编辑内容

微信既然是以推送信息为主，那就得以内容为王。首先，我们得了解自己的消费者喜欢看的内容是什么？其次，每期的内容，必定有一个主题，里面的内容虽然不一致，但主题是一致的。另外，每个微信平台都有它的目标人群，如国家地理、时装杂志，显然人群都不一样，做目标人群喜欢看的内容是留住他们的关键。那么，商家该如何精编微信内容呢？

6.2.1 多种类型，选择最佳范本

内容的重要性几乎涵盖了所有营销，同样，微信营销也需要精致的内容和互动。

1. 促销活动型

促销活动型比较适合代购类商品、男性商品、日常必需商品、快销商品、标准化商品，因为稀缺性或必需性，所以无须太多的技巧，直接推销，效果反而更好。但商家也要关注掉粉情况，及时调整内容和发送频率。如果商家促销频率太高，那这样的信息对于客户来说就是垃圾信息，效果和影响会不增反减。反之，如果把握好频率和节奏，那促销的效果会更好。图 6.15 展示了易迅促销活动型的内容。

2. 信息传播型

信息传播型内容成功的关键，在于发送的信息是否切中用户的需要。一般不建议发送这样的信息，除非是需求面比较广泛的信息，如上新、预售、抢购、拍卖等，受众的需求比较大，相对具有可行性。但是商家也必须掌握一个适度的问题，过犹不及，那样不但不会诱导用户购买，很可能会失去用户群。图 6.16 所示为小农女每天的最新菜单，完全照顾了用户的需求。

图 6.15　易迅活动促销

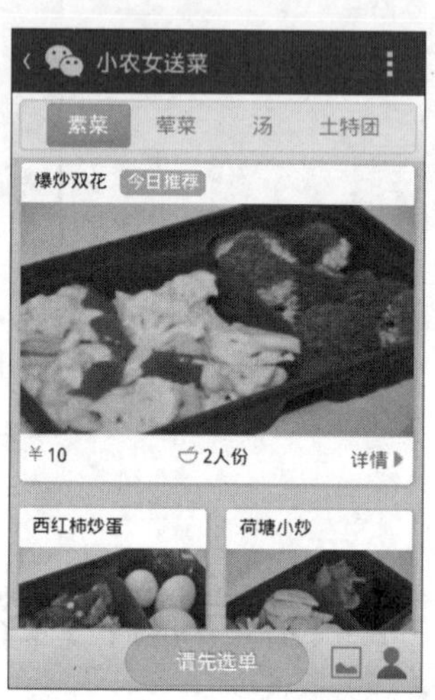

图 6.16　小农女的每日菜单

3. 专业知识型

专业知识型的内容比较适合户外、母婴、成人、电器、家居、内衣、保健、汽配类商品，因为这类信息专业性强，并非日常生活知识，因此内容可读性还是较高的，客户接受度高。

一般这种类型适用于杂志类的文化微博，图 6.17 所示为爱范儿杂志发送的科技图文。

4. 幽默搞笑型

幽默搞笑型最适合成人类商品，而且可以和商品实现无缝对接。情侣相关的礼品类，也可以通过此类型内容完成不错的结合。

5. 关怀互动型

关怀互动型内容比较适合老客户，比如发货提醒、生日祝福、互动小游戏等内容，如果加上些优惠券之类的小礼品，会事半功倍，是个不错的方法。

蒙牛的官方微信就成功地采用了这种类型，广告设计是主打的温情路线，以亲人之间的爱为诱导，让用户在感动的同时去购买产品。

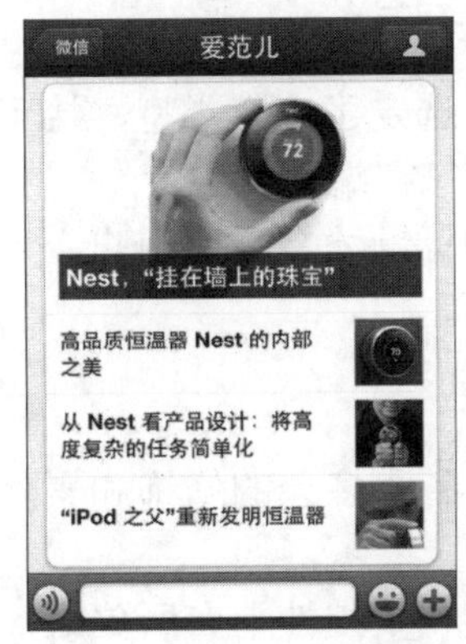

图 6.17　爱范儿专业图文推送

6. 精神情感型

精神情感型内容除去了商业化，此时无声胜有声，主打感情牌，以情动人，以情吸引顾客。

7. 文艺小资型

文艺小资型的内容更适合窄众类商品或外贸原单类商品，对于高端价位商品，也是个塑造品牌形象和品位的好方法。因此，这种类型的编写难度也是最大的，对编辑和写手的文学素养要求严苛，一般的微信使用比较少。商家需要注意的是，如果文学素养有限，用户不会领情，只会产生适得其反的效果。

图 6.18 是杂志《城市画报》的手机微信界面，体现了它一贯的文艺路线，以小资的定位和风格吸引用户。

图 6.18　《城市画报》的文艺微信

6.2.2 十大方法，构思精巧标题

微信撰写要考虑各个要点，选定了内容类型，接下来就是编制一个引人注目的标题。在这里介绍十种方法，供商家在编写时参考。

首先我们要明确，什么样的标题才会吸引用户，才叫做好标题。微信标题的总要求是：新鲜、贴近、有趣和震撼。

1. 开门见山

这类标题往往是直奔主题，省去多余的修饰和累赘，干净简洁，一目了然，目的是让用户快速地抓住信息点。

开门见山式的标题在含蓄性和委婉性上有所欠缺，不适合用在抒情性或者文学性较强的微信中，但是它也有直白的好处，非常适合日常用品打折促销、商场优惠活动的宣传等。

例如易迅发布的微信，“满场商品一元起”，开门见山地点名活动优惠，第一时间吸引住用户；腾讯新闻的微信，“一周影视：不得不看的奥斯卡”，也是直接将关键点出来，让爱好影视的用户不必在长篇累赘中挑选中心。

一般而言，商家微信大多是选择开门见山式的标题，因为它编辑简便，对文学素养要求不高，而且能让用户最快地了解信息。建议品牌商家，或者是品牌有待提升的企业，在微信标题上多下功夫。

图 6.19 所示为腾讯新闻每日精选，它的新闻标题大多是开门见山式的，符合它的定位。腾讯网是一家主攻新闻的网站，这种紧扣中心的标题很符合新闻报道的要求。

图 6.19　腾讯新闻首页

2．草船借箭

这类标题是利用热点事件来借势宣传，可以是突发事件或政府文件、科技成果的发布，也可以是特定节日等。借助当下的热点、焦点，能够很快地抓住用户眼球，引起共鸣，用户第一心理感觉就是接受，而不会产生排斥。

在微信当中分享这些内容不仅可以快速得到读者的认可，而且被分享到朋友圈里的概率也会增加。当用户接收到那些和时下密切相关的微信消息时，基于大众的分享心理和标榜自我的心理，他们往往会选择转发，这无疑帮助商家进一步扩大了影响。

图 6.20 所示内容就是巧借国民关注的热点事件——“中国好声音”来引起用户关注，当然，商家也需要把握好尺度问题，对于敏感性的话题，尽量不要触碰。

2013 年底，湖南电视台推出了一档综艺节目“爸爸去哪儿”，它迅速成为全民讨论的焦点，关注度节节攀升。不少商家瞄准了机遇，在编辑微信时，套用“爸爸去哪儿”的模式，比如餐馆微信就编写出“爸爸咱们去哪儿啊？去某某餐馆！”的句子，成功吸引了用户的关注。

3．语出惊人

文章内容与标题要极具颠覆性，语不惊人誓不休，制造新奇与轰动性。如图 6.21 所示，“仅限四天，洲际 5 折”，立刻就成功捕捉了用户的吸引力。

图 6.20 借势“中国好声音”热点事件

图 6.21 吸引目光的标题

现在媒体内容泛滥，要想从同类中脱颖而出，就需要一定的噱头。用语出惊人的方法可以有效抓住读者的眼球，但要把握分寸，不要让读者有被愚弄或虚张声势的感觉，从而产生厌烦心理。

以美容行业为例，商家在推送产品信息时，可以用标题“人真的可以长生不老吗？”，然后在正文推荐相关保养美容的护肤品，或者是保养方法，这样就能激发用户好奇心，不仅宣传了产品，还避免了沦为垃圾信息的命运。

4．动之以情

这类标题充满了感情，就像在讲一个真实的故事，让读者融入其中，受情感驱使去点击阅读，无形中接受产品信息。人是感情的动物，动之以情就会增加内容的真实性，吸引广大的读者。

好的标题是成功的一半，一个情真意切的标题会唤起用户继续读下去的欲望，而且充满情感的阅读会让商家的广告植入更加深入人心，在做到宣传和诱导购买的同时，也避免了用户的心理厌烦。图 6.22 所示为蒙牛在微信上推送的促销信息，标题“幸福是一杯暖心的牛奶”，主打温情路线。

图 6.22　蒙牛走温情路线

不少商家在使用微信平台推送信息时，要适时、适量、适度地植入广告，而不是硬性推销。从标题到内容都裹了一层温情包装的微信通常更受用户喜爱。

5．水乳交融

这种标题是通过与目标读者产生互动来达到阅读文章的效果，促进销售的目的，通常是给读者一些奖励，调动其参与的热情。

常见的形式有正确回答出所提出的问题可赠送礼品、有奖征文等。例如，手机电商推出的微信消息，标题为“8 台免费笔记本，哪部是你的？”，就很容易引发用户的参与兴趣。

在微信当中，也可以通过巧妙设置，让用户用回答问题的方式，一字不漏地阅读自己的文章。在读者阅读文章时，再想办法说服读者购买产品。当然也可以让读者在文章当中找错别字，找到一个错别字，奖励 10 元，以这种形式促使读者仔细通读你的文章。

比较成功的例子就是 1 号店发起的活动，“我画你猜”，这个标题就很吸引人，成功地勾起了用户的好奇心和好胜心，使其自然而然地参与进来。

图 6.23 所示的标题也很好地表达了互动这点，“互动有惊喜”，一下子就抓住了受众的眼球，用户怀着对“惊喜”的期待，自然会打开手机，扫描二维码，参与到商家的活动中。

6. 设置悬疑

商家可以多用问句，设下一些目标消费者关注或设法引起其关注的问题，以此作为标题，抓住用户的注意力。然后，让用户一边阅读一边逐步解开疑惑，引出商家宣传的产品。在这个过程中可以继续设下悬疑，抓住读者的好奇心理，促使其继续阅读下去。利用悬念通常有以下四种做法。

(1) 利用反常现象造成悬念，例如“中国人 90%‘不会’喝茶”。

(2) 利用变化现象造成悬念，例如“不玩微信你就过时了”。

(3) 利用不可思议现象造成悬念，例如“武汉上演‘蛇吞象风波’”。

(4) 利用用户的欲望造成悬念，例如“您的面容不想再白嫩一些吗”。

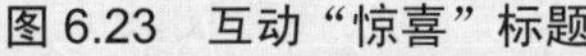
图 6.23　互动“惊喜”标题

•专 家 提 醒

商家需要把握尺度，不能给用户造成故弄玄虚的感觉，否则容易使读者产生反感。

如图 6.24 就是一个设置悬疑的成功案例，“饱满红润的大草莓，为什么不好吃？”疑问的句式有助于吸引用户。

图 6.24 果壳网微信

7. 围魏救赵

这类标题和开门见山式的完全不同，它不直接宣传自己的产品，而是通过评论同类产品、消费者所获得的利益等，引出自己产品的优势，从而达到宣传的目的。

比如加多宝凉茶，“全球每卖十罐凉茶，有七罐加多宝”，就是巧借同行来突出自家产品的特色。

8. 借势成事

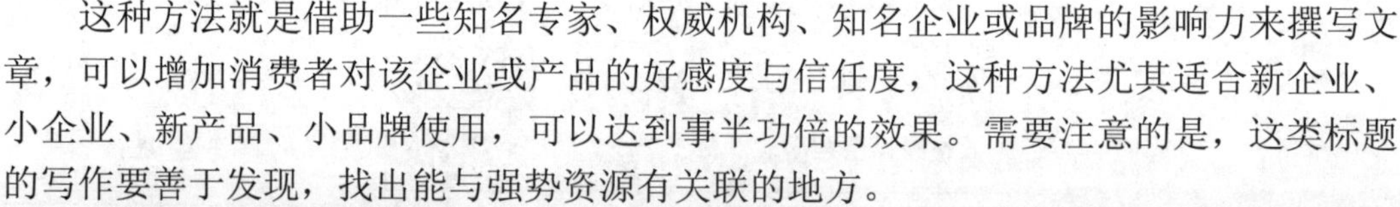

这种方法就是借助一些知名专家、权威机构、知名企业或品牌的影响力来撰写文章，可以增加消费者对该企业或产品的好感度与信任度，这种方法尤其适合新企业、小企业、新产品、小品牌使用，可以达到事半功倍的效果。需要注意的是，这类标题的写作要善于发现，找出能与强势资源有关联的地方。

耐克运动鞋通过请飞人乔丹做品牌代言才使其成为世界品牌。某化妆品品牌为了提高其品牌知名度与可信度，打出“美容大王大 S 推荐”、“范冰冰倾情推荐”或者是“杨幂同款”等，以此来打开知名度。图 6.25 所示是加多宝凉茶巧借当下火红节目“中国好声音”造势。

图 6.25 加多宝巧借“中国好声音”节目造势

9. 一箭双雕

这种方法主要是用双关语策划标题，主要采用双关语或者谐音。例如“微信打火机火了”就是个同音双关。

10. 以“假”乱真

除了商家特定的目标群体，用户对广告性质的消息大多有排斥心理。相比较而言，新闻的受众更广一些，用户对每天的实时新闻或者软新闻都有一定的需求，因此，如果能把标题写得像新闻标题一样，以假乱真，就可以增加被用户阅读的概率及可信度。

商家在编写这类标题时，要使用同新闻一样的客观的语气。比如一个商家推荐治疗风湿病的药，利用新闻的形式，文章主标题可以编写为“百年秘方重现，宫廷御医贡献治疗风湿良药”，内容可以从整理民间文化遗产的角度出发，这样的包装就很像新闻，会深深吸引关注新闻的人士及患有风湿病的患者。

需要注意的是，这样写不是要欺骗读者，而是要以事实为基础，是为了快速吸引潜在读者、用户的注意力。商家如果过度扭曲事实，鱼目混珠，用户就会有一种被欺骗的感觉，对企业失去信任。

6.2.3 八大技巧，收获内容素材

很多企业在微信运营过程中都会碰到一个棘手的问题，那就是微信内容。从市面上运营的微信公众账号来看，很多商家就是建个账号、发点新闻或者搞笑段子，而通常这种纯广告式的微信是没有什么价值的，用户的关注度也不高。

实际上，微信的内容必须建立在满足用户需求基础之上，包括休闲娱乐需求、生活服务类的应用需求、解决用户问题的实用需求等。企业推送的信息与用户想要的信

息高度一致，才能达到预期效果。

1．收集用户回馈

商家要了解用户需求，解决用户问题，那么就得倾听用户的心声。用户在说什么，通过微信搜索什么产品，甚至是用户对竞争对手的关注，商家都必须高度留意。通过一段时间的跟踪总结，把这些用户的关注点分门别类，然后针对这些问题设计微信内容。

另外，商家可以把客服部门遇到的问题集中讨论分析，把用户问得最多、反馈最多的问题一条条解决掉，这些解决方案就是用户最喜欢的，如图 6.26 所示。如今微信已经普及，每个用户都是自媒体，是微信的受惠者，能随时随地的反馈商品信息。

用户喜欢可以解决问题的内容，商家有针对性地编写微信，可以抓住阅读的读者，并且将他们转化成忠实的跟随者。其实这也是销售过程中的第一步，如果你能明确你所在行业中人们的痛苦，你就能以一个普及知识型的专家形象出现，并来解决这样的情形，可以有效避免用户的反感。

2．细化产品信息

细化产品信息要求商家对所推销的产品进行知识延展，一段干巴巴的产品介绍、产品说明是无法吸引用户眼球的。用户喜欢带有知识性的信息，以酒业为例，商家如果要推销他们的酒，不能只介绍酒的成分、酒精度多少、口感如何等，这些固然重要，但是用户更喜欢了解关于酿酒方面的知识，或是关于酒的悠久历史，或是关于品酒的小技巧，或是储存方法等。

图 6.26　无“微”不至

不少企业就熟练掌握了这一技巧，在微信内容编辑上获得了成功，就像杜蕾斯的微信不仅介绍安全套，还肩负着普及性教育、预防癌症的重要使命，而星巴克微信则要普及咖啡文化。

用户会订阅那些使他们笑、使他们哭，而且感觉有参与感的内容。任何一家企业都要以产品为基础，去深度挖掘，除了乏善可陈的介绍之外，肯定能发现还有很多未开发的内容。如图 6.27 所示，蒂芙尼对所展示的黄钻进行了细致的产品解析。

图 6.27 蒂芙尼微信

3. 听取各方意见

这一方法主要是用户的评价和体验。很多用户会通过微信表达他们的不满，也有很多用户通过微信表达赞美，商家千万不能忽视这个环节，完全可以大大加以利用。

如果商家的产品口碑好，总有很多粉丝赞美，商家完全可以把他们说的“好”炫耀给大家，通过微信赚翻，不仅充实内容，还让这些用户“受宠若惊”，更加乐于参与。商家还可以在此基础上设置互动，送上小礼物，用户会帮你创造内容的。

现在很多电商网站，尤其是服装类，都开设了“晒单”、“上传搭配”的一些活动或功能，如图 6.28 是银联的晒单活动宣传。

图 6.28 银联晒单活动宣传

银联推出的“晒单有礼”活动，提供平台让用户把购买的商品发图晒出来，发表用户感言，从效果上看，每个月都会产生无数粉丝自创的内容，一方面加强了用户和网站的联系；另一方面，对粉丝也有潜在的吸引力，可谓一举两得。

4. 包装商家活动

这主要适用于折扣信息和粉丝专属的新品。有调查显示，有百分之三四十的用户是冲着特别折扣信息才去关注一些品牌的。可见，折扣优惠是很重要的内容，但是，把促销信息一窝蜂地发布出来，并不会起到显著的宣传效果。对于用户来说，这种微信内容就像街头路边散发的小广告，他们并不会过多关注，甚至会厌恶。

商家应该避免这种误区，设计一些精品的专属于微信粉丝的特别折扣，让他们感觉到一种作为粉丝有 VIP 一样的待遇，只有这样，用户才乐意成为你的粉丝。除特别折扣之外，还有一点就是新品，如果能做到微信上首发，比如某一款包包，通过微信先预订，只为粉丝准备，线下不具备这种优先权，这样粉丝就会油然而生一种优越感，也更加乐于关注商家微信。

5. 展示企业文化

商家的微信也要有血有肉，避免过于理性和枯燥，可以把企业内部的一些情况介绍给粉丝，比如办公室环境、团队活动、一些好玩有趣的事、有趣的员工、某款产品背后的故事等，这些统统要挖掘出来，让粉丝通过微信完整地了解企业，让信息更加透明化，这样才能让粉丝感觉到这个微信不是一个冷冰冰的 ID，它的背后有这么一帮可爱的人。如图 6.29 所示，就是借助微信展示茶文化的成功案例。

这类内容还有一个好处是让更多喜欢企业的人加入企业，因为他们会觉得在这样的一家公司里工作也是一件很好玩的事情。向大家分享、展示你的培训或是行业间会议的内容。

6. 宣传成功典型

这类微信可以重点宣讲行业成功者，表达看法或建议。每个行业都一定有些比较突出的或是比较成功的企业和人士，商家如果能够发表对名博、名站的分析文章，将会吸引众多读者。如图 6.30 所示，就是《南方周末》解析导演雅克的成功之路。

用户大都对成功案例有一种模仿心理，都希望自己能站在巨人的肩膀上，更快地走向成功，而商家的这类宣传微信无疑就是一架桥梁。

7. 巧借他人精华

这类微信主要是分享热点文章，并非原创，有点类似于文摘。商家可以摘录一些经典的文章进行分享，或者收集最新最热的段子，以此迎合用户的喜好，如图 6.31 所示。值得注意的是，商家切记应当尊重他人的劳动成果，用时一定要注明作者或者出处。

图 6.29　微信展示茶文化

图 6.30　《南方周末》微信

图 6.31　微信摘抄

8．设置互动环节

商家要找到自己的特色，除适度、适量的借用之外，一定要坚持原创，无论是图文并茂，还是声色具备，至少有一部分是属于自己独特的内容，吸引并留住粉丝。

设置互动环节就是一个很好的选择，企业与粉丝的互动总是不尽相同的，商家可以通过特别的活动，让粉丝参与进来，在互动中建立关系。要知道，如果商家的内容和别人的信息是同样的，那么用户就不会给予相应的关注。商家要做的就是找到有趣

的、不寻常的角度和事实，放到微信内容中，让那些接受微信的用户产生兴趣。

6.2.4　四大原则，把握发送时间

编辑微信内容之后，商家面临的下一个难题就是把握发送时间。在什么时候发送微信比较合适？哪个时间点的被阅读率最高？

在订阅号的界面里有这样一个规则：谁后发谁就会显示在上面，也就是说在订阅号中的显示顺序是，谁最后更新，谁就排在最上面。相同的，在主界面中，订阅号界面显示的也是最后一条更新的公众号内容。这意味着如何选择时间点推送将成为企业微信重点研究的对象。

除此之外，一条信息全部群发完估计要 1～15 分钟不等，故信息发送时间，最好选在午饭后、晚上睡觉前。另外，发送信息的时候记得分组。建立客户分组，根据分组发送不同内容，这样信息的精准度也会相对较高。那么推送的具体时间怎么定呢？请看表 6.1 的微信内容推送时间。

表 6.1　微信内容推送时间

推送时间选择		选择理由
早上	8 点左右	新的一天开始，大家对信息的需求量是最大的，同时也是信息蜂拥而入的时候，商家需要把握这个黄金时段
中午	11 点半～12 点半	这段时间一般是大家吃午饭和午休的时间，聊天讨论的概率比较大，这时候发送的微信消息很容易成为话题
晚上	8 点～9 点	这个时间点，大家是最放松的时间，在看电视或者散步，容易接受广告推送

接下来我们来看一下把握企业微信内容推送时间的技巧。

1. 数据分析

根据微信数据分析来进行规划，因为只有这样，才能成功把握粉丝活动的时间。表 6.1 所示的三个时间段是最适合进行微信内容推送的，推送后效果会事半功倍。另外，建议商家在选择发送时间时避开用户的休息时间，以免造成不必要的打扰，这时候的微信只会让用户感到厌恶，他们很有可能取消关注。

2. 因人而异

对不同的营销对象，商家要采取不同的时间策略。比如要想在早上推送，对于白领上班族，最佳时间应该是 8 点～9 点半，而对于学生族则应该是 8 点以前。而双休日的晚上无疑是各大商家都应该把握的良机。

3. 定时推送

对于一个想塑造品牌形象的商家而言，定时推送是一个很好的选择。对于用户而言，每天打开手机，就会有无数的微信消息跳出来，轰炸式的宣传容易让人产生疲劳，那么，那些有品质、有价值的微信消息该如何凸显出来呢？

商家保证微信质量的同时，在发送时间上也应该慎重。每天定时发送，形成自己独特的时间段，用户就不必从泛滥的微信中去挑选，到了那个时间点，他会自动去翻看商家的微信，有效地避开那些骚扰微信。

4. 紧跟动态

除了日常的发送时间机制外，商家还必须随时注意社会动态，灵活应变，改变自己的发送时间。

这类情况通常出现在有重大时政、社会新闻的时候，比如 2014 年 3 月初在昆明火车站发生举国震惊的恐怖袭击事件，一时间全国都给予了高度关注。这个时候，几乎所有人都密切关注着事态的更新，这整个时间段都是微信发送的黄金时期，即使是微信轰炸，大家也时时刻刻刷新着手机。

如图 6.32 所示，就是关于“我是歌手”的微信消息推送，紧跟时下热点，容易引发用户追捧。

图 6.32 我是歌手微信

6.2.5 掌握要点，设置贴心回复

用户在编辑页面点击“高级功能”时，会进入设置页面，里面有两种模式：一种是开发模式，另一种是编辑模式，这也是我们最常用到的。

用户进入编辑模式后，会看到默认开启的状态，点击里面的“设置”按钮，开始设置自动回复功能。

进入自动回复设置界面，左边有 3 个自动回复功能按钮，分别是被添加自动回复、消息自动回复、关键词自动回复。

1. 被添加自动回复

这里是给新关注用户设置欢迎信息的地方，每当有新用户关注企业的官方微信账号时，系统就会自动发送这里的内容给用户。

这里的设置很重要，所有用户都是通过欢迎信息来了解、学习使用企业的平台账号，例如提示用户输入“电话”，就可以找企业公司的联系方式；输入“帮助”可以查看所有引导的关键字。如图 6.33 所示，用户添加成功之后，根据提示回复“菜单”，小农女账号就会推送最新的菜谱给用户。

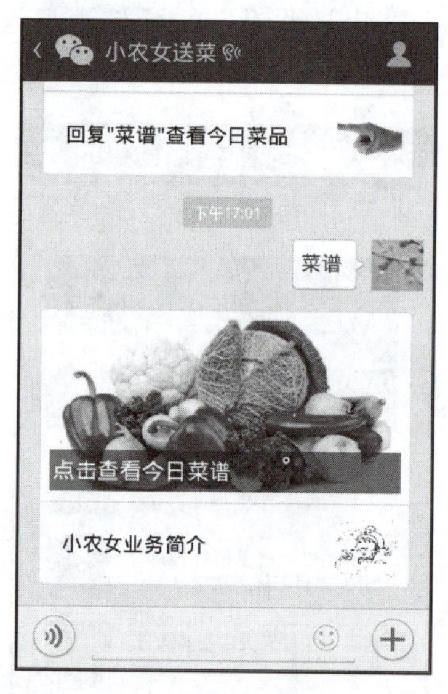

图 6.33 小农女的被添加回复

商家应该重视这一块的设置，做到让自己的欢迎信息别具一格，有个性而又吸引用户，同时还要体现企业的服务宗旨和功能，让用户一目了然，自主选择服务。

•专家提醒

欢迎信息尽量不要把所有信息或所有关键字都写出来，信息量太大会吓跑用户，放置主要的查询关键字就可以了。同时，企业还可以运用艺术排版、表情点缀等手段来让欢迎信息更个性。

2. 消息自动回复

如果用户发送了一些企业没有在后台设定好的关键字，或者是无效信息，系统就会发送这里的内容给用户，用于提醒和帮助引导用户使用正确的关键字进行查询。这个功能就如同网站 404 错误页面一样，提示没有该信息，并引导用户回到正确的使用途径上。所以这里也是必须要设置的，否则当用户发送一些没有设置的关键字，系统没有反馈任何信息给用户，就会给用户一个错觉，认为企业账号不能用了，从而取消关注。

如图 6.34 所示，当搜狗语音助手不能识别用户发送过来的关键词时，它就会推送相关链接，让用户自助解决问题。

3. 关键词自动回复

这是微信公众平台的内容中心，所有需要实现交互的内容都在这里添加，企业可以在设定关键字绑定之前做好素材内容，用户就可以通过关键字来精准查找他们需要的信息，下面来讲述添加新的关键词内容的规则。

图 6.34　语音助手的关键词回复

用户只要点击“添加规则”或“展开”就可以进行编辑了。“展开”是打开已经添加好的内容规则。

(1) 规则名。首先企业要给这个规则命名，命名主要是方便管理识别使用的。

(2) 关键字。这里添加的关键字就是提供给用户搜索查询使用的，记住不要把所有不相关的关键字添加进去，一定要与内容相关，否则会影响用户查找精准信息的体验。点击“添加关键词”会显示操作窗口，这里每次输入关键字后直接回车就可以继续输入更多关键字，这个操作可以大大加快关键词录入速度。

(3) 回复。这里主要是放置关键字对应的回复内容，分别有文字、文件、图文。文字就是纯文字内容，文件就是音频、图片、视频内容。这里除了文字，文件和图文都需要在素材管理里先编辑好，才能直接在这里调用。回复消息最多可以添加 5 条，如果添加回复内容超过 2 条，系统会随机抽取其中一条回复给用户。

商家要发送全部回复，在回复框的右上角有一个“发送全部回复”的勾选项，只要勾选了，添加的多条消息都会同时发送给用户。最后，一定要记得点击保存，否则你的心血就白费了。

添加好关键字后，可以看到关键字后面出现“全匹配”和“已全匹配”。如果关键字后面显示“全匹配”状态，只要用户输入文字里面包含这个词，都可以匹配到，并反馈对应内容给用户。

6.3 发掘写作技巧

微信作为新的信息传播媒介，它对于营销内容的价值要求是显而易见的。但是，如何让用户第一时间关注商家微信，达到宣传商品的目的，除了内容本身要具备价值之外，还有一些其他的技巧。

6.3.1 要点：微信写作如何吸引眼球

如何让一则微信消息从众多的推送内容中脱颖而出？站在用户的立场，对方第一要关注的就是商家传输的消息和自己切身利益是否相关。简而言之，抓住了受众的需求，也就抓住了受众的眼球。

1. 贴近性

所谓的贴近性，包含两个方面的内容：第一是地理接近性，第二是心理接近性。在地域上，商家可以根据本土和外地的差异，制作不同的微信内容，用户更关心的是自己身边发生的事情。在心理上，商家可以从用户日常生活相关的话题入手，拉近心理距离，如图 6.35 所示，用户对于这种关乎自身的内容就很感兴趣。

2. 实用性

实用性是指商家提供的信息对网友日常生活具有很好的参考价值和指导意义。例如天气预报、出行参考、火车飞机时刻表查询等内容，是受众的一种必要的信息需求。商家在编辑微信时，如果从用户的需要出发，必定能吸引用户的关注。

3. 趣味性

受众都是喜欢有趣的信息，微信如果能做到这点，对宣传效果必定大有裨益。趣味性有时是娱乐性，有时是八卦性，有时是一种幽默感。

对于商家而言，将内容娱乐化是抓住用户百试不爽的方法，具体做法就是将内容转化为喜闻乐见的形式，让用户在感受娱乐的同时，不知不觉中接受品牌信息，体验品牌特质。

4. 独特性

怎样让推送的内容具有独特性？答案就是要形成企业自己的个性。企业在发布微信内容时，要自成体系，在报道方式、内容倾向和编排撰写上只有做到与众不同，才会提高识别度，增加用户的黏性。

如图 6.36 所示，商家就巧妙地把一场促销活动的优惠券设置成人品卡，并结合时下最流行的“人品爆发”词汇，既吸引用户，又独具特色。

图 6.35　吃货团微信

图 6.36　个性广告语

5. 故事性

有故事性的新闻是好新闻，同样，具备故事性的微信有深度、有情节，用户更喜欢阅读，更容易被吸引。

此外，故事能够让企业显得更人性化，美化用户对企业的看法，从而对产品改观，选择购买。

6．震撼性

震撼性要求商家在编写内容时做到意外性和稀缺性，即内容让人感觉到意外，并且题材稀缺。对于越是少见的内容，用户越是感兴趣，它的传播价值也就越大，所谓的独家新闻也就是这个道理，商家可以借鉴一二。

7．互动性

微信是供大众交流的桥梁，之所以叫做公众平台，正是体现了这点功能。商家要充分利用微信在互动上的优势，内容编排上多设置互动环节，激发网友的参与性，让信息在网友的参与中传播。

8．共享性

共享性要求商家发送的那些微信能够分享，这样就做到了在实用的基础上，进一步扩大影响，实现第二轮人际传播。

具备可分享性的资讯，主要是指那类提供给其他网友的个人经验、技巧类的资讯，如讲私房菜的做法、旅游攻略、试吃心得、个人健康经验等。商家则可效仿这些，提供行业相关的贴心指导、实用建议等。图 6.37 所示为微信地址导航。

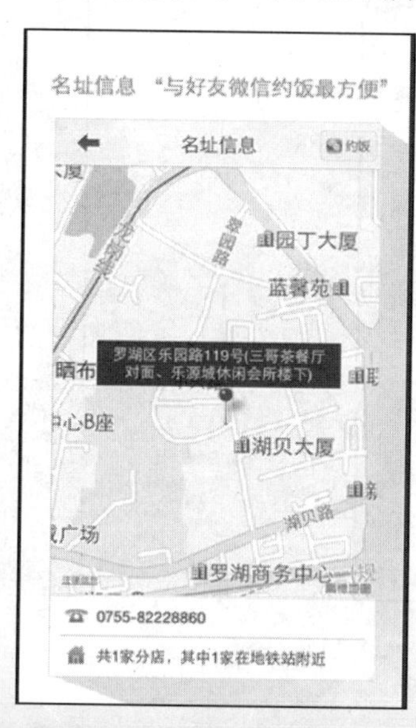

图 6.37　微信地址导航

6.3.2 诀窍：微信写作如何植入广告

事实证明，微信如果强推广告，不仅达不到预期的效果，反而会引起用户不满。商家要想在微信中植入广告，必须把握两个字：“巧”和“妙”。那么具体如何做到这两点呢？以下几个策略可供参考。

1. 以故事的形式植入

故事因为具备完整的内容和跌宕起伏的情节，所以比较吸引大家，关注度相对高。提及故事，不少人充满期待，因此商家在植入广告时，可以充分借用这一手段，改变传统的广告硬性植入方式。

对于企业来讲，讲述一个企业故事，或者发生在企业的故事，或者创业故事，会让用户感受到企业的文化氛围，毕竟故事就是生活的一种艺术，而生活又离不开产品，所以将企业产品和企业文化用故事来表达，是非常合情合理，又是十分自然的。如图 6.38 就是微信讲故事的账号，企业可以借鉴这个形式，在故事中植入广告。

2. 以图片的形式植入

相比纯文字的信息，图片加软文的方式更加受用户群的欢迎。通过加入图片来进行表达或者描述品牌，会更容易收到效果。

企业可以在文章中插入企业 LOGO、产品 LOGO 或者水印，只要美观，就会产生自然的植入效果。或者配好与企业所宣传的信息相关的图片。切记，好的图片可以吸引有相同爱好的用户，赋予品牌人情味，使广告植入得更自然，可以把品牌与用户兴趣牢牢地结合在一起，如图 6.39 所示。

图 6.38 微信讲故事

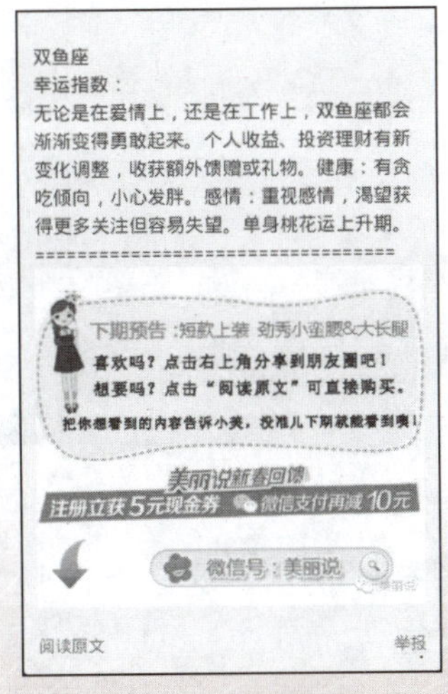

图 6.39 美丽说

3. 以段子的形式植入

好玩、幽默、有趣的人生感悟或者笑话类的段子总会令人受益匪浅，感悟颇深，因此企业把品牌植入这些最受欢迎的段子当中，客户一定会赞叹创意的精妙，而不会反感。图 6.40 就是采用了幽默段子的形式。

4. 以视频的形式植入

可以在微信软文中加入一段企业视频或者语音，宣传效果比起文字会事半功倍。如果想要达到更好的效果，可以用明星来录制视频或者语音，甚至也可以用企业的董事长或者总经理，总之要用一些在用户心目中有一定影响地位的人来录制，这样可拉近用户和企业的心理距离，效果会更显著。

5. 借助舆论热点植入

每天，我们的手机都会收到关于网络舆论热点人物或者事情的报道，它们的共同特点就是关注度高，企业可以针对这些热点人物进行设计广告，并悄无声息地植入广告。但是必须敏锐地观察舆论热点的进度，不要等到热点事件关注度下降之后再策划，那就已经为时已晚了。

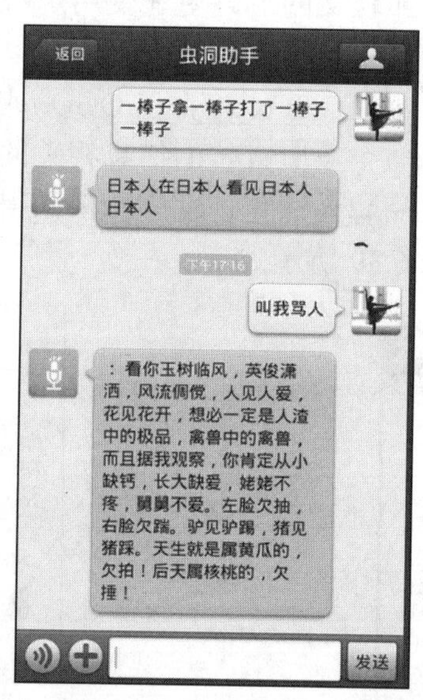

图 6.40 微信段子

如图 6.41 所示，这家“狗小二”摄影楼就是借助了“爸爸去哪儿”的超高人气，为自己做宣传。

图 6.41 巧借“爸爸去哪儿”人气宣传

6. 借助用户体验植入

人们都在自己的朋友圈里记录自己的生活经验和感受，这些内容当中一定有相当的比例会涉及自己使用的产品，而这些体验与使用就构成了口碑效应。如果企业发起活动，让用户主动讲述自己使用产品的体验并给予奖励，那么就可以激发用户向朋友传播这个品牌。

综上所述，植入广告几乎成了微信必备的功能，无处不在，但是企业在植入广告的同时，一定要注重用户体验，切记用丰富、精彩并且用户感兴趣的内容，提高用户的黏性，从而与用户进行深度沟通，获得口碑传播与好评。

6.3.3 警惕：微信写作如何避开误区

随着微信时代的到来，各种微信营销信息也随之泛滥，太多没有价值的垃圾信息混杂进来，占据大众的视线和时间。找出误区就是最好的优化，本节重点分析微信内容写作的三大误区。

1. 内容枯燥

商家创作微信的目的其实只有一个，那就是为了获取更多粉丝的关注。在微信当中植入广告，也是为了借助粉丝推销产品。据了解，有 99%的商家把自己的微信内容编写成了路边的宣传单。

如果商家的微信内容都千篇一律，没有新意，没有趣味，用户群是不会关注的，商家的预定宣传效果也就无法实现。

图 6.42 所示的微信广告没有任何技巧和内容而言，用户是不会喜欢这样的消息推送的。

图 6.42　硬性广告植入

2. 高频推送

微信推送信息的到达率是百分之百，因此商家乐此不疲地狂发微信，造成轰炸之势，以为这样能博取用户的眼球。实际上，这些商家忽略了一个阅读率，用户群体虽然收到了这些微信消息，但并不会一一点开查看。

过多的微信只会让用户心烦，他们可能产生逆反心理，不去翻阅，商家的很多消息并没有真正地被接受。

3. 乱放广告

不少企业的微信用户人数众多，商家急于宣传，于是在微信消息中硬性植入广告，对技巧和内容要求也相对较低，没有多少技术含量，完全没有考虑到用户的感受。这种广告事实上也不会收到多少效果，只会让用户厌烦，甚至是取消关注，商家最后得不偿失。

第 7 章 点石成金，微信用途之传统行业

学前提示

自从微信开放公众平台消息接口之后，很多有趣的玩法开始启动。不少企业眼光敏锐，纷纷开始利用消息接口来开展相关业务方式的探索。传统行业也不甘落后，搭上微信这趟顺风车，把微信公众平台打造成为消费者提供服务的新窗口。

要点展示

- 旅游业微信营销实例
- 餐饮服务微信营销实例
- 生活休闲微信营销实例
- 文化娱乐微信营销实例
- 互联网微信营销实例

7.1 旅游业微信营销实例

微信时代，公众平台在各大行业扮演着越来越重要的角色，越来越多的品牌开始应用微信。

众所周知，交互是微信的核心，这无疑吸引了旅游业相关企业的投入，他们通过微信与客户进行互访和沟通，积累人气，从而不断挖掘和传播品牌价值，给用户提供更好的服务。

7.1.1 理论分析：旅游业微信营销策略

旅游行业利用微信做好宣传营销，应把握以下营销策略。

1. 把握微信在旅游业的优势

微信的真实与陌生兼备的社交功能、真实关系链、口碑性传播等优势，使得它成为旅游行业当前最为关注的营销工具。同时，数量庞大的时尚用户基础、熟练使用微信的行业消费者，和以口碑为主要吸引客户方式，也是旅游业可以使用微信的天然基因。如图 7.1 所示，微信已经逐渐在旅游业风行起来。

图 7.1 微信风靡旅游业

2. 认清旅游平台的现状

目前在国内，多数的旅游平台是以自定义回复和微信网络系统为主导的，内容主要是展示当地的旅游特色，对于功能性的建设方面工作相对比较缺少。

3. 了解用户的核心诉求

(1) 异步咨询。一个旅行社，可能没有足够的人手来支撑实时的查询，但是可以安排人手来定时回复用户的提问，类似于网站上“你问我答”的非实时服务工具，使用户的问题都会被回答。

(2) 持续诱惑。旅游局的微信公众账号想要让那些对景点一无所知的用户关注，并产生前往的愿望，是不现实的。但是，它起码可以让一个已经对这个目的地充满向往，只是迟迟没有动身的用户不断地受到刺激，直到他出发为止。

那些潜在的用户群体可能一直想去某个地方，却因为一些原因迟迟没有成行。旅游相关企业完全可以利用这种心理，每天在微信上发送优美的文字介绍，再配上震撼的图片，还有数目众多的优惠码、免费票，这对用户的吸引力绝对是巨大的。

(3) 自助查询。对于整个旅游行业来说，实行自助查询并不存在技术问题，最大的困扰是现有的旅游信息数据库是否足够完善，如图 7.2 所示为去哪儿乘机助手的自助服务界面。

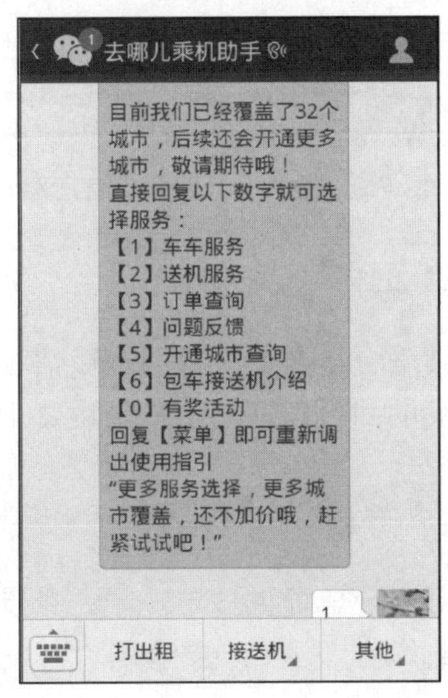

图 7.2 微信自助查询服务界面

4. 熟悉公众账号的运营思路

商家要想成功的运营公众账号，首先要对公众账号的运营思路有大致的掌握和了解。

第一步，吸引用户，官方公众账号要利用各种途径吸引目标群体关注。

第二步，提升黏度，要让受众用户关注推送内容，可以通过精准推送、二维码、落地活动等手段。

第三步，价值转化，通过互动，使得目标用户进行价值转化，具体思路如图 7.3 所示。

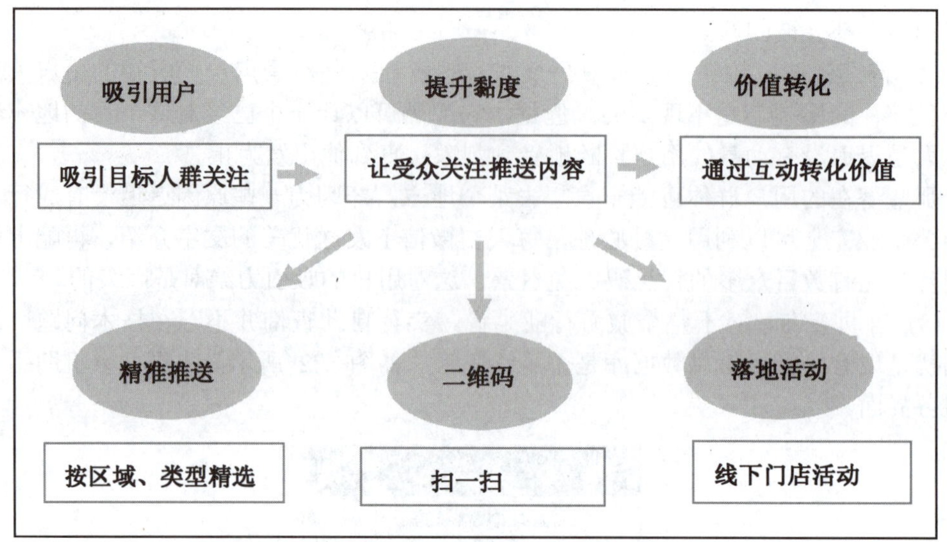

图 7.3 微信公众账号运营思路

7.1.2 活动案例：艺龙网

作为国内领先的旅游网站平台，艺龙旅行网在微信领域的营销一直被外人津津乐道，在深入运营后获得了不菲的回报，订阅用户高达几十万，是微信公众平台活动做得出类拔萃的一个。

1. 营销方向

将微信作为移动实时客服平台。提供预定功能、景点门票打折等服务，直接面向3亿微信用户，带来新的服务体验。

2. 营销模式

互动式推送微信。

3. 营销方式

基于自定义回复接口开发的 App，将答题赢奖品的模式植入到微信中，采取了有奖答题闯关的模式，设置了每日有奖积分，最终积分最高的获得丰厚大礼。

4. 营销亮点

旅游专题，充分抓住企业诉求。图 7.4 所示为艺龙网的微信服务界面，提供各种旅游攻略和线路等，用户可以根据需要选择。

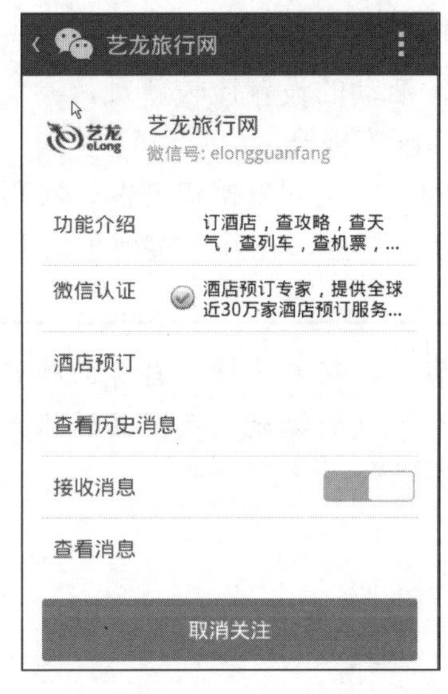

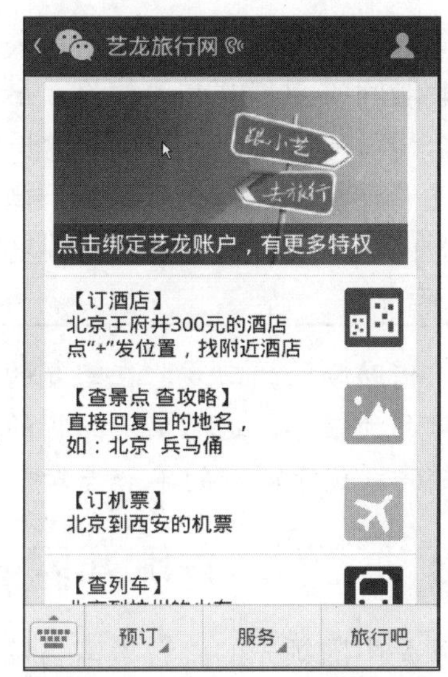

图 7.4　艺龙网微信服务界面

艺龙网提供的这些小贴士，实用性强，用户不仅不会感到厌烦，相反的，还会很喜欢收到这些微信信息。艺龙旅行网的微信账号主打旅行攻略内容推荐，但该账号聪明之处在于将已经积累的 40 期攻略积累到后台。用户只需要回复相关的地名，就可以调出之前的攻略内容，比如回复三亚，就可以收到该账号为用户贴心推荐的三亚旅游小贴士。

艺龙网在 2013 年 3 月又开启了一次“与小艺一站到底”活动，题目设置为：与小艺一战到底，赢旅行梦想大奖，具体规则如下。

(1) 每天 15 道题，分 4 天发布。回复答案选项即可。

(2) 一旦开始便计时，答题结束后会有正确数和用时统计，每日累积成绩。一人限一次机会。

(3) 答题截止时间为 2013 年 3 月 11 日 12：00。

(4) 网站相关人员会统计最快最准的人，赠予幸运者价值 5000 元的旅行大奖(全国内任一目的地往返机票+3 晚酒店住宿)；第 2～7 名，以及第 11、111、1111、11111 名，分别获得价值 210 元的婺源景区通票 1 张。此次活动获得了相当大的成功。

此种活动的好处在于，首先成本低廉，可以凭借较少的资金和物质投入，获得极好的用户互动效果，增强粉丝的黏性；此模式应用了互动式推送微信，据了解，以往艺龙的“一站到底”活动数据，每日参与的互动活跃度高达五六十万，微信的订阅用户也同步新增几万。而整个活动的资金投入也比微博活动少得多。其次，采取积分累计制度，通过积分的实时展现，达到对用户粉丝的刺激效果，进而产生强互动关系，

产生回复数量的激增效果；再次，通过公布用户排行榜的形式，调动整个粉丝的争先心理，进而刺激回答回复的产生数量；最后，活动的设置比较新颖，参与形式比较简单，比较适合传播，进而利于粉丝的增长和活跃度提升。

从活动功能开发上说，此活动基于微信的自定义回复接口开发，实现了“一站到底”活动与微信的对接，利用粉丝的回复来触发指令，在其中实现了活动的功能。

·专家提醒

此外，借助频繁的回复，在回复的答案中，巧妙地植入自身品牌的信息，抑或是热推产品的信息，进而实现品牌的最大限度的曝光以及产品的推广。这种互动式的营销方式优于所有的单一告知型广告媒介。

7.1.3 活动案例：去哪儿网

去哪儿网是中国领先的旅游搜索引擎，全球最大的中文在线旅行网站，致力于为中国旅游消费者提供全面、准确的旅游信息服务，促进中国旅游行业在线化发展。去哪儿网凭借其便捷、先进的智能搜索技术对互联网上的旅行信息进行整合，为用户提供实时、可靠、全面的旅游产品查询和信息比较服务。如图 7.5 所示为去哪儿网的微信二维码，用户扫一扫就能添加关注。

图 7.5 去哪儿网微信二维码

2013 年 4 月，去哪儿网携手随视传媒，基于微信推出呼叫中心式的微信客服，成为国内首家把呼叫中心功能搬到微信上的 OTA 品牌。

它巧用微信的强关系交互和简便的第三方登录能力，开发出“一扫分享”和“优惠券云卡包”等非常方便旅游决策和旅游产品购买的创新服务，而且自定义菜单各项功能实用性强，定位精准。微信客服推出后每天好友激增超过 2000 人，平均每天的查询量在 1000 人次左右，70%以上的好友都是活跃用户。

1. 营销方向

去哪儿网对微信用户按照城市、性别、年龄、咨询记录、消费记录、兴趣偏好等进行标签分类，根据不同用户标签进行不同旅游产品的精准推荐，达到利用微信平台提高旅游产品销售额的目的。

2. 营销模式

呼叫中心式微信客服。

3. 营销方式

去哪儿网在微信上实践一种小规模、高针对性、高 ROI(投资回报率)的社会化营销模式，它举办过几次旅游产品抢购活动，设置权限，仅对微信好友开放。在促销活动前，去哪儿网通过多维度的标签(城市、性别、咨询记录、消费记录、偏好)筛选出目标用户做邀请。图 7.6 所示为去哪儿网的活动推广和对用户征集回馈的服务界面。

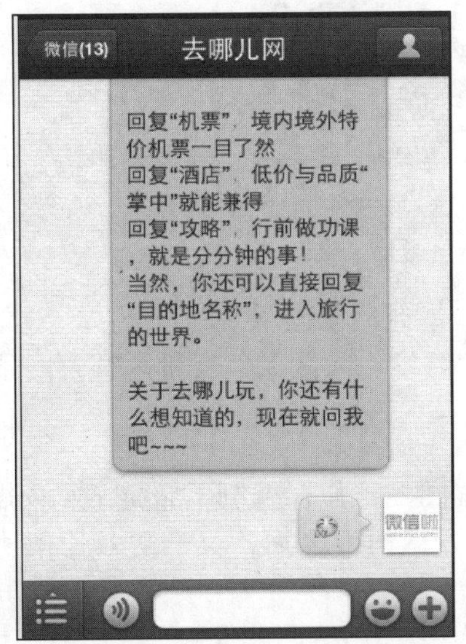

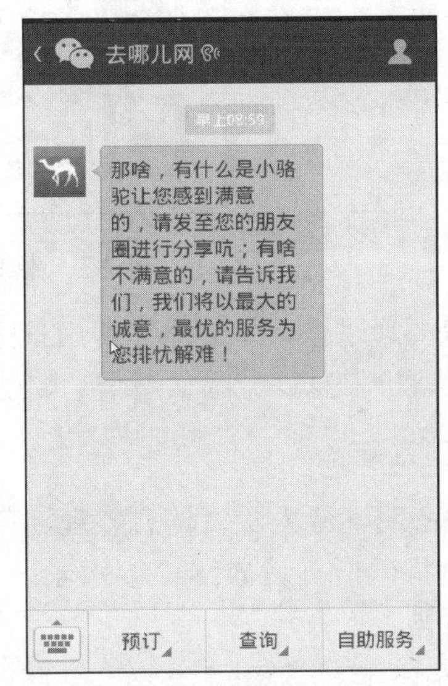

图 7.6 去哪儿网微信活动推广和对用户征集回馈的服务界面

4. 营销亮点

抓准在线旅游行业的消费心理。据去哪儿网市场负责人表示，公司非常看好微信营销前景，正在将绝大部分的客户服务功能移植到微信平台，构建起微信"呼叫"中心的全方位旅客服务平台。

从去哪儿网创新使用微信平台，微信的商业生态环境初显，体现在微信在用户端提供了商业服务的可能性(资源)，去哪儿网抓准了在线旅游行业的关键消费心理(商业目标)，随视传媒以商业化产品开发能力达成功能的最终实现(达成目标的功能实现)。

7.1.4 泰山微信正式开通

为了适应移动互联网的发展趋势，更好地满足游客手机移动上网应用需求，2013年信息中心建设开通了“泰山景区官方微信”，运用当前最流行的手机交流工具搭建了新的宣传营销平台，成为国内首批开通微信平台并提供网络旅游服务的风景区，图7.7所示为泰山微信账号二维码。

图 7.7　泰山景区微信二维码

用户只要通过微信平台添加泰山景区，界面立刻提示“回复1、2、3、4、5分别可查看景区票价信息、景区索道信息、登山路线、景区天气及景区官方网站信息”。

1. 营销方向

信息中心明确专人负责信息整理、咨询回复工作，编制了旅游常见问题自动回复系统，努力将微信打造成继“泰山景区官方微博”之后，又一更具影响力的“微时代”服务品牌。

2. 营销模式

热点营销，推送景区目前的各种信息，包括景点、路线、天气和门票等，吸引用户注意。

3. 营销方式

景区通过微信公众平台，及时向游客发送有效的旅游信息，实时解答游客提出的咨询问题，提供新闻线索、新闻爆料。除此之外，景区还在微信互动平台上推出了各种样式的网友互动活动。

4. 营销亮点

旅游专题，让顾客足不出户了解泰山，随时随地掌控景区最新信息，图 7.8 为泰山微信发布的活动信息。不少用户可能一直想去某个地方旅行，但是因为时间或其他的原因没有行动，这时候景区微信就可以借鉴泰山的做法，发布景区信息和动态，采取持续诱惑的方法。

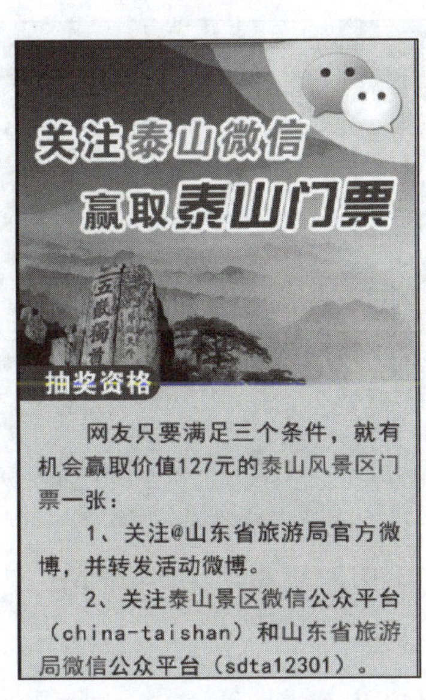

图 7.8　泰山景区微信

7.2　餐饮服务微信营销实例

微信营销对于餐饮行业来说是新兴事物，但现在已经有越来越多餐饮行业的从业人员认识到了它的魅力，通过它来销售自己的餐饮食品。顾客用手机扫描餐桌上的二维码，加为饭馆微信粉丝，即可享受优惠或店家赠送的饮料、菜品等。

7.2.1　理论分析：餐饮业微信营销策略

餐饮类商家该如何利用微信开展营销呢？在实际操作过程中又有哪些细节问题需要注意呢？

1. 餐饮服务业为什么要选择微信

首先，对于在哪一家餐馆吃饭，大家多半是凭借口碑，然后再根据路线长短、价格水平等，综合考虑。而微信将商家的店址、特色和所有优惠活动都罗列出来，大家

只要输入自己的地理位置，就能到最近的最合适的餐馆，宣传效果显著。

其次，相比于传统的广告宣传手段，微信这种新的营销方式更加快捷方便，也更加省钱。微信不需要付费，商家也不需要印发传单、制作视频等。

最后，微信的受众广，互动频繁，人人都是自媒体，只要商家保质保量，那些来消费过的用户也变成了免费的宣传，如图 7.9 所示。

图 7.9　餐饮业进军微信

2. 餐饮服务业怎样利用微信

(1) 主打官方大号、小号助推加粉。很多商家在尝试做微信营销时都是采用小号，修改签名为广告语，然后再寻找附近的人进行推广的方式。作为一种新兴的营销方式，商家完全可以借用微信打造自己的品牌和 CRM(顾客关系管理系统)。

因此商家可以注册公众账号，在粉丝达到 500 人之后申请认证，然后再进行营销，这样会更有利于商家品牌，也方便商家推送信息和解答消费者的疑问，更重要的是可以借此免费搭建一个订餐平台。小号则可以通过主动寻找附近的消费者来推送大号的引粉信息，以此将粉丝导入到大号中统一管理。

(2) 打造品牌公众账号。商家在申请了公众账号之后，可以在设置页面对公众账号的头像进行更换，建议更换为店铺的招牌或者 LOGO。此外，微信用户信息填写餐馆的相关介绍。回复设置的添加分为被添加自动回复、用户消息回复、自定义回复三种，商家可以根据自身的需要进行添加。

建议商家需要对每天群发的信息做一个安排表，准备好文字素材和图片素材。一般推送的信息可以是最新的菜式推荐、饮食文化、优惠打折方面的内容。粉丝的分类管理可以针对新老顾客推送不同的信息，同时也方便回复新老顾客的提问。一旦这种人性化的贴心服务受到顾客的欢迎，触发顾客使用微信分享自己的就餐体验进而形成口碑效应，对提升商家品牌的知名度和美誉度效果极佳。

(3) 实体店面同步营销。店面也是充分发挥微信营销优势的重要场地。在菜单的设计中添加二维码并采用会员制或者优惠的方式，鼓励到店消费的顾客使用手机扫描。如图 7.10 所示为线下微信推广。

图 7.10　线下微信推广

一来可以为公众账号增加精准的粉丝，二来也积累了一大批实际消费群体，对后期微信营销的顺利开展至关重要。

店面能够使用到的宣传推广材料都可以附上二维码，当然也可以独立制作展架、海报、DM 传单等材料进行宣传。

(4) 签到打折活动举例。微信营销比较常用的就是以活动的方式吸引目标消费者参与，从而达到预期的推广目的。如何根据自身情况策划一场成功的活动，前提在于商家愿不愿意为此投入一定的经费。

·专家提醒

一般来说，餐饮类商家借助线下店面的平台优势开展活动，所需的广告耗材成本和人力成本相对来说并不是达到不可接受的地步，相反有了缜密的计划和预算之后完全可以以小成本打造一场效果显著的活动。

7.2.2　活动案例：维也纳酒店

维也纳连锁酒店通过公众微信平台，上线仅 1 个多月吸引消费者转化为粉丝达 10 万人，微信日预订量也超过 200 单，且在持续稳步上升。该系统还获得了“2013 年度十佳企业微信公众平台”殊荣。

1. 营销方向

维也纳酒店充分展示了微信订房系统功能齐全的优势，微信订房系统与官网订房系统连通，实现了多渠道，高效率。

2. 营销模式

微信订房，通过与用户的互动来达成订单。

3. 营销方式

通过维也纳酒店的微信平台，除了可以直接进行酒店房间预订，客人还可以通过此微信平台进行积分、订单、酒店优惠信息的查询，预订完成后，手机会立即收到订房通知信息，让订房多了一种移动又便捷的方式。

4. 营销亮点

通过微信订购，做到了移动便捷，图 7.11 向用户展示了如何在微信上向酒店订房，操作方便。

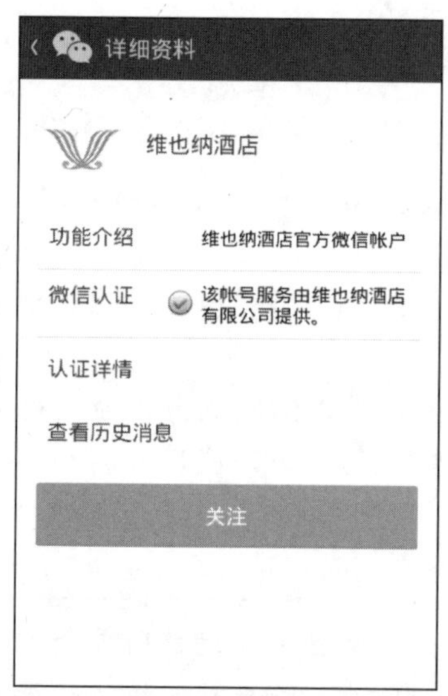

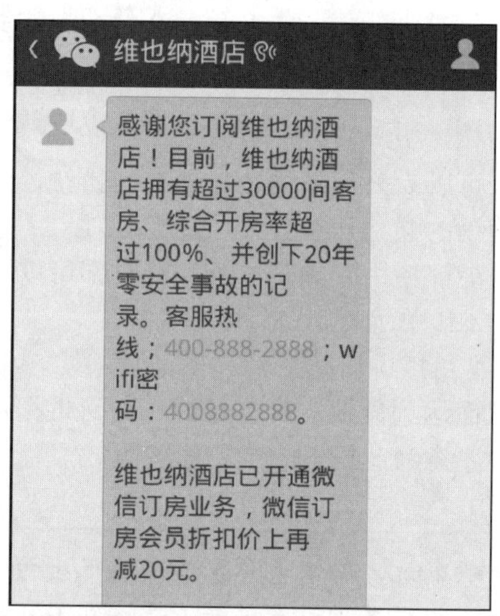

图 7.11　通过微信订房

只要关注维也纳酒店的微信账号，用户就能得到及时而方便的服务。对出门在外的用户而言，这种方式既省去了找酒店的时间，又避免了烦琐的登记手续，无疑是订房的首选。

7.2.3 活动案例：理肤泉 LaRochePosay

2013 年 7 月，理肤泉发起舒缓喷雾 50 毫升装小样派发活动。此次活动突破了以往的小样派发模式，运用了微信服务号，优化派发流程，有效提升了消费者体验以及用户信息与反馈的获取。

1. 营销方向

应用了微信智能系统作为面向消费者的直接窗口，有效地把小样申领的关键步骤进行有序地联结，从而使消费者获得了更新鲜、更便捷的互动体验。

2. 营销模式

此次活动将线上小样申请与线下到店领取流畅地串联，同时把线下的消费者信息再通过线上返回到品牌的数据库中，实现了 O2O 闭环。

3. 营销方式

微信智能系统和消费者的交互与企业内部系统进行了紧密地串联：将收集到的用户信息汇总到企业 CRM 系统，为后续营销开展提供了便利；将消费者的行为反馈到 ERP 和 SCM 系统，优化了库存管理与资源配置，如图 7.12 所示。

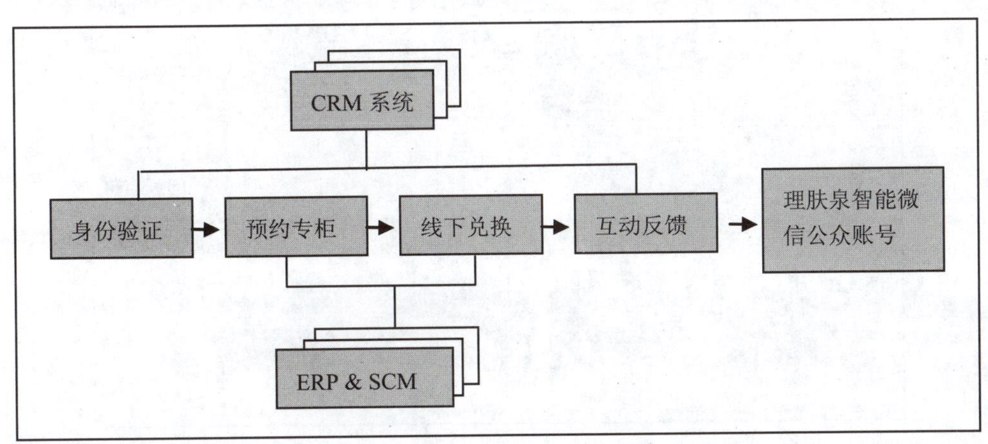

图 7.12 理肤泉 O2O 模式

4. 营销亮点

理肤泉充分运用和整合了微信 O2O 模式，在原有基础上进行创新和补充，线上活动和线下活动结合，和粉丝完成无间隙互动，既宣传了品牌，又拉近了用户和商家的距离，值得借鉴。

7.2.4 活动案例：深圳海岸城“开启微信会员卡”模式

2013年，深圳大型购物中心海岸城宣布全面启动电子会员卡，在海岸城用微信扫描二维码，即可免费获得海岸城微生活会员卡，这预示着深圳零售商在数字化营销方面又进了一步。而在此之前，电子商城、网络发布、微博互动等数字化手段都被应用到零售商的业态模式以及营销之中。

1. 营销方向

企业设定自己品牌的二维码，用折扣和优惠来吸引用户关注。

2. 营销模式

O2O模式——二维码。

3. 营销方式

微信用户只要使用微信扫描海岸城专属二维码，即可免费获得海岸城手机会员卡，凭此卡享受海岸城内商家提供的会员折扣和服务，如图7.13所示。

图7.13 深圳海岸城利用微信招徕顾客

4. 营销亮点

重点以商户优惠特权为吸引点，商家借助微信平台宣传各种优惠活动，达到招徕顾客的目的。对用户而言，最关心的无疑是和自身利益相关的部分，商家的优惠活动、打折信息、会员专享等，这些永远都会在第一时间抓住用户的眼球，深圳海岸城显然是深知这个道理，以用户利益为诱饵，一步步吸引用户购买。

7.2.5 活动案例：南航

早在 2013 年 1 月 30 日，南航微信发布了第一个版本，就在国内首创推出微信值机服务。随着功能的不断开发完善，机票预订、办理登机牌、航班动态查询、里程查询与兑换、出行指南、城市天气查询、机票验真等，这些通过其他渠道能够享受到的服务，用户都可通过与南航微信公众平台互动来实现。

中国南方航空公司总信息师胡臣杰曾表示："对今天的南航而言，微信的重要程度，等同于 15 年前南航做网站！"也正是由于对微信的重视，如今微信已经跟网站、短信、手机 App、呼叫中心，一并成为南航五大服务平台。图 7.14 即为南航的微信服务界面。

图 7.14 南航官方微信

1. 营销方向

南航不着力于信息的狂轰滥炸，而着力于服务功能的优化。

2. 营销模式

服务信息推送。

3. 营销方式

服务式营销。目前，南航微信已经提供了语音查天气、互动里程查询、会员卡展示等实用功能。

4. 营销亮点

立足服务，总信息师胡臣杰进行了详细的解释，“在南航看来，微信承载着沟通的使命，而非营销。”任何一家企业，如果在微信平台上硬性植入广告，都会引起用户的不满，甚至是取消关注。因此，对商家而言，怎样处理这种微妙关系就显得很重要。南航明着做服务，暗地灌输品牌观念，这显然是不错的办法。

7.3 生活休闲微信营销实例

移动互联网行业瞬息万变，第一个敢吃螃蟹的人往往是最大的赢家，而微信这块蛋糕被大家发现，羊群效应导致各大商家一拥而上。

对微信移动端的功能和公众平台的功能完全熟悉之后，策划各种各样的活动就不再是一件头疼的事了。那么在生活休闲行业中，又该怎么运用微信盈利呢？

7.3.1 理论分析：休闲业微信营销策略

微信是当下最为火爆的营销方式，而生活休闲行业包揽了大家吃喝住行各个方面，当然不可以错过微信这一营销平台。

1. 精准推送：有目标，有内容

每天不管是在线上还是在线下，大多数的广告都是没有效果的，最主要的原因就是不确定性，没有很明确的把控住哪些客户才是商家的意向客户，“大范围撒网”让营销收到的效果微乎其微，微信的出现有利于逐渐改善这个问题。

微信是私密的，一对一的互动交流。所以商家可以把自己的微信粉丝精准分类。微信公众平台还有一个关键词自动回复的功能，这有助于商家和用户的互动。

2. 推广账号：多粉丝，多效益

微信公众账号不能主动加别人，只能等别人来关注，这和微博双向收听是有所区别的。那么，怎样才能更好地推广自己的账号呢。

(1) 微信认证是增长粉丝的开始。

(2) 利用好二维码。

3. 编辑内容：多趣味，多价值

微信内容推送，就好比短信一样，可以推送到自己粉丝的手机上，可以说是100%到达，但是很多人推送的内容广告性太强，容易招致受众的厌烦，甚至取消关注。所以如何推送有价值，趣味性高的内容，就是我们运用微信的关键。

微信推送的内容形势还是比较丰富的，可以是文字、语音，也可以是图文结合。这

些内容如何能增加趣味性，如何能够帮助到自己的目标人群，如何在合适的时间推送都是值得推敲的问题。如图 7.15 所示，趣味性的内容总是在第一时间吸引用户关注。

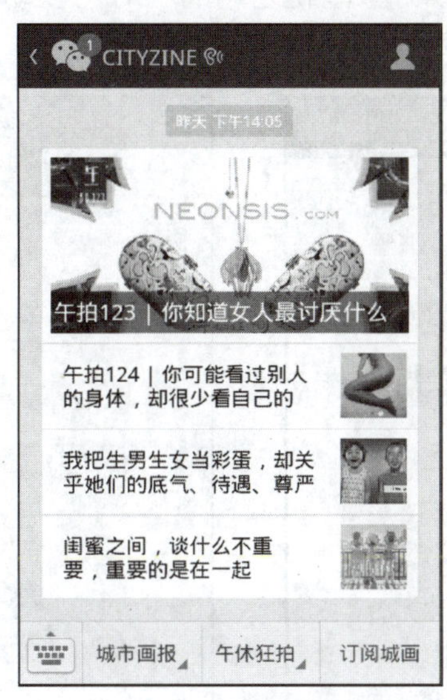

图 7.15　趣味微信

4．添加广告：要巧妙，要双赢

微信营销，广告是必不可少的，如何把广告巧妙的添加到微信中去呢？如果直接推送硬性广告，除非这些广告确实是对某些顾客有价值的，比如卖化妆品的把每天的报价单推送给代理商，其他的非适用性人群并不会甘心情愿。一旦过度推送硬性广告，受众取消了关注，那商家损失更大。

可行的建议很多，比如，内容末尾留一个链接，留一个联系方式等。如果受众有兴趣，自然会点击或者主动联系。没兴趣的一个小小的位置也无伤大雅，不会过分影响用户体验。

7.3.2　活动案例：星巴克

星巴克曾经富有创意地推出了“星巴克早安闹钟”活动，以配合早餐系列新品上市。粉丝只需下载或更新“星巴克中国”手机应用，每天早上 7 点至 9 点，在闹钟响起后的 1 小时内到达星巴克门店，就有机会在购买纯正咖啡饮品的同时，享受半价购买早餐新品的优惠。

星巴克无疑是微信营销的大赢家，它在中国微信账号粉丝已超过 40 万人，总计数以百万次的互动。这些数据仍然保持持续的增长，在业界也得到很好的反馈。

1. 营销方向

借助微信平台，星巴克致力于星粉之间的一对一互动，图 7.16 展示的就是星巴克微信服务于粉丝的良好互动。

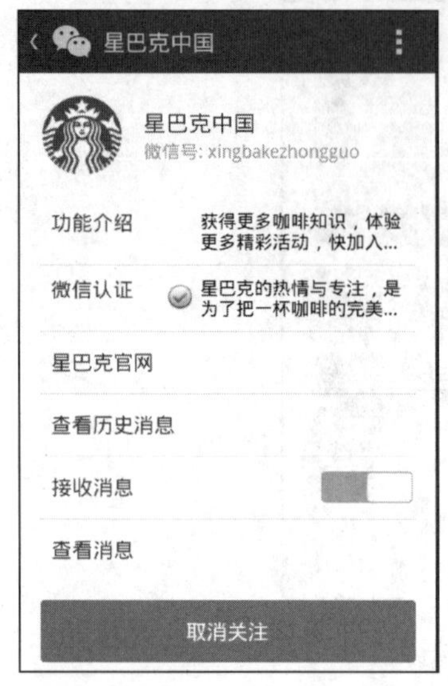

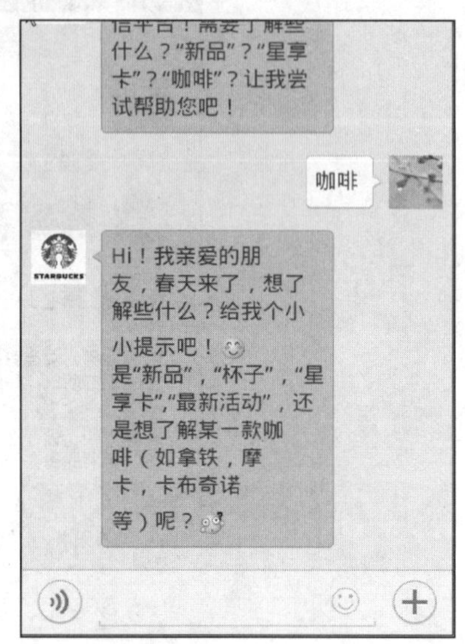

图 7.16　星巴克微信

2. 营销模式

音乐声推送微信。把微信做的有创意，微信就会有生命力。微信如今的功能日益强大，除了回复关键词还有回复表情的，而星巴克独具慧眼，开辟了表情运用这一成功途径。

3. 营销方式

通过搜索星巴克微信账号或者扫描二维码，用户可以发送表情图片来表达此时的心情，无论是兴奋、沮丧或忧伤的，星巴克微信都会根据不同的表情图片，选择"自然醒"专辑中的相关音乐给予回应。

4. 营销亮点

用表情说话。星巴克别出心裁的选用个性化表情，既顺利的和粉丝完成了互动，而且在营销的同时，更好地树立了企业的特色形象。设置自动回复并不是新颖的办法，在星巴克之前，很多商家也采用关键词自动回复，和它们不同的是，星巴克将眼光瞄准了表情，开辟了新的领域。这种耳目一新的表情和音乐交流，立刻吸引无数用户参与，足见它营销的成功。

7.3.3 活动案例：招商银行

招商银行在其信用卡中心微信平台上，已经能够实现用户办理信用卡申请、账单查询、个人资料修改等大多数信用卡业务，并发送用户的交易信息。据了解，招商银行的订户数超过 100 万人，每天用户产生的消息量以十万计。图 7.17 是招商银行的微信服务宣传。

图 7.17 招商银行微信服务宣传

利用微信，招商银行推出了一项“爱心漂流瓶”活动，用户通过“漂流瓶”这一功能捡到它所扔出的瓶子，进行回复，或者根据上面的提示完成一些配合，比如通过微信给自闭症孩子们说一些祝福的话，随后招商银行会根据用户的参与情况，通过壹基金的“海洋天堂”计划来购买为自闭孩子提供的专业辅导训练。

1. 营销方向

利用“漂流瓶”的营销效果，在为慈善做贡献的同时，很好地塑造了企业形象。

2. 营销模式

活动式微信，通过“漂流瓶”活动，让用户积极参与，在双方互动中完成营销目的，创意性和技术性更强。

3. 营销方式

在招商银行开展活动期间，每捡十次漂流瓶便基本上有一次会捡到招商银行的爱心漂流瓶。回复之后招商银行便会通过“小积分，微慈善”平台为自闭症儿童提供

帮助。

4. 营销亮点

招商银行具备敏锐的嗅觉，已经在开始利用消息接口开展相关业务方式上进行探索。招行信用卡中心的微信公众号推出微信客服号，可查询账户余额。

绑定了自己的微信号和信用卡信息(通过弹出页面提交身份证、护照等其他证件)后，这个简单的机器人已可实现电话银行的部分服务。查询"金额"可以查询信用额度，同时该账号还能返回带有部分关键字的相关交互内容。图 7.18 展示了招商银行的这一服务功能。

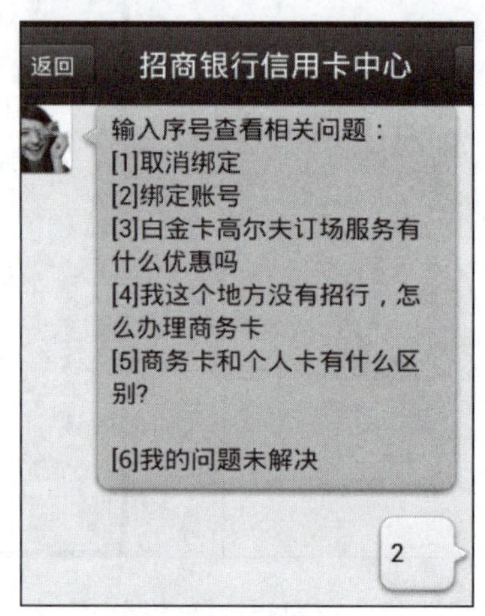

图 7.18　招商银行卡同微信绑定

7.3.4　活动案例："美丽说"

2012 年 4 月 24 日，美丽说宣布成为首批登录微信开放平台的应用之一，美丽说也是这批合作方中唯一一个以女性用户为主的应用。据了解，用户在使用美丽说 APP 时，可将自己喜欢的内容直接分享到微信中。与此同时，在使用微信时，用户也可以将美丽说中的内容分享给好友。

由于微信用户彼此间具有某种更加亲密的关系，所以当美丽说中的商品被某个用户分享给其他好友后，用户通过微信把一件美丽说上面的商品一个接一个不断的传播开去，达到社会化媒体上最直接的口碑营销。

1. 营销方向

用户通过微信，把商品一个接一个地传播开去，直接有效地提升了品牌传播力，达成大家经常提及的社会化媒体的口碑营销。

2. 营销模式

社交分享——第三方应用。

3. 营销方式

通过微信开放接口接入第三方应用。还可以将应用的 LOGO 放入微信附件栏中，让微信用户方便地在会话中调用第三方应用进行内容选择与分享。

4. 营销亮点

社交分享的存在价值就是分享，美丽说采用的方式并不算独特，只是精准的把握了微信的优势点，将之深入挖掘，充分利用微信平台的交互性。

关注美丽说的用户们借助微信，相互交流穿衣打扮的心得，彼此获得经验的同时，又将美丽说进一步推广。美丽说正是看重用户口口相传的巨大影响力，才获得巨大成功。如图 7.19 所示为美丽说的微信二维码。

图 7.19　美丽说微信二维码

7.4　文化娱乐微信营销实例

在这个微信无孔不入的时代，文化娱乐行业也是不甘落后，尤其是明星们的示范效应，更是大大的助长了微信的火热程度。

除了娱乐圈，各大传统纸媒、文化报刊等，也纷纷推出了自己的微信公众账号，吸引更多的受众关注。

7.4.1　理论分析：娱乐业微信营销策略

1. 把握巨大的用户群

据可靠的数据资料显示，仅在微信营销后的一年多时间内，微信的用户数量就达到了庞大的 2 亿人，毫无疑问微信已经成了当下最火热的互联网聊天工具，而且根据腾讯 QQ 的发展轨迹看，大家有理由相信微信的用户量发展空间更加广阔。图 7.20 展示了微信的庞大用户群。

图 7.20　微信用户群庞大

2．利用庞大的覆盖面

随着智能手机的普及，微信已经慢慢地从高收入群体走向普通大众，中国智能手机软件市场上微信屹然成了霸主地位，就类似于如今计算机聊天工具中的 QQ 地位一样，无法撼动。

3．抓住优越的移动端

相对于 PC 而言，未来的智能手机不仅能够拥有 PC 所能拥有的任何功能，而且携带方便，借助移动端优势，微信的社交、位置等优势，会给商家的营销带来很大的方便。

4．加强交流的互动性

虽然前些年火热的博客营销也有和粉丝的互动，但是并不及时，而微信就不一样了，具有很强的互动及时性，无论商家在哪里，只要商家带着手机，就能够很轻松的同未来客户进行很好的互动，如图 7.21 所示。

5．获取真实的客户群

博客的粉丝中存在着太多的无关粉丝，并不能够真真实实的为企业带来几个客户，但是微信就不一样了，微信的用户却是真实的、私密的、有价值的。有的媒体这样比喻，“微信 1 万个听众相当于新浪微博的 100 万个粉丝”。

图 7.21 微信随时随地交流

7.4.2 活动案例：微媒体微信

据了解，微媒体微信公众账号是最早一批注册并实现官方认证的公众账号，从开始到现在，微媒体一直坚持把每天推送微博、微信等作为最实效的方法。作为该账号的撒手锏，微媒体的关键词搜索功能不得不提。

图 7.22 为微媒体的微信二维码，观众通过扫描，添加关注，就能参与微媒体的互动。

图 7.22 微媒体微信二维码

微媒体的做法就是在微信上实现精准的订阅回复。当用户发送“微信营销”、“微博案例”这类关键词，就可以得到网站上新媒体营销的经典案例。而且这些文章不是随机回复的，而是按照发布时间、阅读次数等参数进行筛选。这样就保证了是用户需要最新、最权威的文章。而且，回复后的文章还可以发送给朋友，分享到朋友圈、腾讯微博等。

1. 营销方向

专注于新媒体营销思想、方案、案例、工具，传播微博营销知识，分享微博营销成功案例。

2. 营销模式

关键词搜索+陪聊式营销，如图 7.23 所示。

图 7.23　微媒体的关键词搜索

3. 营销方式

用户通过订阅该账号来获取信息知识，微信公众账号每天只能推送一条信息，但一条微信不能满足所有人的口味，有的订阅者希望看到营销案例，而有些或许只是想要了解新媒体现状，面对需求多样的订阅者，微媒体给出的答案是关键词搜索，即订阅者可以通过发送自己关注话题的关键词，例如“营销案例”、“微博”等，就可以接收到推送的相关信息。

4. 营销亮点

陪聊式营销极大地激发了受众参与热情和积极性。相比其他企业微信的自动回复，微媒体更进一步，陪聊式营销除了和客户互动，主打得是情感营销路线，只要用户有需要，它提供 24 小时陪聊，这个形式很容易博得公众的喜爱，毕竟每个人都有需要倾听的时候。

7.4.3 活动案例：《读者·原创版》

《读者》杂志多年以来始终以弘扬人类优秀文化为己任，坚持“博采中外、荟萃精华、启迪思想、开阔眼界”的办刊宗旨，在刊物内容及形式方面与时俱进，追求高品位、高质量，力求精品，并以其形式和内容的丰富性及多样性，赢得了各个年龄段和不同阶层读者的喜爱与拥护。

《读者·原创版》是该品牌的子产业，面向全国海内外公开征稿，内容以原创为主，十分富有特色。如图 7.24 所示为《读者》的微信二维码。

图 7.24 《读者》微信二维码

1. 营销方向

第一是内容要优秀，第二是要勤奋，要持续经营，孜孜不倦的给粉丝们提供优秀的精神食粮。

2. 营销模式

大众投稿，大众投稿是很多杂志都会采用的方法，但是像《读者》这样专门开辟一个子产业，全部采用原创稿的案例是十分少见的。投稿内容涉及历史、时事、创投、公益、环保、生活常识等，同时形式多样，包罗文章、图片、图表、漫画等。

3. 营销方式

《读者·原创版》自创办时开始，就面向民间高手征稿，整本杂志的版面都是根据受众稿件设计，适用性和阅读性更强，吸引了无数的用户投稿，粉丝量激增。

4. 营销亮点

达人投稿模式，不仅仅增强和粉丝的互动程度，还极大地改善了内容。

•专家提醒

自媒体是普通大众经由数字科技强化、与全球知识体系相连之后，一种开始理解普通大众如何提供与分享他们本身的事实、他们本身的新闻的途径。私人化、平民化、普泛化、自主化的传播者，以现代化、电子化的手段，向不特定的大多数或者特定的单个人传递规范性及非规范性信息的新媒体的总称，微信只是其一种方式。

7.4.4 活动案例：英特尔中国“超级星播客”

2012 年 7 月 27 日首播的“超级星播客”开创了国内第一档基于移动互联客户端的手机语音播报节目，让中国体育迷在指尖上过了一把奥运瘾。

用户偶尔会厌倦了发短信打字，发视频又过于耗费流量，在这个基础上，用微信发送音频信息，就成了一种省时省力又省钱的信息传递方式。

“超级星播客”节目，由英特尔(中国)与腾讯微信共同构思并打造，特邀专家董璐、名嘴孟非，实时评说和讨论，是一次大胆而创新的尝试。

1. 营销方向

围绕奥运这一社会热点话题，展开对奥运人文、社会、情感、成败人生等评说和讨论，与用户实现端对端的语音互动。

2. 营销模式

语音信息推送，如图 7.25 所示为超级星播客界面。

图 7.25 超级星播客界面

3. 营销方式

腾讯微信用户只需通过手机摄像头扫描页面中的二维码，或添加微信用户“超级星播客”即可收听该节目，第一时间分享伦敦奥运火热的运动激情。

4. 营销亮点

涵盖明星、奥运、语音、互动、新媒体等多项热点关键词，对受众极具吸引力。利用传统媒介进行播报，用户只能在某个固定的时间段，守在电视机或计算机前面观看，而且地域性也很强，完全没有微信的快捷方便和及时。试想一下，用户只要拥有一支手机，就能随时随地的收听现场直播，这种形式当然受欢迎。

7.5 互联网微信营销实例

微信的快速发展在一定程度上刷新了当前互联网发展的进程规模。微信在移动互联网领域开创的新局面，也昭示着微信本身的时代影响力，就目前的状况来看，微信无论在用户数量还是在品牌影响力方面，都已经较之其他移动通信 IM 工具实现了本质的飞跃。借助微信的产品榜样，移动互联网应该怎样赶上“微信时代”的潮流呢？

7.5.1 理论分析：互联网微信营销策略

越来越多的品牌开始应用微信公众平台作为其为消费者提供服务的新窗口。然而微信的服务该怎么做？如何能使效用最大化？互联网又应该怎么应对这股潮流呢？

1. 确立行业网站的目标人群

每个行业都有自己固定的受众群，例如网络游戏的开发大多是针对青年人，企业在为微信营销中要确定自己的目标人群，不管哪个行业，一定要分析量化，要随着市场变化而变通。在维护好固定人群的同时，挖掘潜在的客户。这样，才能充分地利用微信这个平台。

2. 设置行业网站的特色栏目

各大网站的主打人群、功能和特色都不尽相同，网站应该拿出自己的亮点，做出特色，做出个性，这样才能更好地吸引受众。

例如百合网和聚美优品，前者是类似婚姻介绍所，后者则是专攻年轻女性的化妆品消费，两者的栏目设置必定是大相径庭的，各有特色。如图 7.26 所示为 FM93 交通之声开办的特色栏目。

3. 推广行业网站的线下活动

微信营销不仅仅局限于线上的推广活动，用户只要关注了网站的公众微信账号，就能随时掌握网站最新动态，这无疑是网站用来推广的绝好途径。

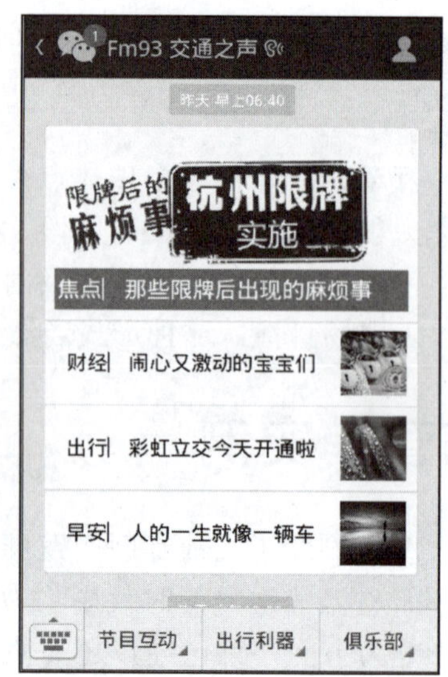

图 7.26　FM93 特色栏目

7.5.2　活动案例：IT 茶馆

IT 茶馆运用了所有微信公众账号都具备的功能——自定义回复。简单地说，就是可以根据用户发送的不同关键词设定有针对性的回复，比如用户发送信息为“你好”，你就可以针对这个关键词设定一个自动回复。目前自定义条目的上限是 200 条，有点类似于聊天机器人。基于自定义回复的原理就可以设定层层的问题，把正确答案设置为触发下一道题的关键词，用户回答正确就会进入下一题，回答错误没有任何回复，还可以重新发送答案。

例如：IT 茶馆微信公众账号发起了一个“开心茶馆”活动。比如第一题：IT 茶馆的网址是多少？第二题：IT 茶馆的官方微信账号是多少？第三题：成都市的市花是什么？第四题：“床前明月光”的下一句是什么？第五题：怎样上网才不会中病毒？活动引发了粉丝的强烈关注。

另外，当粉丝回复“茶馆惊喜”后，系统将自动回复优惠信息，如获得××的优惠券、iPhone 4 超薄手机壳等，落款还会提示如果你预定之后放茶叔鸽子，就会受到惩罚，失去下一次“茶馆惊喜”的资格，如图 7.27 所示为 IT 茶馆的微信互动界面。

1. 营销方向

根据企业自己的品牌和特点，设定与自己产品相关的问题，实现粉丝互动。

2. 营销模式

互动式推送微信。

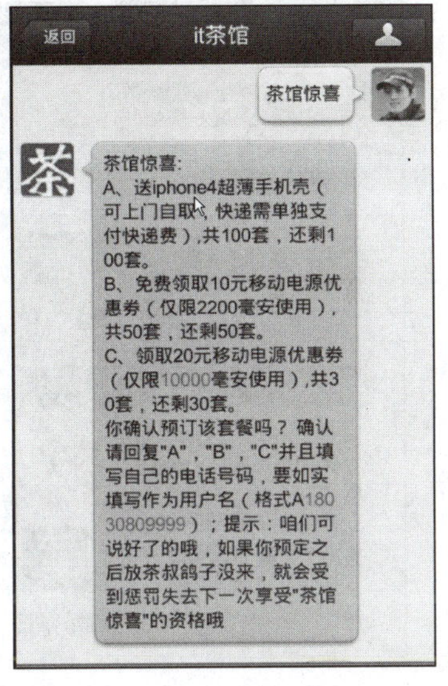

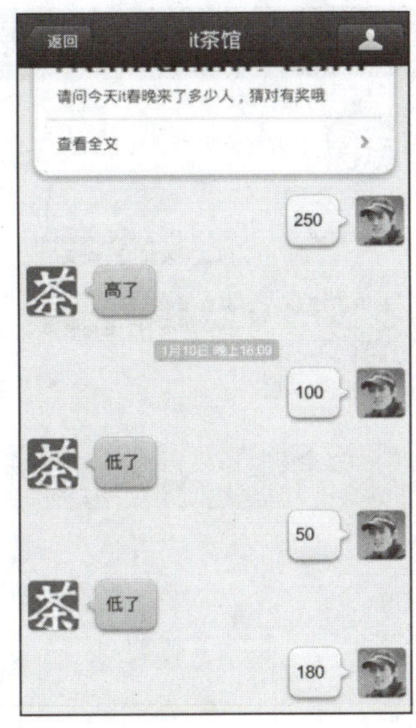

图 7.27　IT 茶馆的微信互动界面

3. 营销方式

通过一对一的推送，品牌可以与“粉丝”开展个性化的互动活动，提供更加直接的互动体验。加“IT 茶馆”为好友后，根据提示即可开始答题。回答对题目进入下一题，如果是第一位全部通关者，还有手机移动电源赠送。

4. 营销亮点

设定有一定难度又比较有意思的问题，既达到和粉丝互动的目的，又形成一套模型，完全可以一期接一期地做下去。不少商家也采取设置小游戏的互动来吸引用户，但是大多是一次性的，即使反响良好，也难以为继，向 IT 茶馆“高了低了”、“开心茶馆”等活动可延续性强，商家可以借鉴一二。

7.5.3　活动案例：头条新闻

作为新媒体，微信当然也有其媒体传播的特性，头条新闻，正是深谙此点，它最大的卖点就是信息的即时推送，如图 7.28 所示。

它定时推送的时间选择在下班时间，这样充分考虑了用户的实际，在完成一天的工作之后，回家的路上看看当天的新闻也不失为一种调剂，既可以了解当下的大事又可以排解路途无聊，因此受到了广大用户群体的欢迎。

1. 营销方向

通过新闻的实时传送，来达到扩大媒介影响力的目的。

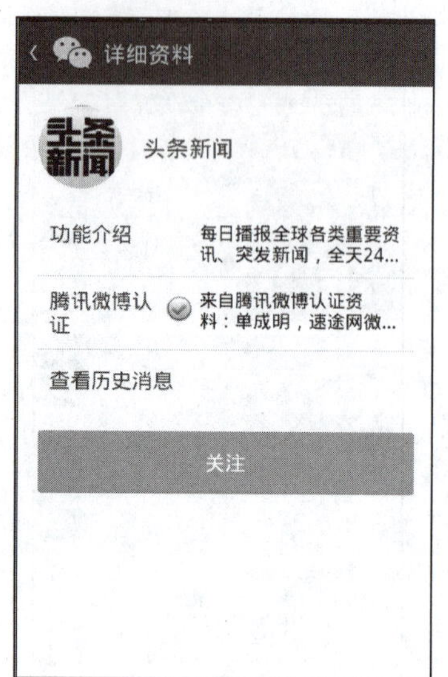

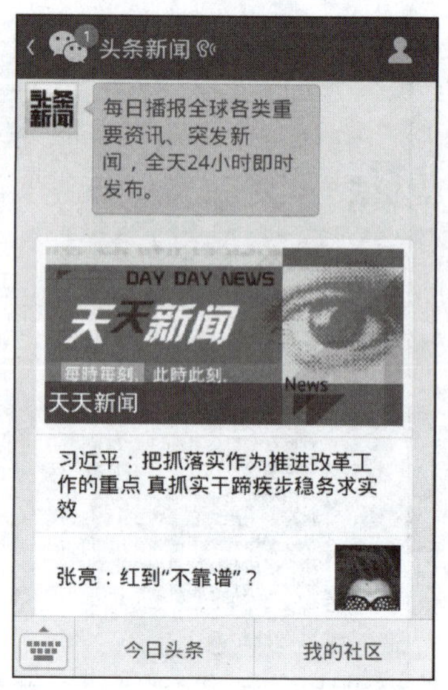

图 7.28　头条新闻公众微信

2. 营销模式

实时推送。

3. 营销方式

头条新闻在每天下午六点左右，准时推送一天最重大的新闻，订阅用户可以通过微信直接了解最近发生的大事、新鲜事，不需要在海量的信息中“淘宝”。

4. 营销亮点

信息的及时和准时，用户添加关注之后，立刻能收到每日新闻精心为用户准备的热点新闻。对广大的用户而言，关注每天的时事和新闻，已经成了习惯和必需，头条新闻将当天的热点和焦点定时推送，避免了用户在繁杂的信息中挑选的时间，反响很好。

7.5.4　活动案例：天猫

纵观天猫微信营销的行路历程，我们不难发现，创新新玩法，开展新活动，线上线下有序互动，灵活利用第三方平台等，天猫花样不断。如图 7.29 所示，是天猫的微信账号。

天猫微信因 2012 年双十一“喵星球”互动获评了十大微信创新账号。在双十一狂欢节中天猫首次引入了微信这种社会化营销的新模式。节日前，天猫在微信上分别引入了“五折先生”和“幸运星球”等灵活幽默的播报方式，向大家提前播报这一活动的相关信息。

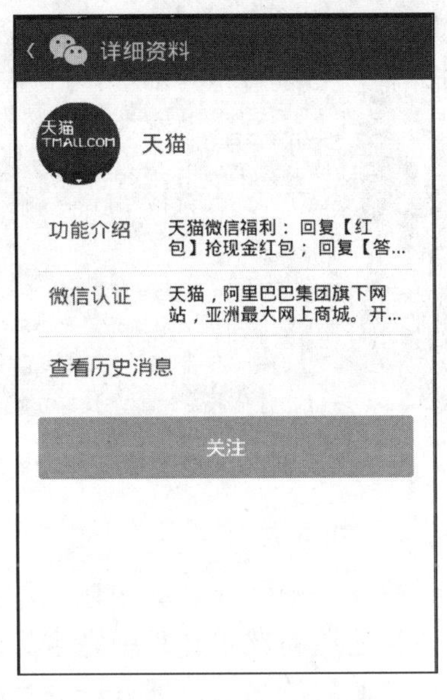

图 7.29　天猫微信账号

2012 年双十一，天猫在短短 24 小时的时间里就创造了 132 亿元的销量。有评论说到“双十一成天猫盛宴或最少赚 4 亿元”。不管天猫营收如何，天猫这次的微信社会化营销都是一个成功营销的开端。

1. 营销方向

运用微信、微博线上线下互动，争夺红包、猜图赢奖等这些创新营销方式，使其在社会化营销中独占鳌头，引领社会化营销的新潮流。

2. 营销模式

对 O2O 模式的创新应用，线下商务的机会与互联网结合在了一起，让互联网成为线下交易的前台，成了一个从线上到线下再回到线上的 O2O 闭环，完美实现了对于 O2O 模式的全新尝试。

3. 营销方式

天猫精心策划了线上线下的打通互动的方案。不同之处是天猫除了提供各种打折优惠信息外，还在活动页面展示扫描二维码，让用户关注天猫微信参与互动。当用户关注后，会主动推送趣味性、与活动主题相关的晒 tee、看 tee、玩 tee 的互动内容，回复不同字母，即有不同的活动体验。图 7.30 所示为天猫获得重大成功的 T 恤节。

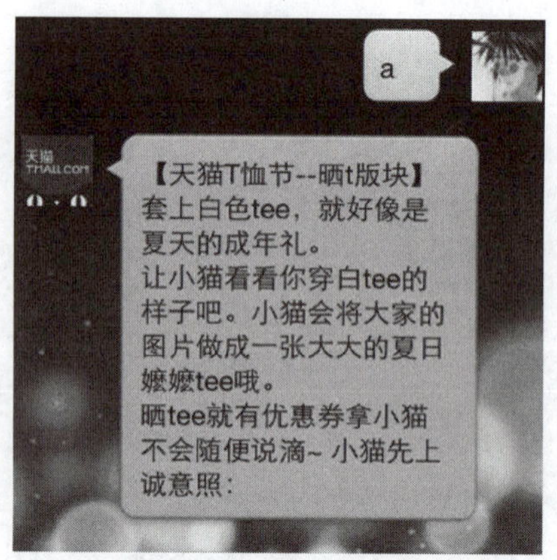

图 7.30 天猫 T 恤节

4. 营销亮点

选择不同的互动形式，让粉丝轻松体验互动乐趣。作为一家购物网站，庞大的粉丝量是成功的关键，而如何留住这些粉丝也是重中之重。天猫显然深谙此道，它十分注意和用户的互动，借助每个节假日的名义，展开一系列的活动，通过优惠、打折等吸引用户参加，在用户的参与中完成营销。此外，它还精心策划各种名目，既不引人反感，又加大了宣传力度，T 恤节就是成功的例子之一。

7.5.5 活动案例：易迅

易迅网是依托著名的 IT 产品通路商——上海易迅电子商务发展有限公司而创立的新一代专业电子商务消费服务网站。易迅微信卖场“双 11”全天下单达 8 万单，在双 11 当天零点推出的“微信卖场”，主打闪购闪电送的模式，在北京、上海、广州、深圳等几个核心城市上线。

据了解，此次率先试水微信电商的易迅双 11 微信卖场，广受好评。首先，商品是经过精选的爆款，消费者不用点击各种标签、进入不同的商品类目反复选择，看中自己喜欢的商品就可以闪电下单。

其次，根据易迅为微信卖场打造的专属购物流程，消费者点击商品后直接就可以进行订单确认，省去了加入购物车的步骤。此外，消费者确认订单后，还可直接通过绑定的银行卡进行微信支付，闪电完成。如图 7.31 所示就是易迅的闪购服务。

1. 营销方向

用强大的全球化集约采购优势和最先进的互联网技术，提供最新最好的计算机产品、数码通信、家居家电、汽车用品、服饰鞋类等。

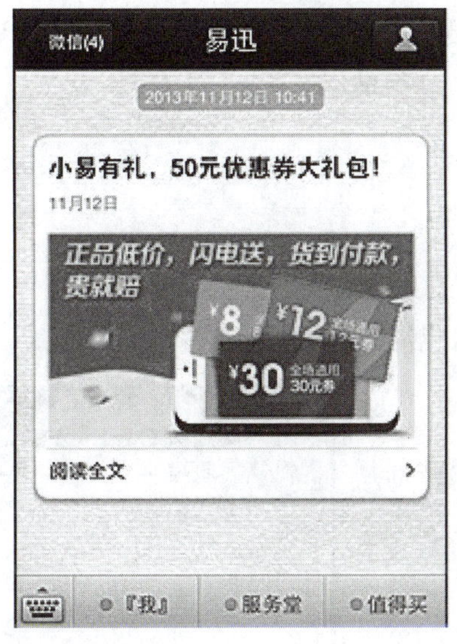

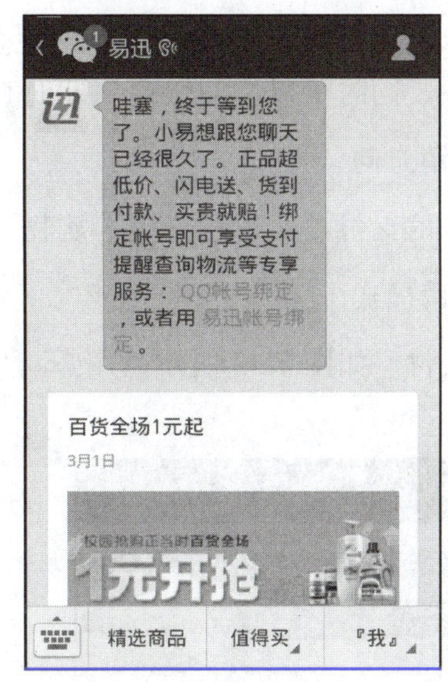

图 7.31　易迅微信闪购服务

2. 营销模式

闪购闪电送模式。

3. 营销方式

消费者在易迅手机客户端选购商品后，只需要在确认订单时选择微信支付，输入自己的支付密码后，就可以通过微信支付完成整个购物流程。

4. 营销亮点

主打“闪购”，把微信卖场中移动端的快捷便利体现到极致。易迅充分站在用户的角度考虑，有针对性地提出“快”的理念，当下都市生活节奏加快，大家无暇应付，在人群涌动的商场购物模式急需改变，易迅正是抓住了此点。

7.5.6　活动案例：天虹

对于众多的微信用户而言，微信逛街也许并不是陌生的字眼，点击“立即购买”，支付方式选择“微信支付”，购买所得礼卡在全国任一天虹实体店都可兑换消费，还可通过微信轻松推送好友，实现空中送礼，图 7.32 所示为天虹商场的会员活动优惠微信。

天虹与腾讯此次联手打造出微信“百货行业旗舰版”——“天虹”，通过“微信自定义菜单”显示出相较于普通公众账号更加强大的功能。

顾客来天虹消费购物，不再需要带着实体会员卡，仅需出示手机中的天虹微信会员卡就可以轻松打折、积分，享受一种会员特权；并可实时查询积分、消费信息提醒等附加服务，同时可以更为快捷地即时查询会员活动。

1. 营销方向

实现微信支付，实现轻松无卡购物。

2. 营销模式

微信支付，如图7.33所示，用户可以根据自己的意愿选择付款方式。

图 7.32　天虹微信

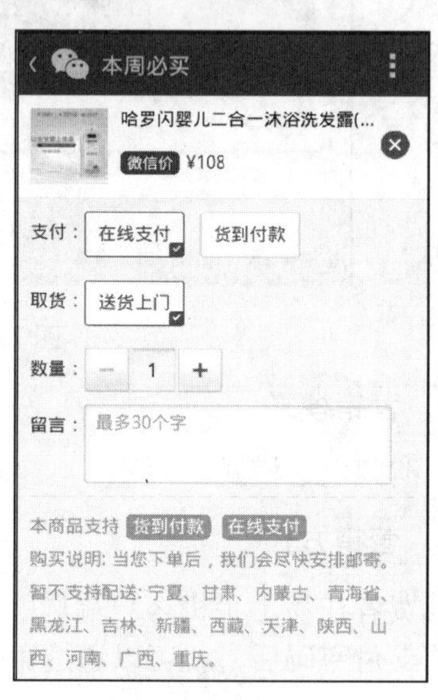

图 7.33　天虹在线支付

3. 营销方式

顾客通过订阅能随时接收自己感兴趣品牌新品的到店通知、优惠商品信息等个性化资讯，享受无干扰定制服务。

同时，天虹的会员系统和微信系统也实现了无缝对接，即时消费可以立即在本人微信客户端上收到信息，还能绑定实体店会员卡，随时查询积分和消费情况，真正实现“无卡购物”，利用手机上的“微信会员卡”即可打折积分，省去了烦琐的步骤，还能避免节假日的人流。

4. 营销亮点

根据顾客购物的痛点和麻烦点而精心设计，天虹商场从顾客角度出发，完全针对顾客需要，推出的无卡购物形式，避免了传统购物的弊端，顾客不用再担心拥挤的人群，不用再烦恼长长的队伍，不用在冗杂的商品中挑选，大大节省了时间。

•专家提醒

一般来说，天虹的电子商务带给众多传统零售商家可借鉴之处，实体商家同样可以以自己的优势在电子商务中赢得空间。在未来的零售行业，或许连实体以及线上的界限都会模糊，说到底大家最后拼的依然是品牌以及服务。

7.5.7 活动案例：长虹

长虹的微信聊天机器人是微信营销方式中呈现效果最好的一个。在这个互动过程当中，长虹将自己旗下的主流产品包装称性格各异的微信机器人，这些机器人通过自由设置的关键词回复功能最大限度地与微信粉丝进行点对点互动，如图7.34所示。

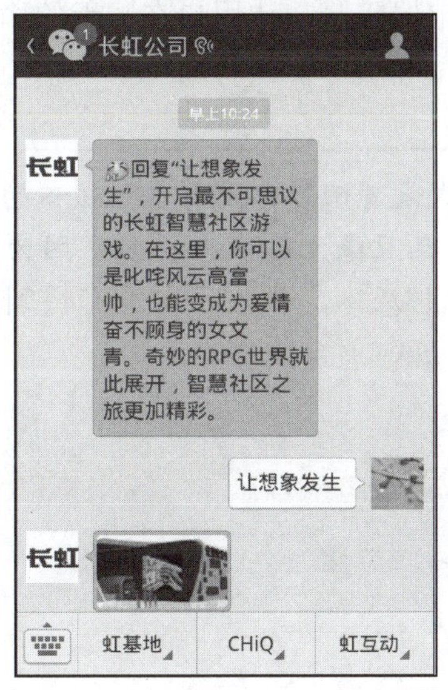

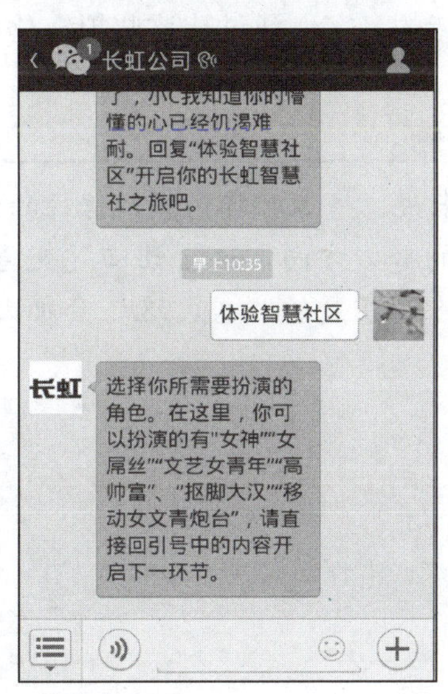

图7.34 长虹微信聊天机器人

相比传统媒体上的单向内容，通过长虹微信聊天机器人来得到的信息更具有互动性、可参与性和实时性，因为沟通仍然是点对点的，它在灾害来时对每一个普通个体起到的作用，甚至超过了微博这样公众平台笼统的信息覆盖。

1. 营销方向

既让官方与用户之间建立了亲密的关系，又让回复变得非常智能和贴切，还实现了对长虹产品的有效传播。

2. 营销模式

进行点对点互动，雅安地震时更以互动直播的方式做到了极致，让用户得到更加

直接的信息获取体验，只要向长虹微信查询地震相关关键词，它就会推送相关的实时信息。

3. 营销方式

品牌和用户直接、点对点、一对一的沟通，它通过对热点事件的掌握，以主题互动聊天的方式来和用户沟通交流。

4. 营销亮点

将用户最习惯、最熟悉的操作进行细致周到的包装，完全得到用户的认可。长虹机器人陪聊形式并不算新颖，但是它将微信聊天这一功能深入挖掘，专注于为每一个用户陪聊，虽然是最普通的服务，但是它做出了自己的特色。长虹旗下的每一样电器都有自己独特的名字，通过让这些拟人化的电器陪聊，让用户在聊天的愉快气氛中记住品牌。

·专家提醒

一般来说，很多品牌仍然用传统的方式设置回复，没有自己核心的思路，也没有统一的努力方向，这会让回复变得凌乱且毫无意义。并且，因为类似的工作都采用人工回复的方式，这还会加大维护成本，投入了却没有得到足够多的回报。

第 8 章
另辟蹊径，微信用途之电子商务

学前提示

微信时代的来临，不仅是传统行业的发展遇到挑战，电子商务也面临着新的机遇。是迎头而上还是避其锋芒？电子商务该如何另辟蹊径？本章将做详细的论证和介绍。

要点展示

- 微信的电子商务价值
- 微信在电商网站的运用
- 微信在淘宝卖家的运用

8.1 微信的电子商务价值

自微信出现后短短两年的时间内，微信用户数已经突破了 4 亿人，这个发展速度无疑是惊人的。当然，在这个过程中，它还存在着争议和不足，但是不能否认，微信正扮演着一个日益重要的角色。如图 8.1 所示，微信已经运用在各大电子网络。

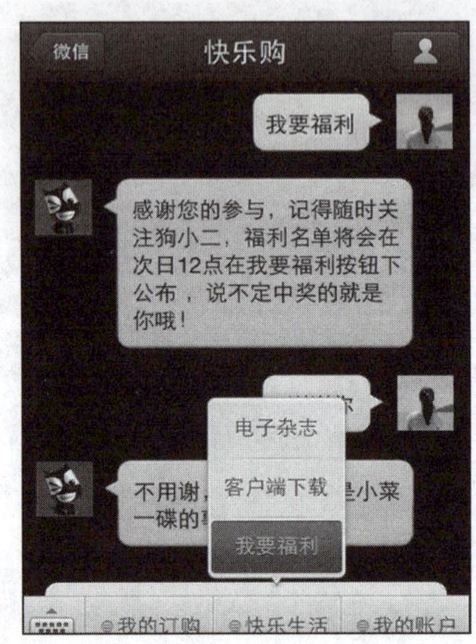

图 8.1 网站微信服务

微信对电子商务的冲击和影响是全方位而深远的。

首先，最显而易见的是它有效地降低了成本。在微信问世之前，电商在宣传媒介这块主要是选择邮件、短信、传单等，无论是哪一项，它的花费都是巨大的，而形成鲜明对比的是，这些在微信上几乎都是免费的。

其次，微信取代了客户端 APP，微信已经更新到 5.2 版本，功能强大，无孔不入，几乎可以取代很多企业自主研发的 APP。

第三，微信采用全新的形式和客户交流，它在传统文字交流的基础上，加入了语音和视频的因素，大大地完善了商家和客户之间的互动。

8.1.1 实现一对一互动

虽然微信拥有庞大的用户群，但是，它借助移动终端、社交和位置定位等优势，每个信息都是可以推送的，能够让每个个体都有机会接收到这个信息，实现一对一互动。在这个过程中，商家需要做的就是借助微信这种独具优势的交流模式，实现点对点精准化营销。商家的微信公众账号可以通过后台的用户分组和地域控制，实现精准的消息推送。

微信的点对点产品形态注定了其能够通过互动的形式将普通关系发展成强关系，从而产生更大的价值。通过互动的形式与用户建立联系，互动就是聊天，可以解答疑惑、可以讲故事甚至可以“卖萌”，用一切形式让企业与消费者形成朋友的关系，继而发展成客户群，如图 8.2 所示，去哪儿网对用户实行一对一答疑解惑。

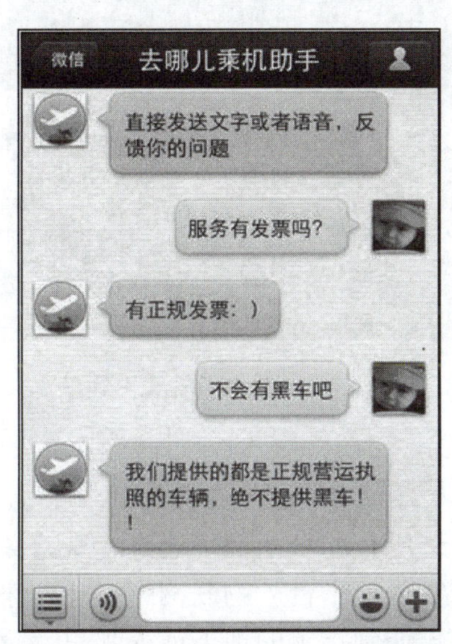

图 8.2　去哪儿网对用户的一对一服务

8.1.2　打造 O2O 新模式

O2O 并不是一个很新的概念，但是使用微信进行 O2O 却是一个新趋势，它是指将线下的商务机会和互联网线上活动结合在一起，具有功能集约化、回路一体化的相对优势。

举个例子，很多商家现在都采用“注册即有礼”的活动形式，其中一些商家就是将线下的活动优惠作为礼品，让线上注册的用户凭微信截图去实体店铺领取。它的性质类似会员卡，但是却无须携带，也不用带各种联名打折卡，更无须关注各个具体营业场所的微博和微信，手机在手便可尽享优惠。

如图 8.3 所示，商家在推出优惠活动的同时，借机宣传公众微信的二维码，将活动折扣作为关注礼品，以此诱导用户的关注，激发用户的购买欲望，从而达到商家预期的宣传效果。

图 8.3　O2O 打通了线上线下

8.1.3　催生物联网发展

通俗来讲，物联网就是让所有的东西都“连”起来，关键是要具备三件东西：感应处理终端、传输通道和控制处理平台。物联网可以让本来没有生命的东西“感应”并“处理”信息，通过网络传送到指定的地方或人那里，反过来还可以进行控制和指挥。由于目前的通信网络系统给物联网覆盖提供了技术依赖，所以移动物联网的发展俨然成为趋势。如图 8.4 所示，微信将世界紧密相连。

图 8.4　微信连接大众

微信不光连接人，还可以连接能上网的机器，它能通过和设备对话来控制设备，把人和物都连接起来。世界联系日益紧密，借助二维码，它将会带着我们进入物联网的时代。

8.2 微信在电商网站的运用

随着微信的发展，微信营销渠道开始进入了电商的视野，比如美丽说、蘑菇街等社会化电商成功进位，各种形式的导购网站、导购 APP 也层出不穷。

电商想进入移动互联网这个新产业中，必须借助微信，它运营成本低，受众群体广，收费低并且快捷方便，这些对电商网站的营运具有极大的吸引力。

8.2.1 理论分析：电子网站如何利用微信

类似淘宝等电子网站，经营主要是利用粉丝经济，而微信作为一个开放的交互平台，无疑是再合适不过的利用工具。那么，电子网站应该怎样利用微信呢？

1. 聚集粉丝

卖家聚集粉丝的常规手段就是在网站页面上放二维码，提示用户关注后会有什么好处，例如有专享折扣、有定期产品推荐等，这样至少让用户知道了怎么关注商家，为什么关注商家。

商家还可以在寄送给用户的产品单页上、外包装箱上贴上二维码，告知用户，如有问题不用到计算机前登录 QQ 交涉，直接可以通过微信来沟通。另外，通过群发短信给购买的用户，让用户添加微信号，这也是不错的办法。如图 8.5 所示，就是商家在网站上利用微信招揽粉丝。

图 8.5 利用微信宣传

事实上，粉丝的质量也有好坏之分，粉丝忠诚度很重要，商家没必要过度追求粉

丝的数量。试想，对品牌没有认同感，只是为了奖品而来的消费者，这样的用户值得去耗费时间和精力吗？

2．推送消息

电商网站做广告推广是无可避免的，否则它就无法达成自己的营利目标，那么，商家应该如何精准把握推送消息呢？这要分几方面来回答。

(1) 信息发送频次尽量降低，两三天一次就可以。用户的碎片化时间非常有限，如果用户关注了 50 个公众账号，每个每天都发来一条，那么用户最大的可能就是取消关注一些相对而言价值不大的公众账号。

(2) 要在分类的信息基础上做好精准信息推送。就是说，商家要保证推送的信息必须满足用户的需要，对用户而言是有价值的。如图 8.6 所示，推送的内容要尽量吻合用户的实际需要。

图 8.6　推送内容要符合用户需求

例如，用户的消费习惯是运动系列的服装或鞋子，商家如果推送有关潮流服饰或者高跟鞋的信息，那就是完全没效果的。

(3) 适度克制营销欲望，别发太多广告。

3．提高成交量

商家选择做微信营销的目的是为了提高用户购买率，便于用户购买产品，享受后续服务，更方便用户随时随地和商家联系。因为购物的冲动感觉往往就在一瞬间，过了那个时间、过了那个冲动，用户可能会因为其他选择而放弃。

如何提高微信上的成交量？撇开产品吸引力、服务优劣不谈，最好的办法就是微信外导流，微信内成交。举个例子，有促销活动时，商家可以在微信以外的所有推广介质上，旺旺群、QQ 群、官网、微博等发动宣传，告知今天通过微信购买商品的有特殊折扣或者有小礼品赠送，这样粉丝就会挤向微信。在粉丝量足够多时，商家可以进行趣味心理测试、星座调查、有奖问答活动，关键词促发的自动回答中，不厌其烦地放上自己的广告，并附上链接。用户在接收有趣味的信息时，对广告是不反感的。

同时，商家还要注重提高用户黏度。在用户咨询问题时，及时回答，比如催问货怎么还没收到，最近有没有新促销，收到的货怎么尺码不对等，商家要及时耐心、态度友善的回答，让用户通过手机端来感受到你的优质服务。

服务好，态度好，产品好，这样的卖家不用担心没忠诚用户，也不用担心客户不会再来买产品。微信其实就是一个提高用户信任度、提高服务质量、树立良好形象的一个客服工具，如图 8.7 所示。

图 8.7　微信客服

4. 揣摩用户喜好

怎样才能通过微信了解用户的喜好，然后针对性地推荐适合用户的商品？这个需要让客服在与用户沟通过程中，及时做好备注和分类。例如，可以简单归类为购买过产品的用户、没买过产品的用户、有意向购买的用户等，这样方便管理，也方便商家有针对性地推送消息。

更有甚者，商家可以定期做调查，分 ABCD 选项，让用户回复，根据回复及时把用户放到不同特征的分组里，这样，就可以了解用户的喜好并针对性推荐适合用户的产品了。如图 8.8 所示，杜蕾斯就是充分根据用户喜好，对自动回复做了贴心设置。

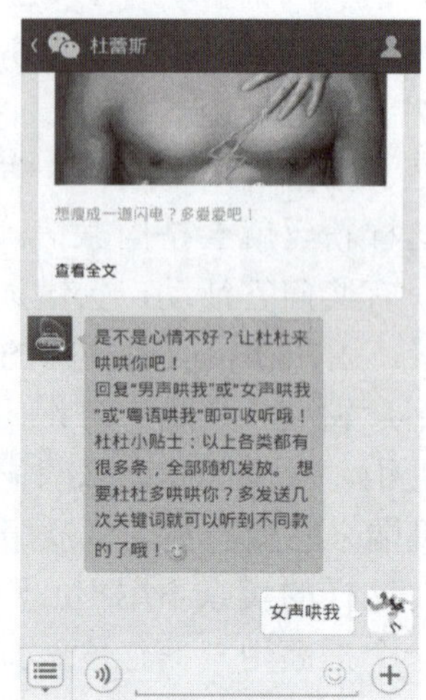

图 8.8　根据用户需要提供服务

8.2.2　活动案例：小米手机

谈及微信营销，不得不提及小米手机的“9∶100 万”的粉丝管理模式。据了解，小米手机的微信账号后台客服人员有 9 名，这 9 名员工最繁忙时每天回复 100 万粉丝的留言。每天早上，当 9 名小米微信运营工作人员在计算机上打开小米手机的微信账号后台，看到用户的留言，他们一天的工作也就开始了。

其实小米自己开发的微信后台可以自动抓取关键词回复，但小米微信的客服人员还是会进行一对一的回复。图 8.9 所示为小米手机微信的服务界面。

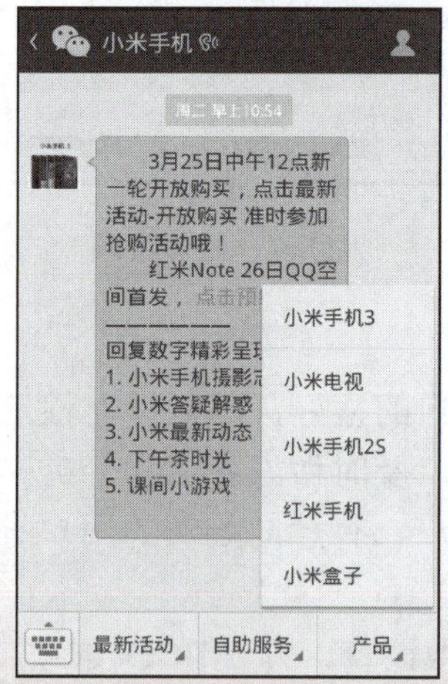

图 8.9　小米手机的微信服务界面

小米就是通过这样的方式，大大地提升了用户的品牌忠诚度和用户黏度。相较于在微信上开个淘宝店，对于类似小米这样的品牌微信用户来说，做客服显然比卖掉一两部手机更让人期待。

当然，除了提升用户的忠诚度，微信做客服也给小米带来了实实在在的益处。小米的副总裁黎万强表示，微信同样使得小米的营销、CRM 成本开始降低，过去小米做活动通常会群发短信，100 万条短信发出去，就是 4 万块钱的成本，利用微信则省去了这笔开销，微信做客服的优势可见一斑。

8.2.3 活动案例：中国电信

2013 年 4 月 9 日，中国电信正式推出首个全国微信客服官方平台。据了解，搜索微信号：中国电信客服、zgdxkf，或扫描中国电信客服二维码即可关注中国电信客服，享受贴心客服。

只要是绑定了中国电信客服平台的用户，除了可以通过中国电信微信客服了解中国电信热点活动信息、常见问题解答、在线帮助外，还可通过微信登录中国电信掌上营业厅进行手机业务办理。

“微信是个好东西，我现在很喜欢在中国电信微信平台上咨询问题，不仅方便简单，而且很好玩，挺不错的。”有用户在体验之后表示。图 8.10 所示为中国电信开通的微信服务。

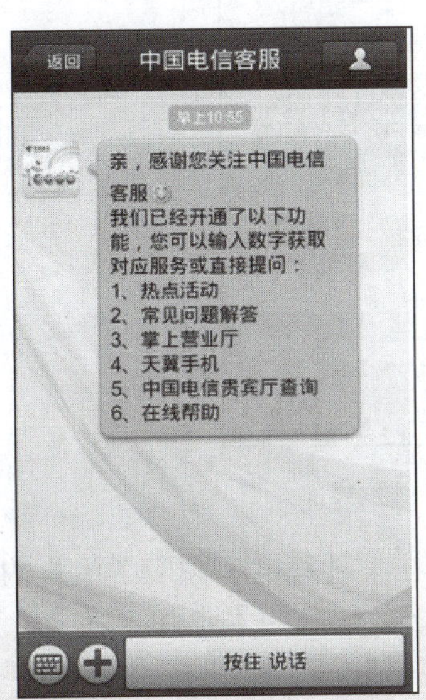

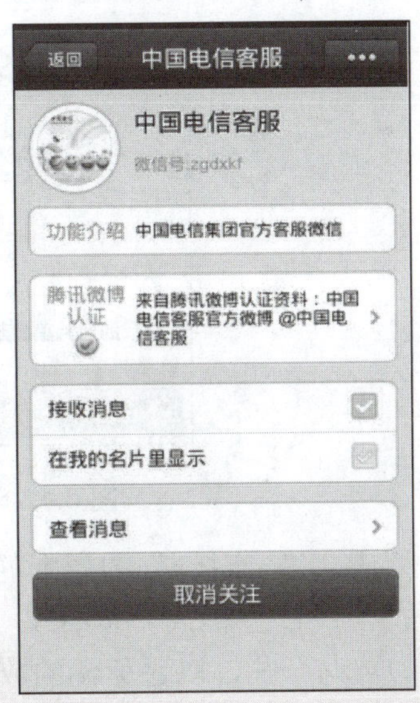

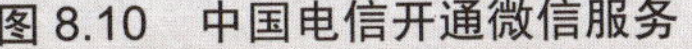
图 8.10 中国电信开通微信服务

微信为有意愿涉足数字化营销服务的机构提供了一个安全、创新、灵活的展示平

台和沟通平台，通过这样一个便捷入口，商家很容易实现多维度跨界的服务，因此也更受用户喜爱。在客户服务方面，微信“一对一”私密互动性具有绝对的优势，一方面安全高效地完成了用户大多数业务办理需求，另一方面让用户能感知到自己互动的对象是实实在在的人，而不仅仅是一款产品，因此主动传播欲更高。

8.2.4 活动案例：LV

与许多品牌利用公众微信号大力宣传品牌形象一样，Louis Vuitton(路易威登，简写 LV)也致力于与用户建立更为紧密的联系，它的做法非常简单，就是建立强大的网络客服队伍，以便及时响应任何潜在的购买需求。

值得一提的是 LV 的一对一微信营销策略，与其他所有微信公众账号不同，除了少数关键词布局，这个账号完全是人工回复的。用户不用担心答非所问的情况，也不用担心自己的问题没有被系统收录。LV 力求回应每位客户的疑问，打造金牌形象。更重要的是，每一位客服人员都很有礼貌，并且解答详尽，跟身处 LV 实体店没两样。图 8.11 所示为 LV 的微信界面。

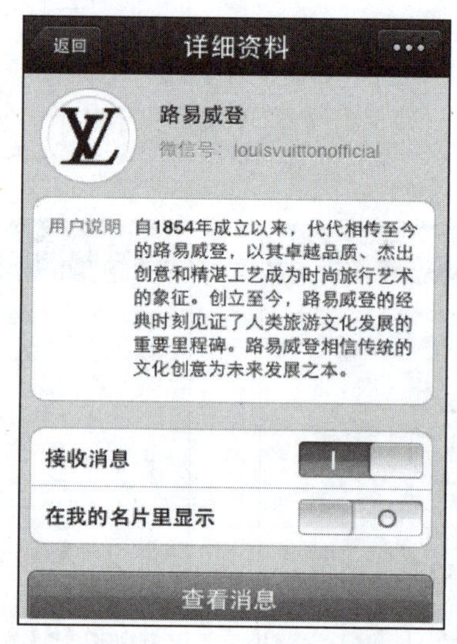

图 8.11 LV 微信界面

虽然必须承认，“一对一”的招牌的确在某种程度上顺应了用户的心理，让用户自我感觉更好，消费欲望提高。但 LV 公众微信号的本意却不在此，它更加注重实用，因此也更加被动一些，以避免无的放矢的情况。

当整个互联网产业都在盛传微信将会成为微博之后的下一个大热门时(请注意，不是替代微博)，许多品牌都迅速将注意力转向了另一边，而 LV 显然对微博品牌仍有信心，因此微信的发展方向并不是单一的网络营销策略，它与微博的发展是联系在一起的。

8.2.5 活动案例：爱雀笼

每个都市女性都应该有个电子闺蜜，让微信变成每个用户的私人顾问。爱雀笼正是巧妙地把握了每个女性的爱美心理，其功能开发满足用户非一般的服务体验。

由于爱雀笼功能涉及都市女性的各个方面，实用而又私密，把原先私人会所才能享受的服务变为常态化，所以其微信账号一经推出，就广受欢迎。如图 8.12 所示就是它的微信账号。

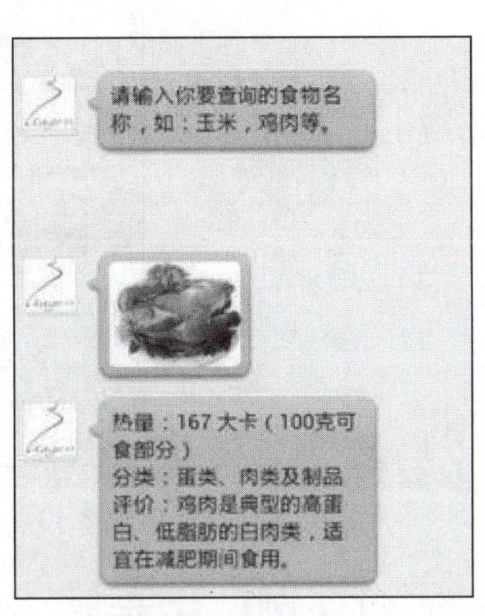

图 8.12 爱雀笼的电子闺蜜

它策划的“电子闺蜜”会按用户的场合推荐服饰搭配，甚至当用户输入身高后，它就会计算一个完美体型的数据，在用餐时按热量帮助用户选择食物，24 小时获得顾问咨询。

爱雀笼的“电子闺蜜”功能几乎涉及了女性的各个方面，实用和娱乐价值极高，因此广受女性顾客的青睐。它主要的产品功能有：“我要上大牌”、“送给女性朋友的妇女节礼物”、“测试属于你的完美身材”、“查询食物的热量”、“提供服饰搭配方案”，以及“提供每日的时尚美丽资讯”等。

8.2.6 活动案例：点歌台

在微信如此火热的背景下，音乐电台也开始微信运营。不少个人和电台都开通了点歌服务，从现在开始，只要用户扫描点歌台的微信二维码，就能 24 小时享受不间断的点歌服务。

点歌的具体操作非常简单：用户只要输入想听的歌曲名字，点歌台就会把歌曲链接即时回复给用户，用户只要打开链接，就能听到自己想要的音乐，即点即播，十分的快捷方便。

这种点歌方式可谓是融娱乐和便捷于一体，用户只需要一支手机，就能随时随地享受音乐，不受时间和地点的限制。这种独到的体验很受用户欢迎，反响良好。图 8.13 所示为点歌台的微信界面。

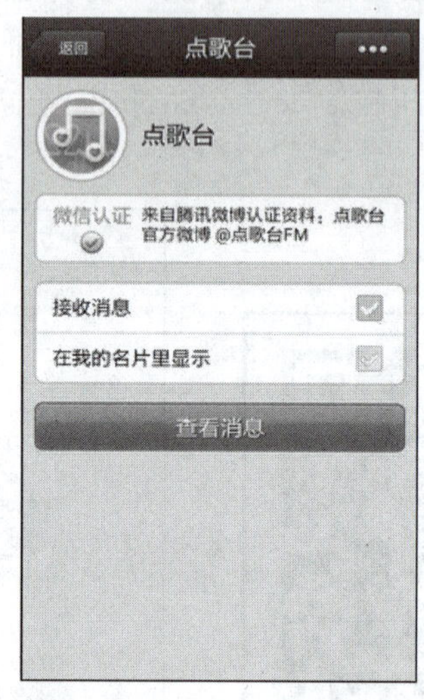

图 8.13　点歌台微信界面

8.2.7　活动案例：珀莱雅

对于新品推广，珀莱雅希望让消费者切身的去体验如何“秋燥养肤”，而非单纯的品牌曝光。针对这种“根本性的改变”，它利用微信公众平台为其量身打造了一套智能的立体化品牌推广方案。直接达到的效果是，在 26 天的传播周期内单微信平台的品牌总曝光量就高达 4 亿次，用户深度参与次数 12 万次。

对此，珀莱雅方面表示：“为了取得良好的互动和口碑，珀莱雅在细节方面的要求是非常高的，微信在社会化营销上的创新让珀莱雅的品牌体验得到了前所未有的升华，珀莱雅品牌在消费者心中已经深植”。

2013 年 9—10 月，珀莱雅发起肌肤盈养站活动。此次活动不仅在 PC 搭建了 Minisite(迷你网站)，还在官方微信利用接口技术搭建了微信端的活动页面，增加了活动参与平台，使消费者在手机上就能直接体验盈养站活动。

此外，珀莱雅将线下柜台和天猫旗舰店打通，消费者可根据自身需求选择奖励方式：线下领取小样或者领取线上天猫优惠券。这一举动大大地满足了用户的个体需要，有效提升了消费者体验以及直接的消费转化率。

回顾珀莱雅案例，值得广大商家借鉴的是，它致力于将市场活动微信化，把线上活动与线下到店领取、线上天猫优惠流畅地串联，实现了线上和线下的三方互动。图 8.14 所示为是珀莱雅的品牌 LOGO。

图 8.14 珀莱雅的 LOGO

8.3 微信在淘宝卖家的运用

微时代，品牌营销比以往更加看重 ROI(投资回报率)，随着基于资源和用户整合的微博、微信等社会化媒体服务的不断升级，品牌在社交媒体的投入比重更是与日俱增。对于要求消费互动性更强的行业来说，比如淘宝卖家，它的社交化布局频率更快、步伐更大。

8.3.1 理论分析：淘宝网站如何利用微信

很多淘宝卖家的实体店只有一两个人来打理，没有更多的精力投在招揽客户上，而微信的出现无疑打破了这个僵局，淘宝卖家只要做好个人微信账号就可以获得更多的订单。

(1) 微信账号管理起来很简单，淘宝卖家每天只要写上 30～40 字有价值的内容，对热点商品和特惠商品进行推销，就可以很好的跟顾客进行互动、交流，并且不影响顾客的生活。

(2) 微信账号可以快速展示商家淘宝的产品，顾客有需要就可以跟你沟通，并且购买产品，不受时间与地点的限制。

(3) 一对一的沟通能快速建立联系，并且产生信任感，只要顾客信任卖家，成交

就变得越来越容易。

(4) 可以随时进行产品促销：通过微信进行产品促销变得很简单，只要拍一张新产品的照片分享到自己的朋友圈里就可以，发送朋友转发，进一步扩大宣传，同时又方便简捷。图 8.15 所示为微信淘宝购物界面。

图 8.15　微信淘宝购物界面

8.3.2　活动案例：聚美优品

目前化妆品电商里面，最火的就是聚美优品，网络营销的主要方向是打造自己的品牌，它大量投入资金打造用户心目中独一无二的化妆品牌，更是利用新媒体“电影”、“网络视频”、微信等广告形式，进入用户眼球，使其在记住影片内容的同时也记住了“聚美”的品牌。

在品牌的建设方面，聚美优品选用企业的老总自己给自己代言，用户不仅记住了“聚美优品”的品牌，也记住了“陈欧”体。对于企业来说，品牌就代表消费用户的一致认可，代表优化中抽象的连接推荐和价值所在，更代表不胜其数的用户体验。

2014 年，聚美优品成立 4 周年宣传片问世，在延续上次的“陈欧”体之外，还将优美的广告词谱写成歌曲，由时下当红歌手魏晨主唱。这支宣传片在推出之后，立刻受到广大群众的热捧，微信转发量无数，引发热烈讨论。

如图 8.16 所示，就是聚美优品的微信服务。实践证明，聚美优品利用微信等媒介进行的创意广告营销取得了巨大成功。

从聚美优品的案例中，商家要学习如何提高活跃度和互动量，主要可以从以下四个方面进行努力。

(1) 搜集粉丝反馈意见，罗列选项，让用户选择，并做好分类，按照不同的组别发送不同内容。

(2) 商家可以尝试发起一些趣味测试活动，比如把星座和护肤关联起来。例如聚美优品，它是一家以年轻女性为主要目标群体的网站，因为女孩子天生对星座狂热，所以反响必定火热。在用户提交选项后，商家可以在自动回复的信息末端附带店里的促销信息，可一举多得，如图 8.17 所示。

图 8.16 聚美优品微信二维码

图 8.17 聚美优品微信活动

(3) 发起有奖问答活动，这也是当下很多商家选择的办法，就是把正确答案作为下一道题目的关键词，而用户想要回答题目，则需要到官网上面了解商家的信息，以此加深粉丝对品牌的了解。同时，还鼓励拿到奖品后到微信上晒单，商家帮用户转发，毕竟企业微信粉丝群庞大，用户非常乐意。

(4) 进行微信导购，操作起来也很方便，就是商家根据用户不同的肤质和功能诉求(如祛痘、缩小毛孔等关键词)发送相应的产品推荐或二次细分，例如按照肤质再细分，给予更合适的产品推荐。以聚美优品为例，作为一家大型化妆品网站，具有一定的行业影响力，这种方法会很适用。如图 8.18 所示，就是利用微信向用户推销美睫。

- 主角：淘宝店美睫
- 行业：电商
- 亮点：**200个用户却有80万流水/月**

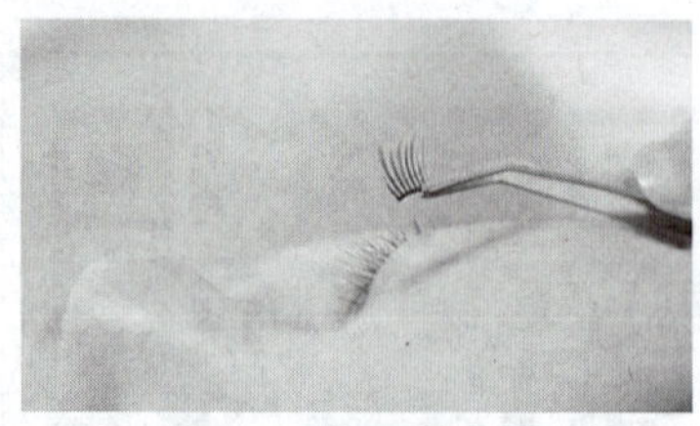

通过微信营销，然后引流到淘宝成交，一样非常方便及时而且客户主动意识更强，比引流的效果好很多，几乎没有成本

图 8.18　微信推销美睫

为了检测微信上的购买效果，商家可以及时进行反馈信息的收集，安排专人回复粉丝的问题，定时发送用户感兴趣、关心的美容护肤资讯，并附带广告信息，这样就做到了一举多得。

8.3.3　活动案例：京东商城

京东商城是中国最大的综合网络零售商，是中国电子商务领域最受消费者欢迎和最具有影响力的电子商务网站之一，在线销售家电、数码通信、计算机、家居百货、服装服饰、母婴产品、图书、食品、在线旅游等 12 大类数万个品牌百万种优质商品。

如图 8.19 就是京东商城的微信二维码，用户只要拿起手机扫一扫，就能立刻添加关注，随时可关注到京东商场的最新动态和活动优惠。从京东商城的案例中，商家能总结出一些经营之道。

(1) 内容为王，兼顾终端。京东商城一直打着“不只是便宜，真才最重要”的旗号，着力专注于网站质量，它的微信也是一样。关于宝贝链接，微信上有添加来源的链接，到达用户后，用户点击直接跳转到宝贝移动页面上，并可以通过所关联的支付宝移动端进行支付，方便而快捷。关于人员维护，主要是安排客服和策划同时登录微信公众平台，微信公众平台是可以支持多人同时登录的。策划需要通过感知用户的回馈，在满足用户兴趣和需求的基础上来进一步思考接地气的活动。

(2) 做好用户分类基础上的个性关怀。例如京东商城会在节假日，或者是活动促销的时候给用户发微信消息，通知具体详情，鼓励用户抢购，如图 8.20 所示。

图 8.19　京东商城微信二维码

图 8.20　微信发布活动信息

(3) 基础准备要做好。在这个无“微”不至的年代，还没开通微信公众号的商家，建议立刻去注册一个能让用户过目不忘的公众号，开始微信营销的第一步。

(4) 服务一定要好，态度一定要亲切。尤其是像京东商城，作为购物的门户网站，与粉丝的互动是必要的，也是最重要的。微信沟通是私密性的，不像微博，与用户的互动程度更深，也更广，客服一定要克服个人情绪，耐心地应对每一位用户。

(5) 大胆投入。微信方面值得大力投入，大胆投入的原因在于它是一个很适合进行用户转化、深度沟通营销、提高用户黏度、促发客户多次购买、维系用户关系的绝佳工具。

8.3.4 活动案例：凡客诚品

凡客诚品由卓越网的创始人陈年创办，产品主要涵盖男装、女装、童装、鞋子、家居和化妆品等，支持全国100城市货到付款、当天面试、30天无条件退货。自创办以来，凭借极具性价比的服饰和完美的客户体验，已经成为网民购买服饰的主要选择对象。

在原来的移动客户端以外，凡客还积极探索在微信上拓展其业务的可能性。通过微信开放API自主开发的微信后台，凡客诚品大大地拓展了微信平台的能力。图8.21所示为凡客诚品的微信二维码。

图8.21 凡客诚品微信二维码

“我们已经在微信平台上实现了完整业务的闭环和创新。消费者可以在微信的界面上直接检索，完成购物、查物流、投诉、退换货、晒单，完成全流程操作；也可以利用微信拍照、视频功能完成分享和社交应用。”移动创新事业部负责人栾义来说。可以说，在凡客诚品的移动互联网布局中，微信的战略地位已经提到了和APP一样甚至更高的等级上。

微信是企业在公众面前展示形象、沟通交流的阵地，要与成千上万甚至数十万粉丝沟通，仅靠一两个管理员是远远不够的。凡客并没有采用自动回复的方式，而是推动从上至下各层次员工在微信上扮演起“形象大使”的角色，与众多粉丝们做平等的交流，提供更多有趣的、更具个人视角的图文信息。

另外值得借鉴的是，凡客诚品经常性地在微信上开展活动和设计话题，这既可以满足粉丝们的创造精神和分享意愿，又能调动粉丝们对于企业微信的热情。从凡客诚品的案例中，可以分析得出以下几点经验。

(1) 建立让客户方便的理念。目前微信最大的特点之一就是用户使用频率高。很多用户可能会忽略短信消息，但是绝对不会错过微信消息，它的沟通功能比短信要强很多，还可以上传文件、图片等，因此是客户表达诉求的首要选择。如果客户方便了，就会对商家更加依赖，成为固定粉丝。图 8.22 所示为康师傅微信推出的与用户互动。

(2) 坚持让自己方便的原则。淘宝卖家有很多地方需要跟买家沟通，除了在下单的时候很多人会使用旺旺以外，其他时候的沟通大多使用短信。提醒买家已经发货，确认收货，DSR 打分等。如果使用微信，不仅能发挥微信的私密、友好的特性，省去短信费，还能拉近卖家和买家的关系。

(3) 深度挖掘客户需求。企业每增加一个粉丝，就增加了一份潜在消费，商家必须要做的就是找出粉丝的需要，从而诱导购买。当然，这个过程一定要讲究方法。一方面，商家可以通过查看用户的历史聊天记录来猜对方的爱好；另一方面，商家还可以主动推送一些信息。

需要提醒的是，发广告的最高境界就是让用户主动来要广告信息，商家需要讲究策略。例如，凡客诚品是主打服装配饰之类的市场，商家就可以给所有用户群发微信消息，内容可以包括目前最流行的时尚搭配杂志、美妆美发的教程，或者是相关的实体店等。

商家可以巧妙地补发链接，让用户回复 1～10 了解详情，既避免了让用户厌烦，又是一种隐性的广告。如果用户不回复，说明没需求，他也不会反感，因为这并不属于促销信息；如果用户回复，这就是用户在主动向商家要广告了。如图 8.23 所示就是康师傅向用户推送的服务式信息，暗含商机。

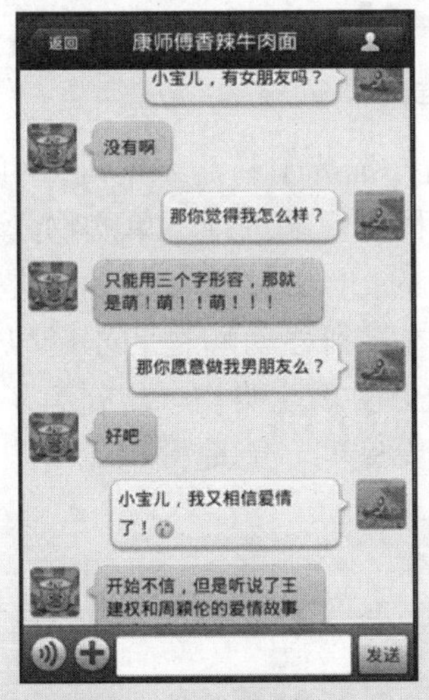

图 8.22　康师傅微信互动

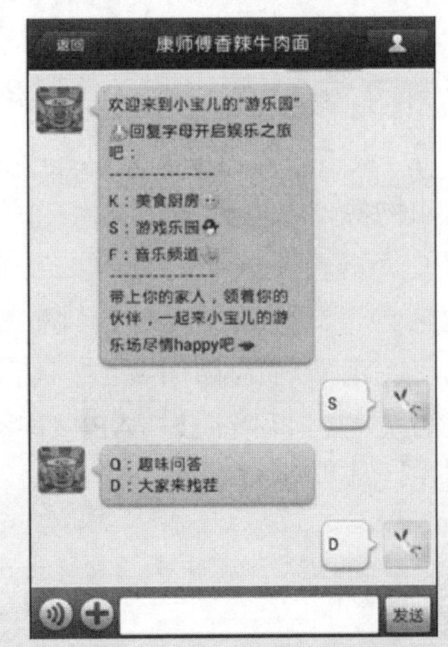

图 8.23　康师傅贴心服务

商家可能会有疑问，到底哪些产品适合做营销？事实上，淘宝网站的特性和微信十分契合，不论大小商铺，都非常适宜借助微信这一平台。甚至包括卖一次性产品的，例如家电，手机等，这个完全可以根据产品的生命周期，定时推送保养信息、使用秘籍、与其他产品使用搭配的技巧，关联产品推荐(如充电器)等，乃至提供付费增值服务，都是完全可行的。

8.3.5　活动案例：苏宁易购

2013 年 4 月，苏宁易购特别推出了以“青春易 GO”为主题的大型促销活动。公司除了推出青春宣言、青春体、青春 AB 漫画剧等内容之外，苏宁易购还特别推出了二维码扫描应用。目前，苏宁易购在全国已累计贴出了 3 000 多个二维码，总计扫描人次超过百万次，成为苏宁易购当前最火爆的移动运用 APP 之一。图 8.24 所示为苏宁易购微信二维码。

图 8.24　苏宁易购微信二维码

值得一提的是，在 4 月活动期间，网友通过微信扫描苏宁易购二维码即可轻松领取相应购物券，并可选择手机、平板电脑和笔记本多种客户端进行下单购物。

相关负责人还表示，此次二维码应用并非是简单的扫一扫、聊聊天，而是设置了不同优惠券，让网友在参与品牌二维码互动同时，体验到移动购物的乐趣以及便捷性。以前，消费者购物需要到门店、需要通过计算机上网才能购物，现在有了二维码之后，消费者可直接通过 APP 移动应用模式享受到无空间、无地域、无客户端限制的一站式快捷购物体验。

第 9 章 财运滚滚，微信收益大验收

学前提示

对于个人而言，使用微信更多的是追求关注度和交友。而每个公众微信账号虽然也积极打造自己的粉丝群，但本质上还是有区别的。微信的到来就是企业经济发展的一次机遇，它追求的是经济效益的提高。

要点展示

- 八大方向，开创财路
- 个人成功案例分析
- 企业成功案例分析

9.1 八大方向，开创财路

微信营销从进入大众视野就饱受各种争议，从刚开始出现“微信上创业”的质疑声，到现在满大街的微信公众账号，甚至是专投微信创业的VC(风险投资)的出现，不过短短数月时间，微信热较之当初的微博热有过之而无不及。

微信“淘金热”发展到现在，给所有的营销者、自媒体从业者、IT从业者等带来无尽的想象，但凡谈及移动互联网必谈微信。几乎所有对微信有稍许了解的人都开始积极热心地关注起微信商业化模式，希望从中开挖属于自己的一桶金。

9.1.1 开发微信新产品创业

为微信提供个性化增值产品绝对是一个不错的方向。只要使用过微信的商家都知道，微信本身有一些不以插件形式存在的产品。

(1) 放在主界面下方正中间的四个按钮，它们分别是“微信”、“通讯录”、“朋友圈”和“设置”。

(2) 主界面右上角有一个魔法棒的图标。

不过创业者恐怕会失望，上述按钮都是由微信自己提供，并不会供其他商家开发，而是致力于自身把这些按钮打磨得越来越精细，体验越来越好。随着微信发展速度的加快，上述五个按钮未来都会是十亿美金以上的大市场，如果哪天微信上增加或减少了一个新按钮，那一定是有个十亿美金的新市场出现或消失了。如图9.1就很形象地说明了微信带来的巨大效益。

图9.1 微信效益

比如苹果手机默认界面上面也有一些按钮，那都价值不菲，微信按钮的价值比起苹果手机只多不少。

但是商家也不必气馁，点开这些按钮后，会有更多细分的按钮，这些按钮的价位大概是在一亿美金左右。在这个层级，微信会选择自己完成一部分，但会有相当一部分拿出来让创业者参与。

如果顺着按钮继续点击下去，还会有很多个千万美金级别的按钮，这些微信都会交由创业者们完成。

微信将会采取什么形式让创业者参与进来？比较大的可能方式会是供应商采购，少部分会是外包。这充分借鉴了中国移动业务的运营模式，即按照核心与否分级，再决定是自己全干、干一部分还是交给别人干。

对于整个构建微信生态链条而言，这些个性化产品的创新犹如龙套角色，但是发挥潜力巨大，创业机会也比较多，比如可以从模板、表情、皮肤、数据分析、插件等各方面入手。

9.1.2 利用 App 平台创业

利用 App 开放平台创业，这个创业机会来自于以公众账号为通行证的应用开放平台，商家可以选择一试。

通过成为公众账号的粉丝，用户能享受到多媒体内容的阅读、有价值信息的查询、感兴趣商品的购买、数字娱乐的参与和便捷本地化服务的体验等，如图 9.2 所示展示了微信推送内容。

图 9.2 微信信息

微信期待开发者在标准的界面下(目前看起来似乎是一个人机交互的对话框)，利用微信提供的技术接口，让用户在框里完成服务，也有一部分页面是通过公众账号的空间页上的可点链接跳转出去。

这里的创业机会更广泛，微信也会鼓励创业者在这个闭环内为其平台添砖加瓦，这里的项目之多、品类之广可以无限想象。

(1) 类似移动梦网模式的“内容出版与发行”，适合媒体用于用户订阅阅读，适合广告、公关和营销公司用于推广宣传，适合企业为忠实用户提供最新公告信息等。可以参考如腾讯科技、冷笑话、donglivc 等公众账号。

(2) 类似传统的呼叫中心、CRM、OA 等系统可以对接、移植和扩展到微信平台上，甚至能通过各种接口延伸到硬件层面，实现物联网的诸多应用。可以参考如卡小二、印美图和招商银行(行情、股吧、买卖点)信用卡等公众账号。

(3) 受制于淘宝和百度的各行各业的创业者，都能够参与微信生态链的建设并从中获得裨益。图 9.3 所示为微信开通淘宝网店。

图 9.3　微信开淘宝网店

淘宝的本质是一个针对特定商品网页的闭环的 App Store，百度的本质是一个针对一切海量网页的开放的 App Store(创业者甚至都不需要提交)。在 PC 互联网时代，两者的地位已经如铁桶般牢固，他们能够通过控制入口位置来控制流量分发，从而占据垄断的江湖地位。

在微信时代，创业者不用担心出现百度和淘宝这样的“独裁者”，微信的社交和通信属性决定了微信不会既当裁判又当选手，甚至微信连裁判也不是，而是一个大平台。

微信设计者的精妙之处在于没有“入口位置”的概念，所有基于公众账号的应用都将被做去中心化的处理，从而实现充分的市场竞争和优胜劣汰。

基于此，所有在淘宝和百度上因为没有关系和没有资金而导致排名靠后的各行各业的创业者们，完全可以抓住微信发展这个基干，利用这个平台开始创业。商家可以参考如微信路况、美肤汇、团购、阿狸、微信外卖、订酒店、买门票等公众账号。

9.1.3 数据开放平台创业

所谓数据开放平台，是指微信将把数据、数据关系和数据运算等，在确保安全稳定快速的前提下，开放给创业者。

接入数据开放平台后，创业者可以专注于提供更好的内容、产品、商品或服务给用户，不用担心用户该如何获取到信息，如何管理好信息，如何营销信息等问题。服务器的稳定与否、带宽的充裕与否、运算能力的快捷与否、用户隐私的安全与否等问题，也能够依托平台去解决。

简而言之，在这个机会面前，创业者可以充分发挥自主能动性，做出自己的创意和特色，唯一需要做的就是到微信开放平台上申请一个 App Key，等到不远的将来，微信会把数据和用户关系开放出来，对接到你的产品中去。

有了日韩 Line 和 KakaoTalk 在前(见图 9.4)，国内 Qqzone 和 Pengyou 也小试牛刀，微信有了这些借鉴经验，相信数据开放平台搭建的过程应该不会很难。

图 9.4 韩国聊天软件 KakaoTalk 和日本 Line

数据开放平台对产品的品质以及利用数据做推广时的用户体验会有着相当苛刻的要求，而且平台越成功，要求就越严格，因此，创业者需要掌握精深的相关知识，这就对创业者的素养和能力有所要求。

•专家提醒

一般来说，游戏会作为种子和试点，率先接入开放平台。可以想象，已有无数做游戏的公司正在紧锣密鼓开发他们认为适合微信用户使用的产品，一旦游戏接入立稳，微信就能让 99%的用户享受最爽免费服务的同时，循序渐进地接纳新的创业合作者，逐步完善商业生态体系。

9.1.4 App 体验版及流量入口

这个创业机会来自于手机 App 体验平台的便利性，微信可以成为很多手机 App 的体验平台，进而成为下载入口。有一些本身就是自己做 App 的人，通过微信来做一个导流量的入口。以前微博兴起时，很多应用通过微博获取到了很多免费的流量，微信也有这个功能。

但是微信和微博的运营有所不同，到微信上，比如创业者做的是一个工具，首先可以让用户扫二维码关注微信账号，在微信里体验产品部分功能，然后再去引导用户下载。

比如最近很火的“微信路况”，如图 9.5 所示，这就是车托帮 App 在微信上的二维码。当然商家可以直接做个 App 推荐的公众账号，花点心思隔三差五地推荐点好应用，会获得不错的效果。

图 9.5　微信路况二维码

9.1.5 品牌商家账号代运营

这个创业机会来自于企业想尝试新的营销方式。有些微信公众账号已经在营销上小有成就，掌握了一定经验和资金，这些账号开始另找财路，帮助一些品牌微信经营微信，图 9.6 所示为微信公众号代运营的海报，这类广告并不少见，大多企业无暇经营微信，或者是缺乏经验，于是微信代运营就顺势而生。

图 9.6 微信代运营海报

这种模式是以微信为主、微博为辅，主要是帮助品牌企业积攒粉丝，增加人气。目前微信公众平台已经有不少粉丝过百万的独立账号、粉丝过千万的账号集群，这些账号的粉丝基本上是依靠以前在微博上积累的用户转化过来的。这些账号的推广力度非常可观，而且也因为在以前微博运营中积累的经验和客户，到微信上依然可以爆发新的增长点。

9.1.6 微信开放接口代开发

这个创业机会来自客户的需求多元化。其实客户的需求很多，关键是商家如何满足客户的需求，并能黏住客户。

比如，政府部门可以搭建一个微信办事平台，学校可以搭建微信版家校通，医疗机构可以搭建个微信挂号问诊，4S 店可以搭建微信预约试驾看车，总之在微博上做过的基本上都可以到微信上再来一遍，而且因为微信的随身性、LBS、富媒体、实时性，无论是互动效果还是最终结果都要大大好于微博。

拿学校来说，班主任以前用短信平台只能发发文字通知，现在用微信除了发通知外，还可以用图片、声音、视频等来发送班级生活等，更好地让家长了解孩子在学校的情况。

图 9.7 所示为黑龙江玛丽亚妇产医院的微信账号，自助式服务满足了用户的各方面需求。

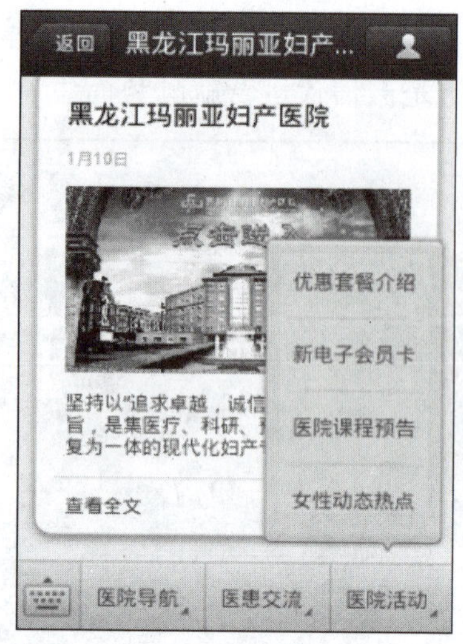

图 9.7　医院微信服务

9.1.7　垂直化或区域化的简易搜索

这个创业机会来自客户的生活习惯及对便利性的需求。比如，用户现在出差到异地，想了解当地的风土人情，是下载某市 App 方便，还是关注这个城市的公众账号方便？欧洲杯、世界杯举行的时候想了解最新比赛进程，是下载欧洲杯 App 方便，还是关注欧洲杯的公众账号方便？想查询某个航班实时动态信息，是去下载非常准 App 方便，还是关注非常准的公众账号方便？答案是肯定的，微信已经变得不可取代，它所代表的是快速便捷和方便，如图 9.8 所示。

图 9.8　微信代表了方便

微信公众平台已经深入人心。对用户而言，那些使用密度不高的信息获取需求，可能用百度、谷歌搜索，但未来更好的选择是关注一个公众账号。

9.1.8 移动电商平台

利用移动电商平台进行的创业机会来自电商不断发展的趋势。微信除了 O2O 业务以外，在传统电商上也力图有所发展，已经有一些淘宝卖家会用微信来做 CRM，更有甚者，直接在微信上面开店卖货，如图 9.9 所示。相信不久之后会有更多企业利用微信平台让卖家直接在微信上开店卖货。

图 9.9　微电商

9.2 个人成功案例分析

面对微信这个新媒体平台，要运用好营销策略，才能得到满意的营销效果。不仅是企业，个人在经营微信时也必须掌握一定的法则。

9.2.1 活动案例：微信卖栗米进账 200 万元

2013 年 12 月 1 日，上海国际马拉松现场一只“愤怒的小鸟”吸引了众人眼球，这只“小鸟”的真身是在微信上卖栗米卖火了的富军。富军在 2013 年和老婆开玩笑说要卖米，之后开始向微信好友赠送大米，为他的大米营销创造基础口碑。

任何微信营销，都需要两个基础条件，一个是足够多的好友数量，另一个则是与微信好友之间拥有较为紧密的关系。富军通过各种活动，增加自己的微信好友，为了与这些好友保持紧密关系，富军平均每周在朋友圈更新 6 条消息，并策划过一次效果

不错的线下活动。如图 9.10 所示愤怒的小鸟就是富军一次成功的活动策划。

图 9.10　富军卖米

尽管没策划过品牌营销，但富军很了解互联网的属性，一次事件营销会带来轰动式的效应，于是背着米袋子、贴满二维码的“愤怒小鸟”在上海马拉松上闪亮登场，引发观众围观。

富军粟米的微信营销是成功的，到 2013 年 11 月底，他统计全年订户 200 个，销售大米进账 200 万元，而这些，都源于他的微信好友。

9.2.2　活动案例：微信直销草鸡蛋

尤达是一位在办公室做了四年文员的普通职工，他利用微信推销草鸡蛋，线上交易线下送达，获得了巨大的成功。

2013 年，尤达毅然辞职回到老家，他承包一片山地，养起草鸡。此前，尤达的姐姐一直从事草鸡蛋销售工作，通过农业合作社收养殖户的鸡蛋，再卖给消费者，但“二传手”不但增加了鸡蛋销售成本，而且没有稳定的蛋源供应。

尤达辞职后和姐姐共同投资建起养殖场。一方面姐姐负责老渠道销售，另一方面尤达负责微信、微博直销的新渠道开发。图 9.11 为尤达和他的草鸡蛋。

通过线上直销，尤达的账户“互粉”了很多好友，在线养殖场、饲养过程的展示吸引不少市民线上订购，尤达收到订单后，直接配送上门，这方便快捷的形式极大满足了客户的需求，受到热烈欢迎。

图 9.11　尤达微信卖鸡蛋

目前，尤达已经积累了 2000 多名稳定粉丝。尤达卖的鸡蛋定价 1.5 元一只，线上交易 9 个月以来，先后卖了 3 万只草鸡蛋，实现了他最初预设给自己的目标。

从一个普通的文员，到获利丰润的商人，尤达正是精确地瞄准了微信这个公众平台的超高人流量，进行自主创业。如图 9.12 所示，小小的鸡蛋，收获了巨大的成功。

图 9.12　鸡蛋借助微信成功脱销

9.2.3　活动案例："水果哥"凭微信月入 4 万元

许熠曾是石家庄经济学院的一名学生，2014 年在校期间，他和他的微信水果店"优鲜果妮"，在短短 3 个月里大获成功，在石家庄经济学院火了一把。

作为一名大学生，许熠的创业灵感来源于为女友送早餐的偶然经历。"石家庄经济学院共有学生 1.7 万名，其中女生 6000 多名。"许熠强调：女生几乎每天都要吃水果，如果按每个女生一个月 50 元消费来估算，微信卖水果大有赚头。如图 9.13 所

示，他利用这个商机，开始了微信上卖水果的创业。

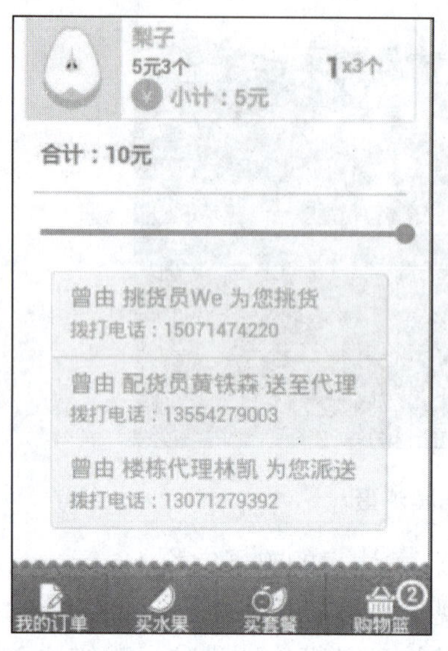

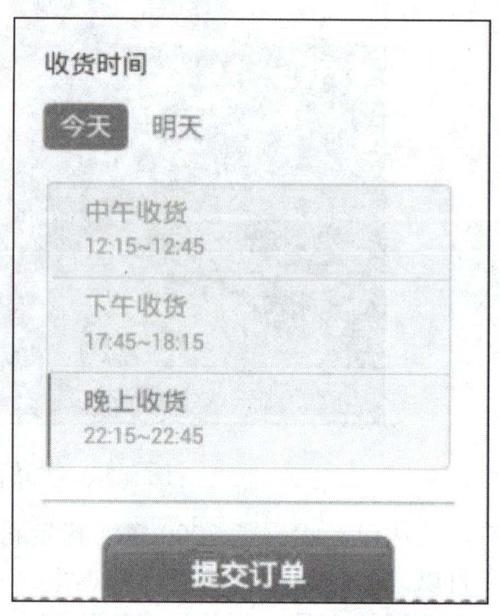

图 9.13　微信卖水果

开业之初，许熠的“优鲜果妮”生意并不好做，常常等上一天才有一笔几元的订单。微信营销的基本条件之一是有足够多的好友，许熠和他的同学采用“扫楼”的方式来增加好友：即将印制的市场宣传单、广告册发到学校的教学楼、食堂、宿舍楼；利用课间 10 分钟在各个教室播放“优鲜果妮”宣传短片。

3 个月时间的“扫楼”，“优鲜果妮”关注人数达到 4920 名，这些用户多为许熠的同学，针对这点，许熠经常推出个性产品，各类水果组成的“考研套餐”、“情侣套餐”、“土豪套餐”频频吸引同学眼球。此外，许熠的公众平台还会不时推送天气预报或失物招领信息来吸引粉丝。截至到 2014 年 4 月，“水果哥”许熠已经实现了每月 4 万元的高收入。

9.2.4　活动案例：微信卖酒，月销 5 万元

“糯米酒先生”来自厦门，顾名思义是位酿造糯米酒的先生，其酒坊坐落在福建永定县下洋镇廖陂村东兴楼，特点是采用传统纯手工工艺酿造客家土楼糯米酒，如图 9.14 所示。

就是这不起眼的糯米酒，“糯米酒先生”开挖出了新的商机。这位来自客家土楼的先生，在 2012 年 8 月份就申请了微信公众账号，名称叫“客家土楼糯米酒”，在半年多的时间里，他边摸索边积累，获得了初步成功。来看看他的成绩单：公众账号数据显示已有近 22 500 名粉丝，每月有近 5 万元的销售额，糯米酒定价每千克 120

元，多数客户一次性会购买 2.5～5 千克，因此每单价格在 300～600 元不等。

图 9.14　糯米酒

短短数月取得如此傲绩，他是怎么做到的呢？我们一起来揭开其中的秘密。

(1) 抓住微信精准的特点。和微博等其他媒介相比，微信信息达到率更高，可以这么理解，微信就像是一对一的电话营销，效果类似“狙击”，信息可精准传达到个人。正是基于这点，“糯米酒先生”把战略放在了微信上，如图 9.15 所示。所谓先下手为强，如今他的公众账号已经十分火热。

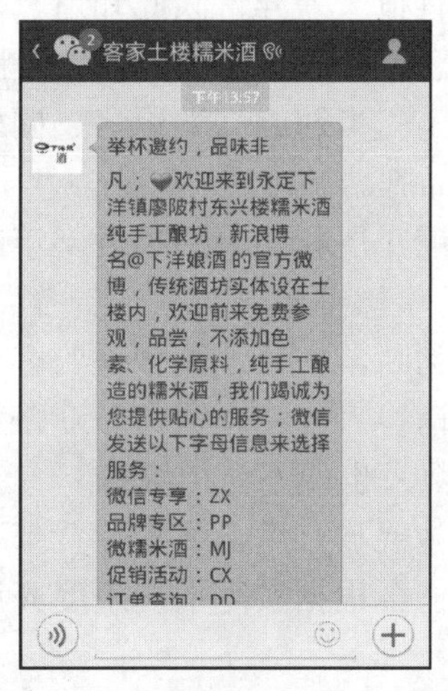

图 9.15　“糯米酒先生”的微信

(2) 借助微信粉丝的忠诚。如果李开复在微博里公布自己的公众账号，凭借千万级别的粉丝量，会很快抓取数十万甚至上百万的粉丝，但这些粉丝需要完成“搬家”动作，愿意过去的一定是更加忠诚的粉丝或叫“铁粉”。对于大部分人来说，除非这个账号能提供不一样的价值(资讯)，否则没人会擅自去关注一个公众账号。如

图 9.16，形象地表现了微时代的背景下，微信粉丝的人际交互和信息传播。

图 9.16 微信粉丝效应示意图

“糯米酒先生”酿造的糯米酒定价是每千克 120 元，无论是品质还是价值，同市场上每千克 40～60 元的米酒有很大差异，因此知道“自己的客户是谁”、“用户在哪里”就非常重要。为了锁定目标群体，并让他们成为粉丝，他的具体做法如下。

首先，他花了些时间调查厦门当地的高端厨房、橱柜企业及其店铺信息，最终锁定了 10 个大品牌和 20 个中端品牌。

之后，他精挑细选了些店铺，便和同事用了近半年的时间深入到每家门店现场互动“拉粉”。

接下来，他们根据自己的判断，一旦遇到合适的客户，便走过去主动搭讪，并递上印有二维码的名片，当场邀请客人关注，微信公众账号的私密性较强，一般不会有泄露隐私的后顾之忧，因此多数人也便不会拒绝。

最后，“糯米酒先生”便施展攻心术，要求免费邮寄一瓶给客户试喝，因而同时获得了客户的第一手信息，他们会根据实际情况适度开展电话回访，进一步获得情感上的认可，最终取得客户信任。

从消费心理学上理解，只要用户接受了试喝邀请，通常最终都会成为商家的客户，只是时间问题。如此反复坚持，“糯米酒先生”最终获得了 400 多位忠实客户，并在公众账号上建立了互动关系，如图 9.17 所示。

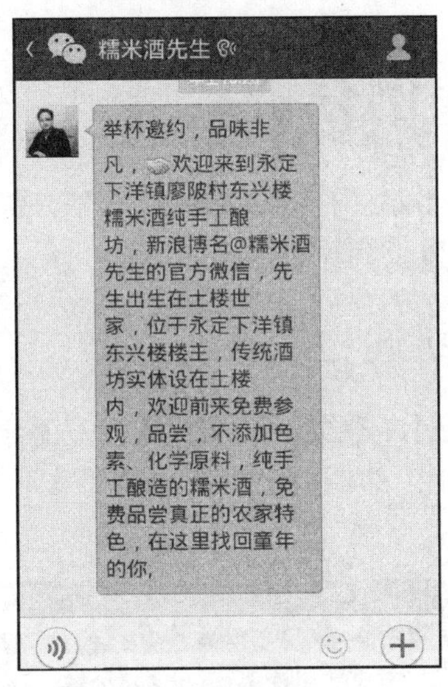

图 9.17　利用微信建立互动

第一批粉丝到手后，剩下的工作是继续广而告之。“糯米酒先生”从不放过任何一个曝光自己账号的机会，当客户来电咨询时，他会直接告知账号，邀请客户关注，当然还有“利诱”的引导，诸如折扣、抽奖或线下体验等。同时，所有产品的标签上都有二维码接口，一样是“利诱”客户关注。

从“糯米酒先生”的案例中，商家可以分析总结出如何营销自己，有以下几个方面的内容值得注意。

第一，线上内容。“糯米酒先生”并不着急在微信里做硬推销，他分析得很精准：“没有必要刻意推销产品，更重要的是沟通交流”，因此除了常规的酒文化介绍、酿造工艺等，还针对性地介绍糯米酒的喝法、功效、保健知识等，客户也会直接咨询或提出各种问题，他们便组织专人一一解答。

第二，线下活动。“糯米酒先生”及其团队会不定期组织线下体验活动，召集大家到客家土楼的酿造基地监督、考察，这也是调动粉丝参与的一种方式。

试想，在一个天气晴朗的周末，小夫妻带着孩子去体验客家土楼文化，了解传统酿酒工艺，也是不错的亲子体验。在活动结束后，客户都或多或少买些产品带回家，真是一举两得。

微信不仅仅是一个媒体平台，同时也是销售平台，或者是一个 CRM 客户关系管理平台，这里面有巨大的想象空间，任何一个想要创业的商家，都可以凭借自己的慧眼，深入挖掘，找准企业的营销定位，好好利用微信这个公众平台，进行营销，从中获得利润。

9.3 企业成功案例分析

进入到微信时代，大大小小的商家开始微信营销，成功与否，不一而论。本章重点解析经典微信营销案例，以供商家借鉴。

9.3.1 活动案例：凯迪拉克

说起企业的微信营销案例，不得不提及凯迪拉克基于 LBS 营销的成功经验。它借助微信，推出“66 号公路”的活动，对路况信息实时播报，更新及时，如图 9.18 所示。

图 9.18 凯迪拉克播报 66 号公路路况

播报路况并不是一个新鲜的途径，交通广播已经霸占这个领域许多年，尽管是在交通广播的眼皮下抢生意，但好在凯迪拉克的路况播报仅限 66 号公路，及时迅速为出行的人服务。这也是其优点，只针对一条路况信息的播报，避免范围大而出现信息不及时的情况。

凯迪拉克是率先开拓官方微信的豪华汽车品牌，在日常微信经营中，凯迪拉克除了通过微信公众平台的推送功能，将实时信息传递给消费者外，还充分利用关键词回复和菜单功能，形成一个自助式获取信息的平台。

如图 9.19 所示是凯迪拉克的微信服务，它与工作日值守的微信客服团队起到相辅相成的作用，为用户提供周到而贴心的服务。目前，它的官方微信已吸引近 5 万粉丝，并通过微信为品牌建立良好形象，为凯迪拉克微信粉丝营造出良好的用户体验。

图 9.19　自助式获取信息

众所周知，如今是个“速读”的年代，人们停留在一个网页上的时间会很短，在浏览网站时会以看图为主，凯迪拉克微信准确地抓住了这一特性，在“配置参数”栏中以可视化的图标形式为消费者们呈现，打破了常规的表格文字式惯例。例如用户想查看 XTS 的 CUE 移动互联体验，只需用指尖点击 CUE 图标便可足不出户查看信息，真正做到产品信息随身带。

9.3.2　活动案例：金六福

春运一直是一个重大的社会难题。面对“买票难”问题，很多白领“自谋出路”，开始寻求新的回家方式，拼车即是其中之一。

金六福的微信营销十分值得可圈可点，它举办了“春节回家互助联盟”，基于微信的社交属性，将公益活动的模式植入到微信中，采取了有奖报名的模式，设置了官方微信拼车报名活动，借助春运的热潮，社会媒体的报道，实现了空前的社会效应和品牌效益。

金六福“春节回家互助联盟”是国内首个由民间自发组织的“解决春节回家问题”的公益平台，已有超过 320 万人次的参与，春节互助拼车逐渐成为一种广受欢迎的回家途径。

2013 年 1 月 20 日，适逢春节来临之际，第三届金六福“春节回家互助联盟”在广泛关注中起航，并于广州、北京、上海、青岛、长沙五城同时开启，春节回家互助拼车的热潮正式来袭。

活动主要由腾讯微信和金六福“幸福公社”联名举办，采取通过微信报名的方式，成功报名前 100 名的幸运儿，将获得价值 328 元的绵柔金六福金瓷 1 瓶。图 9.20 所示为金六福“幸福公社”的图标。

图 9.20 金六福幸福公社图标

微信作为新兴的手机通信模式，具有较强的社交属性。此模式有赖于微信的庞大受众，依托于金六福强大的公司实力，借助春运回家买票难的大背景，适时推出，并在各大媒体进行曝光报道，立即引发强烈的社会反响。

这种模式借助微信公众平台，受众自发发送信息给予官方平台账号运营者，由运营者进行统计和整理，方式难免烦琐。商家可以借助开发自定义回复接口，与企业网站的报名系统打通，或者是更进一步，直接在里面完成输入“出发起点—到达终点”，自动弹送出春运拼车的该路线的信息以及人员。如果能实现此效果，将有效减少人力成本的投入，增强微信粉丝受众的黏性以及互动程度。

由此还可以看出，微信营销绝对不是单一的营销方式，还需要借助各种营销以及推广方式进行最大限度的曝光，最终达到企业营销的目的。

9.3.3 活动案例：中金在线

中金在线定位于做全国领先的网络财经媒体和权威的投资者服务平台。公司依托强大、先进的金融信息数据库、用户信息数据库和千万访问量确立了国内财经垂直网站领先的地位。

中金在线的成功关键词是“财经简报”。中金在线看得到财经新闻，查得到大盘指数。每天推送精选财经信息，提供各类投资服务。只需通过微信发送个股名称或代码，1 秒即可查询股票行情，轻松便捷省流量。图 9.21 所示为中金在线的微信服务界面。

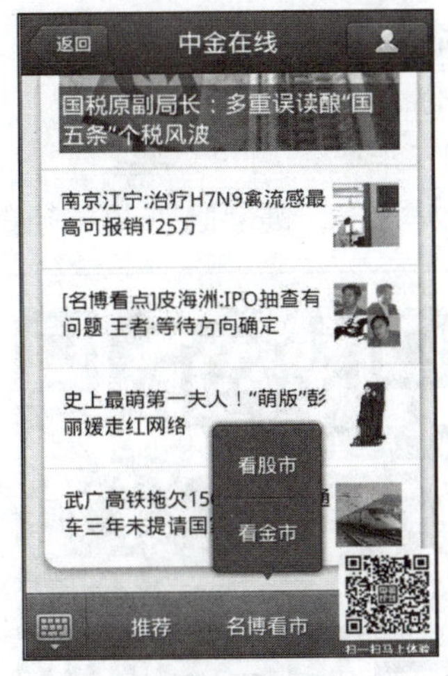

图 9.21　中金在线微信服务界面

用户添加关注之后，就能在第一时间查看最新的财经新闻，掌握第一手的金融讯息。它的实用性强，锁定目标用户群，致力做领先的网络财经媒体。图 9.22 所示为中金在线的微信二维码。

图 9.22　中金在线微信二维码

9.3.4　活动案例：慕思

慕思借助微信公众平台，发布调研需求活动，通过 HTML5 技术搭建专业页面，并借助社交网络，支持 QQ、微博登录，无缝对接调研系统，从而完成调研需求。

通过微信服务，慕思建立了“健康睡眠专家”公众账号，并且通过了公众平台的认证。借助微信，慕思成功地举办了一场“慕思睡前大调查”活动，具体内容如下：“曾经一场好觉摆在我的面前，我没有珍惜，直到睡不着才后悔莫及，上天终于给我一个机会，让我重新修炼睡商，争取早日脱‘困’。快来参与慕思睡商大查看！兰博基尼限量版奖品，iPad mini 等你带回家！”

图 9.23 所示为慕思的微信二维码，用户只要扫一扫，就能添加关注。此次活动围绕慕思的产品特点，从符合广大受众的健康睡眠角度搭建，取得了不错的效果。

图 9.23　慕思微信二维码

此模式利用微信提供的“查看原文”跳转链接，用户点击后会跳转到企业独立的微信官方 HTML5 网站(该网站经过独立的开发和网页功能及交互设计)，依托于微信的庞大用户基数，通过微信推送给微信粉丝，完成调研需求。

那些抽奖活动、调研活动、注册行为、编辑行为等，都是借助微信完成宣传，并通过线上打通线下。微信的链接跳转为企业的微信营销打开了窗口，也是营销成败的关键因素。借助更丰富的页面展现、产品介绍甚至用户的互动，实现企业的销售目标抑或是品牌的曝光度。图 9.24 所示为慕思的微信服务。

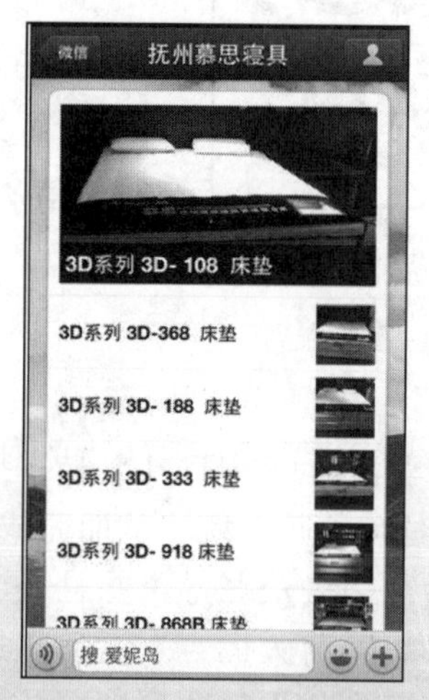

图 9.24　慕思微信服务

在此，专业人士建议，微信公众账号运营者在微信公众账号的内容推送之余，也要做好内容的承载页面，需要给予承载 HTML5 页面高度的重视。

9.3.5 活动案例：飘柔

当人工与语音相结合，这条路能走多远？微信用户超过 2 亿人了，当大部分品牌在纠结微信创意的时候，宝洁旗下飘柔走了另外一条路：采用人工回复还提前录制了歌曲，不仅可以与网友聊天，还将平台语音功能发挥到极致，满足网友对点唱的需求，如图 9.25 所示。

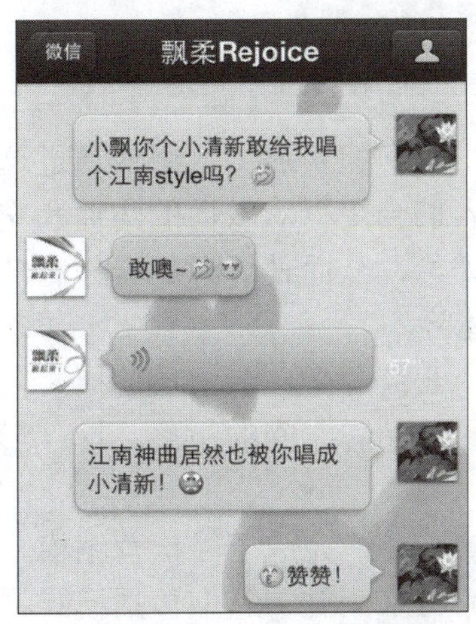

图 9.25 飘柔的点唱服务

飘柔专注于用户的高度参与，以点唱形式密切互动，这会是未来微信营销的道路之一吗？

现在微信开放平台已经提供了基本的会话功能，让品牌用户之间做交互沟通，但由于陪聊式的对话更有针对性，所以品牌无疑需要大量的人力成本投入。

用户只要添加“飘柔 Rejoice”为好友后，就可根据选择进入聊天模式，真人版对话式微信，和既能聊天又能唱歌的小飘交流。

9.3.6 活动案例：绿源

近几年，随着科技的发展，品牌推广的形式也不断得到创新，更多新颖的形式被运用于传播与推广并在微信公众平台出现后，绿源电动车率先申请了公众平台账号。在电动车行业，绿源成了首个拥有微信平台的企业。图 9.26 所示为绿源的微信二维码。

图 9.26　绿源微信二维码

虽然在终端的呈现上，微信是一个交流的工具。但实质上，微信通过这个公众平台提供的，是一个去中心化的互动平台，因为人们会更喜欢双向的沟通和交流。利用微信平台，任何人可以接收、发布信息和及时评论，从而使绿源的合作客户、经销商以及消费者在这一平台之上，进行完美的互动体验。

因此，绿源利用微信平台，建立了一种与产业链各个环节互动的模式，特别是与年轻消费者实现了亲密接触，拉近了消费群与绿源品牌之间的距离，这一形式也必将被大家所接受，并实现很好的价值。

绿源作为电动车行业第一个开通微信平台的企业，完成了一次营销模式的完美创新，这是绿源品牌推广形式的创新。相信不久的将来，这一新型传播模式将被行业内其他企业所竞相模仿，而绿源作为第一个吃螃蟹的人，也乐于推广这一新模式，为行业的营销模式创新作出一定贡献。

第 10 章 步步为赢，微信营销大诀窍

学前提示

微信营销作为时下最热门的网络营销模式，只有依靠粉丝，才能在厚积薄发之后为自己的品牌创造二次传播的效果。那么，如何达到品牌营销的最佳效果呢？

要点展示

- 营销第一步：抓住受众眼球
- 营销第二步：策划受众互动
- 营销第三步：掌握营销法则
- 营销案例，解析营销秘诀

10.1 营销第一步：抓住受众眼球

商家利用微信营销最核心的目标就是获取用户，挖掘潜在的购买力，所以微信公众账号的一切运营都要围绕着这个目标进行。

怎么抓住受众的眼球呢？企业微信要做的就是打造清晰明确的核心卖点。比如加多宝，用户看到品牌就会想到凉茶，如图 10.1 所示；而提到劳力士，用户就知道是手表中的奢侈品。企业树立这样的“标记”很重要，就像比尔·盖茨，人们知道他是世界首富，没有人会说他是科学家，因为他给人的印象就是世界首富。

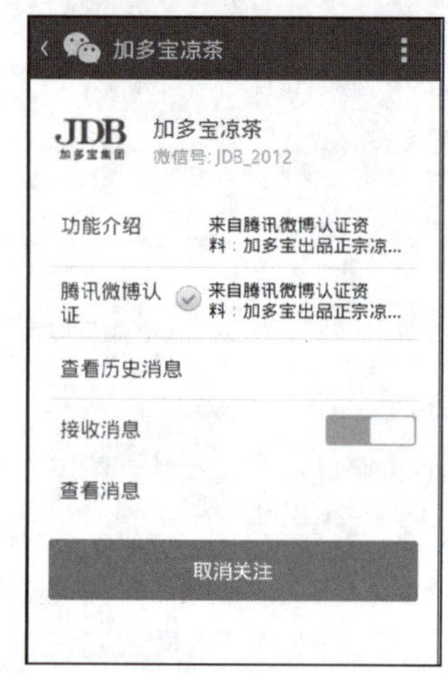

图 10.1 加多宝微信

一流的企业都不是销售产品或服务，他们都是销售其在消费者心目中的印象。换言之，企业需要去找到一个专属的字眼，深入人心，让用户牢牢记住，这就是定位。

10.1.1 定位必须准确

不同的行业，不同的产品有着不一样的经营方法。微信营销，它借助微信这个移动互联网的战略级平台展开，但是，它也并不是适用于所有的行业和所有的产品。

企业和个人跟风投身微营销，原因大致上有两个：第一，希望尝试这种新的营销方式为企业或个人获益；第二，跟上趋势。这说明大家是愿意接受新鲜事物愿意学习的，这本是一件好事，但是不少商家盲目跟风，没有任何专业知识，也没有任何策略。

聪敏的跟风者也许会获得成功，但是盲目地跟风只会浪费钱财。每个企业都应该考虑清楚，所在行业适不适合做微信营销？有没有人做微信营销？准备怎么做微信营销？想要达到什么效果？目标用户是否在微博、微信？

1. 根据商业目标定位

企业微信该怎么定位呢？首先，根据商业目标定位。每个行业都有自己的特点和要求。因此它们的营销目标也不可能相同，那么企业微信在定位的时候，就不能人云亦云。

比如苏宁和聚美优品，虽然两家网站都是主打网上购物，但是这其中差别也很大：苏宁主要是做电器电子这一块，因而它的目标用户群是知识分子、上班族、家庭主妇或者电器商，他们对电子产品的需求比较大，如图 10.3 所示为苏宁的微信二维码。

图 10.2　苏宁微信二维码

而聚美优品则是将精力主要放在化妆品上面，它最大的消费群体无疑是女性，而且有相应的年龄段，如图 10.3 所示为聚美优品的微信二维码。

图 10.3　聚美优品微信二维码

两者商业目标的差别，就决定了两家网站的定位不可能相同，苏宁将自己定位成

最大的电器供应网站，而聚美优品的定位则是全国唯一一家正品保证的美妆网。

2. 根据经营模式定位

除了商业目标，不同的经营模式也决定了企业不同的定位。艺龙旅行、招商银行、南方航空等企业就是很成功的范例。

这些服务性质的企业把微信作为一个服务用户的工具，用户主动的体验服务，方便快捷，比如招商银行查余额、南方航空值机手续等。如图 10.4 所示为南航服务式营销的发展历程。

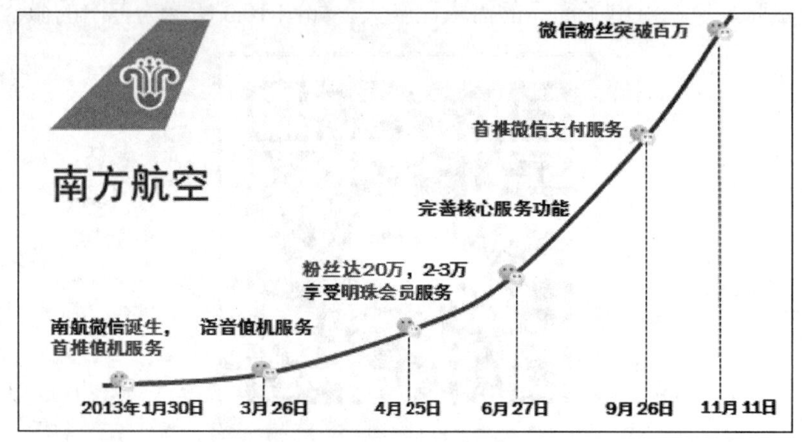

图 10.4　南航微信平台发展历程

这样，企业就把自己定位在服务，营销反而在其次，这实际上是以退为进，用户在体验周到的服务之后，自然也就成为企业的忠实粉丝。相比之下，那些靠信息群发来主动营销的方式不受欢迎也不会长久。

从广义上讲，微信公众平台就是一种客服工具，因此大多的商家也就采用工具化的模式，将企业定位成广告推送方，或者是活动发布方，这种定位自然与服务式截然不同。

3. 根据产品特色定位

当然企业微信要精准定位，并不拘泥于某个固定的套数，服务式营销固然人性化，更受用户青睐，但它也并不适用于所有的行业。

对于广大投身微信营销的商家而言，最好的方法就是深入了解自己的产业特色、产品特色，有针对性地进行定位。比如手机产商，就应该根据手机的功能，锁住不同年龄层的用户，进行一对一宣传。

如图 10.5 所示为小米手机的微信，和其他手机的广撒网方针不同，它巧妙地避开与同行的竞争劣势，精准定位自己的客户群，将目标瞄准年轻一族，把握年轻人的心理，打造自己的产品特色。

图 10.5　小米微信

10.1.2　内容要吸引人

营销要求内容为王，不管是以前的网络营销，还是现在的微信营销，这都是一个永恒不变的真理。

微信作为新的信息传播媒介，它对内容营销的价值是显而易见的。首先，传播的内容包罗万象，而且信息量大；其次，信息的载体除了文字之外，还包括其他各种多媒体形式，可选择性大。如图 10.6 所示为一项关于微信内容的比例调查。

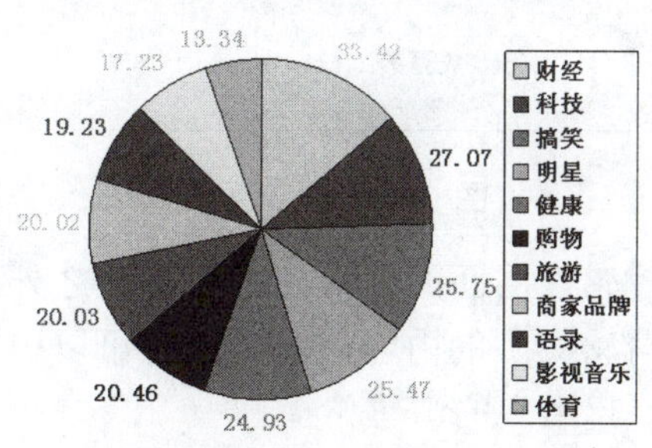

图 10.6　微信各种内容比例

在进行内容营销之前，商家必须懂得一些内容策略。内容策略从字面的意思来看，可以理解为指导企业微信如何精选题材，如何精编内容。同时，它也指导企业如何通过发布合适的内容，来实现商家预定的营销目标。

企业的微信营销人员进行的最直接且最重要的一项工作，就是通过微信发布信息，而商家所发布的信息必须经过认真的思考和衡量，要从用户的心理和企业目标的角度出发，考虑各方面的问题，尤其是中小企业。为了吸引其他用户的注意，微信营销发布的信息必须遵循“3I 原则”。

1. 有趣(Interesting)

有趣，即内容要有足够的新意，有足够吸引人的地方。营销人员需要花足时间巧妙地构思微信营销创意，当然创意和新意总是有限的，但微信发布的内容至少要使得企业的微信主页面信息不至于空洞无聊，特别是要防止发布硬性广告性质微信，此类微信不仅得不到关注，反而会引起普通用户的强烈反感。

如图 10.7 所示为借助对品牌的调侃来完成宣传，将广告变成小段子，让用户在轻松一笑中接受品牌。

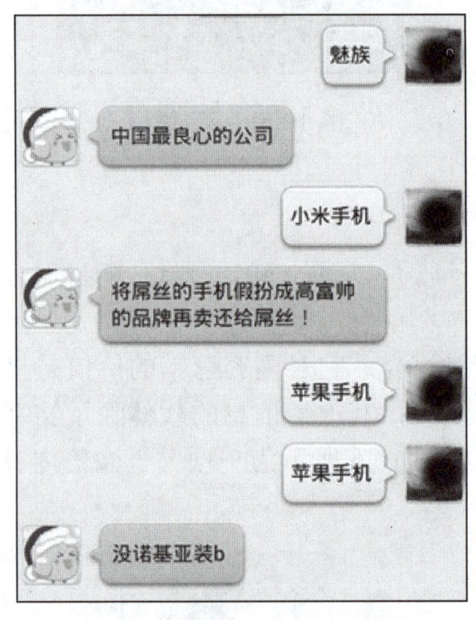

图 10.7　趣味微信

所谓的趣味性是指比较感性层面的内容，除了有趣之外，感动或激励也可以归在这种类型。也可以通过“情感类”的内容，此类内容可以引发普通用户的情感上或者心理上的共鸣，这样就会引起用户的情感传播。

2. 利益(Interest)

这里所说的利益是指对用户有利益、有用、有价值的内容，也就是说，商家所发布的内容具有一定的实用性，能够向用户提供一定的帮助，既可以是提供信息服务、传授生活常识、利用视频课程帮助用户解决困难，也可以向用户提供促销信息或者折扣凭证、发放奖品等。总之，要使用户能够从微信中获取某种形式的利益，他才会成为企业的追随者，如图 10.8 所示。

图 10.8　以利为诱饵

3. 个性(Individuality)

个性是最难把握的一个原则，企业发布的微信内容要自成体系，在报道方式、内容倾向等方面要有特点并能长期保持这种一致性，才会给用户一个系统和直观的整体感受，使企业微信比较容易被识别，与其他微信公众账号“划清界限”，个性化的微信可以增强用户的黏性，使用户持久关注。

10.1.3　活动才是重点

互动十分重要，无论是对大品牌企业还是小品牌企业，商家都需要做好优质内容，通过微信为老用户或者新用户提供更多的有价值的服务，并且与他们互动。增加用户黏性是非常重要的，也是非常有必要的。

单纯地发布硬性广告和软文对粉丝的转化率基本为零，所以要学会用这种朋友交流的工具以朋友互动交流的方式来进行传播。商家可以进行一些有新意的活动，这样企业的微信营销就更像是一个浪漫的交友活动，能极大地提升对消费者的吸引力。

为了让整个活动更具有延续性和主动传播的动力，企业可以将漂流瓶打造成真心话分享站，让参与活动的受众用自己的故事为品牌传递影响力，当然，要随机赠送礼品以激发消费者的主动性。如图 10.9 所示，在实际操作中，这种活动的粉丝抓取力还是非常不错的。

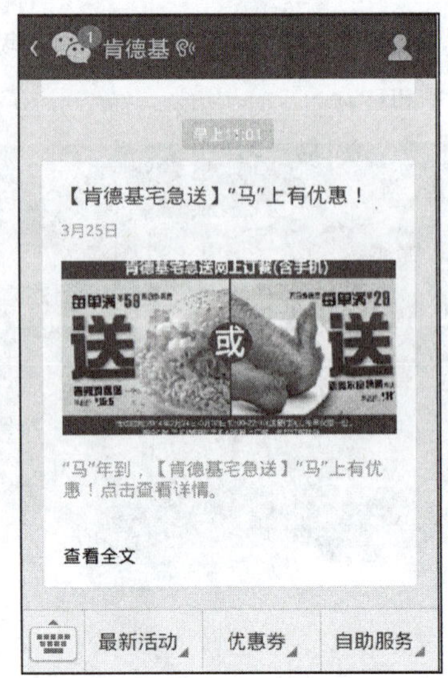

图 10.9　微信活动互动

10.1.4　游戏也有妙用

玩过微信的用户大概都玩过“抢红包”、“打飞机”等游戏，如图 10.10 所示。这些游戏并不算新奇，除了这些，微信旗下还开发了很多有趣的小游戏。

图 10.10　微信“打飞机”游戏

用户还在沉迷于这些游戏带来的欢乐时，不少商家已经将营销的目光转向了这些不起眼的游戏。以乐跑手环为例，它尝试社交化营销，在微信上开发了首款购物游戏“极速秒购”。

“极速秒购”是由腾讯和 Groupon 旗下高朋网的微团购部门策划研发的一款购物类应用，如图 10.11 所示。该产品目前可通过微团购公众账号左下角的自定义菜单进入，然后通过微信联合登录进入游戏。

图 10.11 极速秒购

为何会选择在微信上的首款购物游戏进行首发呢？乐跑方面负责人表示，一方面“极速秒购”的用户群和乐跑存在高度重合；另一方面它改变了移动购物的玩法，适合乐跑手环这种前沿性、智能化的新产品来进行售卖。

“极速秒购”每日推荐的产品，均来自于开通了微信公众账号的商家。这些商家在极速秒购平台上推广自己产品的同时，还可以展示自己的微信公众账号。对商家来说，这款购物游戏让其品牌公众账号瞬间化身成为“微信店铺”，商家能够方便并且直接的触及用户，从而积累品牌粉丝，服务客户。

10.1.5 认证显示身份

现在微信公众平台可以进行微信认证，通过认证之后，企业的微信公众平台就会多了一个认证的图标，如图 10.12 所示。那么，微信认证有什么好处呢？

第一，微信公众平台通过微信认证，会增加用户的信认度和体验度，具有微信力的账号自然能吸引更多的客户关注。

第二，微信公众平台通过认证后，服务号就会自动打开高级接口中的所有接口权限，这样二次开发功能将会大大增加用户的体验度。订阅号马上会打开自定义接口权限，借助这些接口的开放，商家的微信公众平台会做出有别于其他的服务号或者订阅号的特色来。

图 10.12　微信公众账号认证

第三，高级接口会自动获取用户信息。在语音识别接口中，用户发语音消息时，此功能会给出语音识别出的文本内容。

第四，有了客服接口高级功能，用户发送消息后的 24 小时内，公众号会及时回复用户的提问，高效便捷。

第五，可以定位用户发消息时的方位，也就是用户的地理位置。公众号可以获取用户的基础信息，用户的头像、称呼、性别、地区等，还会获得 ID 号。

第六，之前很麻烦的用户不能分组，认证后是可以对用户进行分组的，可以移动用户分组，也可以创建和修改分组。同时公众号还可以在微信的服务器上上传和下载多媒体文件。

10.1.6　关注微信 CRM

微信以其 4 亿用户和强大的互动性和即将开通的支付功能，引起旅游、会展、电商、游戏等行业的变革，当然 MTC(生产商检测证明)的专家成员都认为媒体和 CRM(客户关系管理)这两个领域也将是首当其冲。

以国内运用微信的广播电台先驱 FM93 为例，2012 年，FM93 还主要将微信当做一个内容推送的渠道和与听众互动的桥梁，现在已经在思考如何通过微信为听众提供更多的服务，如何创造新的交通信息服务模式，以及创新盈利模式。如图 10.13 所示为 FM93 交通之声的服务页面。

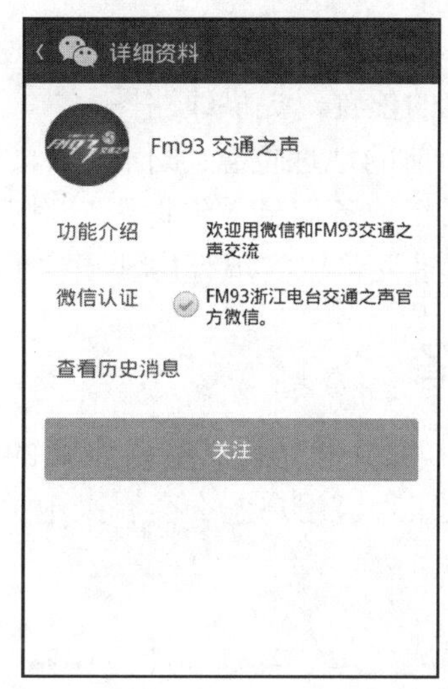

图 10.13 FM93 微信

微信对接企业 CRM 系统已经成为趋势，不少企业账号在微信公众平台上进行了自定义接口功能，这个接口可以接入任何公司的 CRM 系统，公众账号背后的企业将能够通过这个接口为用户提供更个性化的服务(说明：这里的企业还包括生产型行业、本地服务行业、媒体、明星、草根、App 开发者等)。

目前微信上的公众账号已经从单一的以推送信息和做客服为主，向深化自定义回复、第三方接口等功能发展。有了这个第三方接口之后，这些公众账号能够实现的功能就有了无限的想象空间。比如如图 10.14 所示的“订酒店”账号。

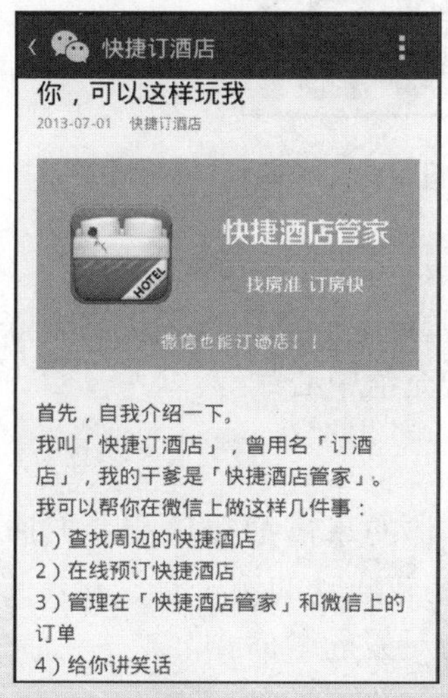

图 10.14 订酒店微信

它不仅提供酒店入住服务，让用户在手机上轻松快速的解决手续问题，而且提供LBS定位，根据用户发送过来的位置，提供线路图。

当用户在微信中把自己当前的地理位置(微信可以直接发送地图信息)发送给“订酒店”之后，“订酒店”会回复一条信息，告诉用户附近有哪些酒店可以预订，并提供订房的费用和电话号码，而且还可以实现订房和退房的功能。

10.1.7 特色账号域名

要想吸引住用户的眼球，除了内容和活动，企业的账号域名也是很重要的，试想，一个没有任何特色的企业账号，用户怎么会有兴趣关注呢？

1. 直呼其名法

所谓直呼其名法可以理解成“是什么就称呼为什么”，比如天猫微信名就叫“天猫”，“杜蕾斯”、“南航”等微信账号，都是直接采用了企业名。如图 10.15 所示，“江南晚报”也是直接采用了报纸名。

图 10.15　江南晚报微信二维码

2. 功能实用法

商家可以将其理解为用途或者功能，比如对于“酒店助手”这个账号，用途就是订酒店。其他如“艺龙旅行网”、“QQ 网购充值中心”等。

3. 形象取名法

这种方法是指利用形象化的手法，把具体的事情抽象化或者把抽象的事物具体化，可以用拟人、比喻等修辞手法来实现。比较成功的例子有“拇指阅读”、“电影工厂”和“对爱”之类的。如图 10.16 所示为对爱的微信。

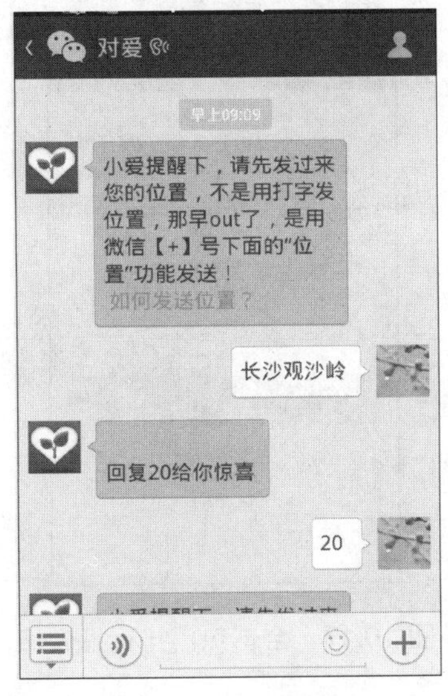

图 10.16 对爱微信

4. 垂直行业领域取名法

这种方法操作起来很简便，通常的方法就是行业名加用途。比如“电影商学院”、“百度电影”、“豆瓣同城”和“微杂志”等。

5. 提问式取名法

这个方法有点类似于你问我答，比如“今晚看啥”，它实际上是一个介绍电影的公众账号，帮助用户发现喜欢的电影；“什么值得买”，则每天发送经过精选的当天发布的网友投稿、消费提示或精品促销信息。

6. 百科取名法

百科这个范围比较广，也为人熟悉，所以不少微信取名总会跟它有着千丝万缕的联系，看看下面的名字就知道了。“超级实用小百科”、“糗事百科”、“健康生活百科”，以及“热门生活百科知识”等，既容易提升关注度，又方便记忆。

7. 另类取名法

新鲜、好玩、有趣，只要是有个性的，能吸引用户的，商家都可以考虑。比如“穿衣搭配小助手”，教用户穿衣、搭配；“笑话英语”让用户在娱乐中学习英语；“全球热门排行榜”分享全球最新鲜、时尚、有趣的话题。如图 10.17 所示为“全球热门排行榜”的微信。

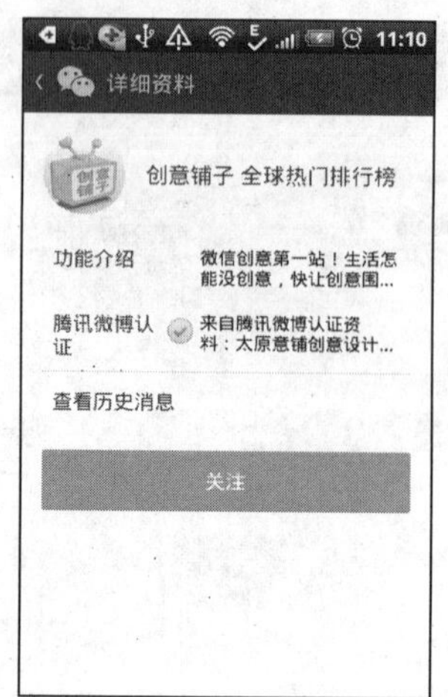

图 10.17　全球热门排行榜微信

8．其他取名方法

建议从生活、地域入手，下面的几个微信或许会给商家灵感。“搞笑集中营”、“56 音乐下午茶”、“爱情语录”、“全球时尚圈”、“天气妹”等。如图 10.18 所示为“经典语录”的微信二维码。

图 10.18　经典语录微信二维码

除此之外，企业微信取名还可以采用区域加产业的方式，如“杭州房产”、“郑州吃货”等。或者根据阅读类、体育类、电影类细分入手，或者从最酷、最好玩、最时尚的为切入点入手，或者从最新资讯、娱乐时尚、轻松笑话、读书学习、实用小工具等入手，或者从健康、天气、职场、音乐、热门等入手。总之，就是要有趣，好记、生活化。

10.1.8 好看的二维码

二维码最早进入到大众的视线是火车票右下角那个小小的方格，渐渐地，电影票、飞机票也逐渐应用二维码。现今智能手机的普及，让用户拿着手机就能扫描各处的二维码，解读其中信息。

由于智能终端的出现，3G 时代的来临，网络运营商的发展和百姓对二维码认知度的提升，二维码现今正处在一个爆发式发展阶段。处在微信营销大潮中的企业和商家更是紧随二维码的脚步，纷纷开发了独属自己的二维码。

但是这看似大同小异的二维码也蕴含了大大的玄机，二维码的开发成本低，技术要求含量也不高，因此几乎所有的企业都开发了二维码，那么，如何让自己的企业二维码在众多的二维码中脱颖而出呢？

商家可以考虑在这方面多下功夫，让自己的二维码带上特色，如图 10.19 所示，既外观好看，能吸引受众的眼球，同时又能体现企业的文化，这也是一种变相的宣传手法。

图 10.19 具有特色的企业二维码

10.1.9 看重线上整合

线上活动是指依托于网络的，在网络上发起，并全部或绝大部分在网络上进行的活动，它在网络上发布活动信息，募集活动人员，完成流程。

一般来说，线上活动的策划案分为两个大类——创意案和执行案，两者既有联系又有较大的区别。创意案是执行案的基础，创意案只需要展示出活动的基本思路、想法，而执行案则需要详尽地展示出活动的细节。

线上活动无非是两个方面的目的，一是增加销售量，二是提升品牌知名度。企业需要把握最主要的目的来设计整个活动的细节，才能达到活动的效果。如图 10.20 所

示为康师傅集团在它的微信上展开的和粉丝互动活动。

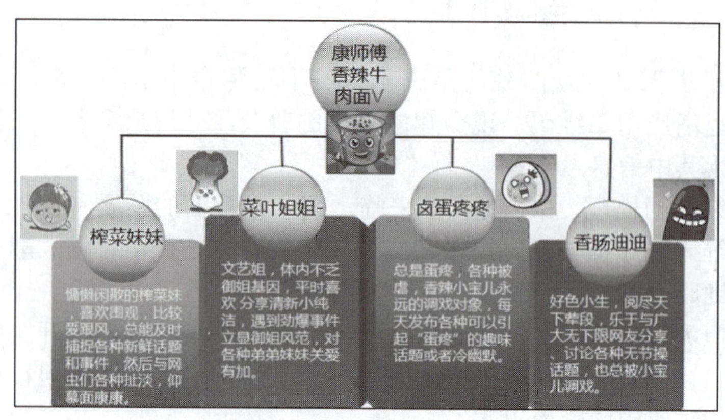

图 10.20　康师傅线上活动

10.1.10　兼顾线下整合

商家在线下活动里引入微信，可以形成一个完善的社会化营销闭环。其大致流程如下。

(1) 利用线下资源优势，策划活动形式，结合商家目标和用户需求，可以是试吃会、交流或演讲会、产品发布会，甚至是野游等，只要能引导商家和用户两者良性互动，各种形式都可以考虑。如图 10.21 所示为最简单的活动广告展览。

图 10.21　微信线下活动

(2) 利用社会化媒体发布消息，吸引粉丝参与活动，如在微博、豆瓣等发布消息。

(3) 预先在微信中植入活动互动环节，简单的可以直接编辑，复杂的则需要后台制作。

(4) 线下活动时，引导用户扫“二维码”关注公众账号，来触发“活动内容”，用微信引导活动进行。

(5) 活动结束后，商家要好好维护那些新获取的客户，再次回归线上，让用户成为商家的忠实粉丝。

10.2 营销第二步：策划受众互动

微信互动运营策略具有很大灵活性，可以最大化地调动客户的积极性。但是从事微信互动活动策划的人员，更需要积极地对各种问题进行及时的处理，灵活运营才是王道。

10.2.1 栏目设置要贴心

企业微信内容栏目的设置是一个非常重要的问题，栏目的规划可以结合品牌特点以及品牌想传递的信息来分类。不仅仅是企业，任何想玩转微信公众账号的个人都要考虑“栏目”的问题，其实就是考虑目标人群的需要，用户希望看到什么，商家就要对症下药，顺应粉丝的阅读期待和选择，这样，用户的体验才会更好。如图 10.22 所示为“FM93 交通之声”的栏目设置。

图 10.22 “FM93 交通之声”的微信栏目设置

一般来说，企业在设置栏目时都会以产品、资质、获奖、联系方式等多个方面进行设置，这就无须赘言。商家要重点考虑的是怎么让粉丝看到这些栏目，除了每天的群发推送告诉粉丝有这些栏目，还要考虑粉丝如何能一下看到这些栏目，这也就是关键词的设置。这要求商家根据粉丝的需要，做出相应回应，比如粉丝说“资质”，就可以向其展示有关企业资质的内容页面，总之是越细越好。

10.2.2 栏目内容要用心

每一个微信运营人员不得不思考这样的问题：企业微信发什么内容，什么时候发，要不要和粉丝互动，用什么语气等。从微信内容定位，内容筛选，内容编制，再到内容执行，企业需要从四个方面做详细考虑。

在开设微信账号之前，除了首先要做好基本的企业如何形象定位以外，内容的规划也是重中之重。正如行军打仗中，兵马未动粮草先行的策略，微信的内容规划就好比其中的粮草，没有充足的粮草支撑整个军队，后面的战术布置纵使精彩绝伦也会变成口头战术。所以，在规划微信的过程中，对内容选取范围的制定上应当细心用心，后面的运营才能省心放心，下面笔者将重点分析内容定位和内容筛选。

1. 内容定位

定位是微信内容规划时最先需要做的，可以帮助企业了解自身的情况，同时结合微信的属性做出适当的调整。

如图 10.23 所示为蒂芙尼的官方微信。蒂芙尼一直致力于品牌定位，将自己打造为顶级奢侈品牌，因此，它推送的内容也是针对用户而定制的。

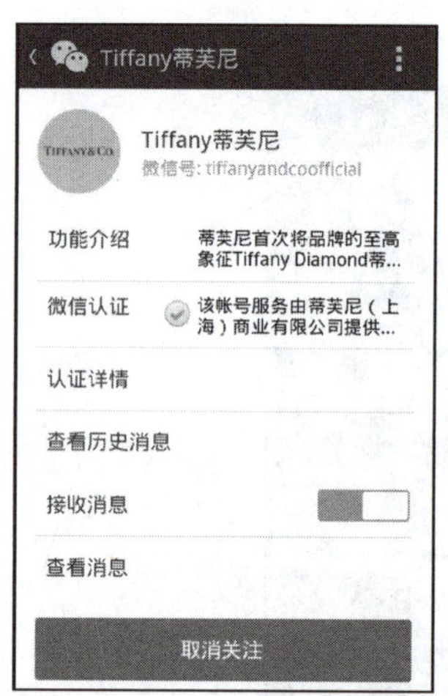

图 10.23 蒂芙尼微信

在内容定位过程中，企业需要结合原本做好的品牌定位总结出品牌的简单调性，也就是品牌定位下目标消费者对品牌的看法或感觉。

例如企业的品牌调性是“年轻无极限，给爱挑战生活向往自由的你一片属于自己的天空”，那么品牌调性的关键词就是“年轻”、“刺激”、“自由”等。利用品牌调性，结合品牌自身的受众，商家就可以总结出品牌的内容个性，说明企业品牌的微信内容在风格上需要展示一个青春有活力的形象，而在内容选取上就要适当倾向和大家分享一些积极向上的微信信息。

如图 10.24 所示，美团网的内容就定位在各类商品的团购信息。如果企业有多个品牌需要规划内容，可以根据品牌属性对品牌账号进行分类，分好类别后再进行关键字定位。

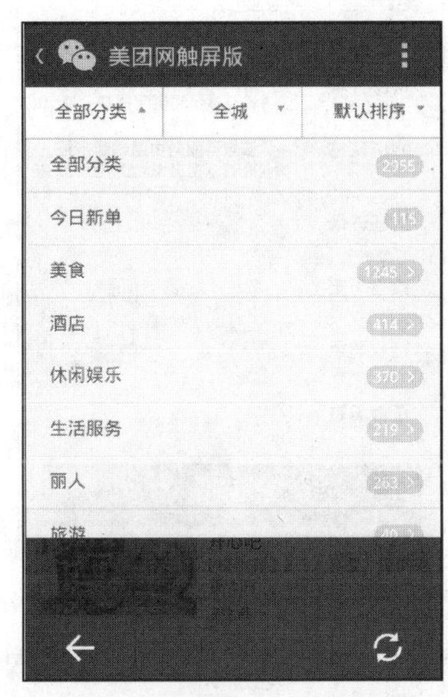

图 10.24 美团网的内容定位

内容个性就是我们所要总结出来的内容定位，在后面的内容筛选中，则要结合内容个性进行有效选取。企业的不同品牌所体现的内容个性可以有所不同，异同个性的品牌之间互动会增加更多看点，但是整体风格还是需要依照企业的形象去设立。

•专家提醒

品牌关键词和内容个性关键词十分重要，内容筛选、内容编制和内容执行等环节都是建立在这个基础上的。

2. 内容筛选

在做好企业微信内容定位后，结合所设定位，接下来就要进行内容的筛选，制定范围和标准。通常，发布微信信息是为了吸引用户的注意，以增加用户的黏性和适当体现品牌的价值，不同的微信消息可以有不同的特性，就内容而言，可以从下列 6 个方面对其进行筛选。

(1) 内容的关联性。企业不能轰炸式的推送消息，什么内容都向用户推送，这样只会造成适得其反的效果。企业在选择发送内容时，应该选择和用户自身具有关联性的，或者是利益相关，或者是兴趣相关，或者是地域相关的内容。总而言之，只有和用户相关的信息，用户才会感兴趣。如图 10.25 所示，吃货团微信信息都是和用户

"吃"的需求关联，因而能吸引广大用户的目光。

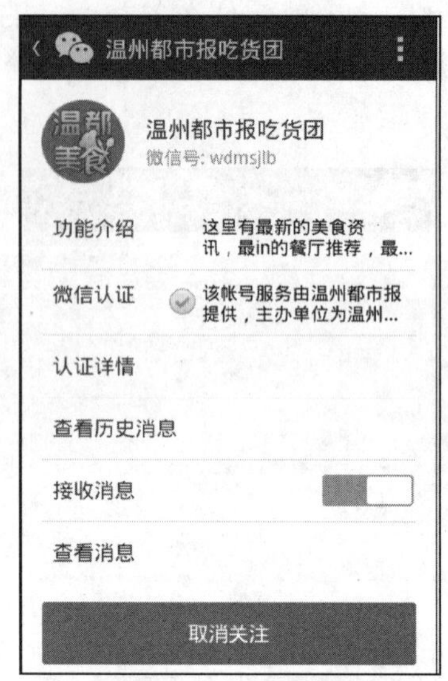

图 10.25　吃货团微信

(2) 内容的趣味性。兴趣永远都是吸引用户的最大因素，这里不做重复的分析，商家要想牢牢抓住每位用户的心，就要先挑起对方的兴趣。

(3) 内容的实用性。站在用户的角度，对自己使用的东西，他们永远抱着最大的兴趣与参与热情，商家可以多发送一些小贴士。

(4) 内容的多元性。如果一个企业的公众账号总是推送文字，或者总是推送一些图片，即便再精彩，日子久了受众也会产生审美疲劳。因此，企业微信需要随时调整自己发送的内容，做到多元化、精彩化、个性化，视频、图片、文字等多种形式配合使用。

(5) 内容的一致性。企业要做到每条微信尽量表达同一个主题，这样让粉丝容易接受，不会因为错过一两条微信消息而感到云里雾里。

(6) 内容的互动性。互动性是联系用户和商家的关键，商家推送内容或者举办活动，最终的目的都是为了和用户交流，如图 10.26 所示。

综上所述，内容的筛选对微信的互动起着重要的作用。内容体现价值，才能引来更多粉丝的关注和热爱，而且微信的质量不是从粉丝数的多少来体现，和粉丝的互动情况才是最为关键的判断点。

除此以外，企业微信公众账号在筛选内容的过程中，应尽量避免一些有政治或者宗教倾向的内容、未经证实的内容和极具评判性且带个人感情色彩的内容。人性化的微信也需要顾及企业的品牌形象，对于一些"踩过界"的内容即使能迅速增加品牌的曝光度也尽量不要轻易触碰，否则可能引起负面效果。

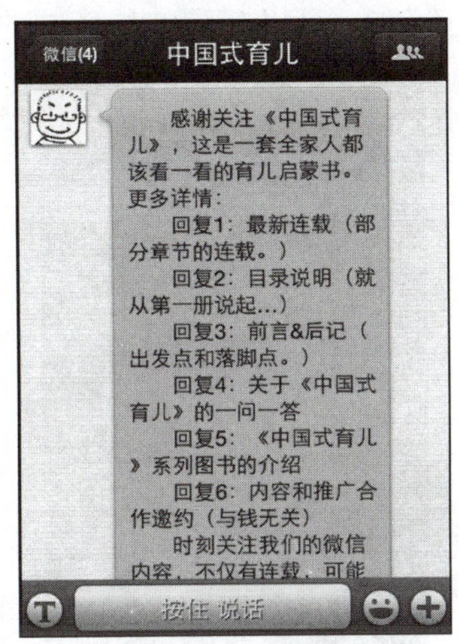

图 10.26 微信互动

10.2.3 活动策划要知心

长期相似内容的推送，会引起受众的审美疲劳，从而降低活跃性，新奇有趣的活动可以保持用户的活跃度，增加互动。所以，除了日常的推送外，商家还需要策划一系列的微信活动。

1. 活动频率

一般建议按照每周、每月来划分，这样比较符合用户的习惯，也方便用户安排时间。商家举办的活动不要太频繁，否则，受众可能失去新鲜感，对活动的优惠和奖项减低心理期望，从而降低参与度。

值得一提的是，商家在宣布活动结果时，可以顺便预告下周活动，一来可以起到承上启下的作用，二来可以安抚没有中奖的客户。

2. 活动形式

商家策划的活动，尽可能要符合自身店铺利益，所有商家的最终目的都是实现盈利，因此，活动的策划也要紧紧围绕这个主题，商家可以借鉴以下形式。

(1) 微信答题。商家提出的问题最好和店铺相关，让用户返回到店铺寻找相关答案，加深对店铺的印象，加强店铺品牌的认识度。

(2) 微信签到。在活动现场借助二维码签到，既可以让用户关注企业公众账号，又能扩大影响效果。连续签到，或与公众账号聊天满多少天，商家可以赠送神秘礼品或优惠券，以此调动用户的积极性。

(3) 转发介绍给朋友。将公众账号加上自己的祝福语转发至朋友圈，这属于裂变

式传播，经过熟人在朋友圈内发布，可以起到宣传店铺的效果，如图 10.27 所示。

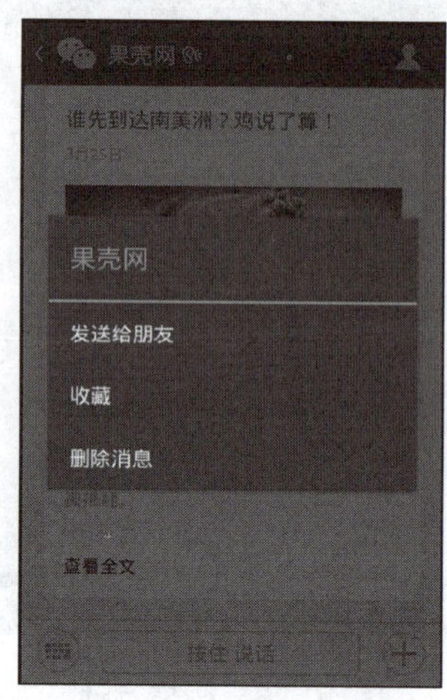

图 10.27　微信转发至朋友

(4) 为店铺画皇冠。让用户为公众账号画皇冠并附上祝福语，可以宣传打造店铺文化，同时具有娱乐性和观赏性。

(5) 线上线下整合。用户通过二维码扫描，关注商家发布在微信平台上的活动信息，产生兴趣，然后到实体店去参与，领取奖品。

10.2.4　活动流程要费心

对于微信营销，大家都很看好，也知道必须切入微信，涉及如何开展也都大概有了概念，但是具体活动如何策划？怎么做效果最好？做了之后的效果如何衡量？带来的粉丝会不会都是假粉丝？ROI(投资回报率)如何考量？这些问题都需要企业详细考量。

1. 第一个问题：微信活动如何策划？

微信活动策划并不拘泥于某种固定的形式，可以同时兼具多种方式，如果是品牌，可以由品牌代言人与用户互动聊天；如果是电商，可以做免费送活动。当然，关注有礼、节假日诱惑等也会很受用户青睐。

活动策划好之后，可以打通线上线下，加大宣传力度，以获得更多的关注，引发更多人参与。

2. 第二个问题：活动效果如何衡量？

微信的效果衡量，有很多方式，从微信到内容承载页的点击数(移动端流量)、粉丝增长数、销售额等。

点击和销售额已经是业内比较成熟的检测手段了，那么微信的粉丝增长真假如何衡量呢？其实也很简单，商家新进一批公众粉丝后，可以查看相应的内容承载页点击率(见图 10.28)，或者是粉丝每日的自动消息一对一请求率，这样就能有效地避免那些僵尸粉的存在，去伪存真，留下企业真正具备价值的粉丝。

关键词	展现数据				引流数据				
	平均搜索排名	展现量	点击量	点击率	入店次数	访客数	入店访问深度	跳失率	成交用户数
秋冬连衣裙	29	202,821	818	0.40%	794	742	1.01	96.60%	5
秋冬打底连衣裙	17	8,055	70	0.87%	67	56	1	98.51%	0
连衣裙 冬	11	5,300	40	0.75%	39	37	1.03	97.44%	0
连衣裙	40	5,025	11	0.22%	11	11	1	100.00%	0
连衣裙秋冬	32	3,538	20	0.57%	21	21	1	100.00%	0

图 10.28　点击率的查看

3. 第三个问题，活动回报率如何衡量？

有些企业的微信营销并不那么尽如人意，投资回报率不高，所谓的微信营销，不过是多了一个沟通和发布信息的渠道，可有可无。基于这个原因，有些商家就开始持观望态度，或者是抱着消极态度，仅仅把微信当做一个交流平台。

这种做法无疑是错误的，微信营销的回报率更多的是体现在用户的关注度，而不是立竿见影的购买力。

10.3　营销第三步：掌握营销法则

从不少成功的微信营销案例可以看出，微信的媒体属性还是很强的，用户有参与活动、查看内容的习惯。微信作为一种传播途径，对商家而言，实现的宣传效果还是远胜传统媒介的。但是，微信并不是万金油，企业在运营过程中会遇到各种形形色色的难题。

10.3.1　有的放矢，找准目标群体

企业利用微信营销一定要有目标及针对性，然后按此采取不同的措施来达到目的。比如企业要利用微信进行品牌传播，就要知道如何进行品牌传播，是靠活动还是靠口碑，接着就开始进行规划，一步步实现目的。

在这里，笔者建议企业要搞清目标，然后再制定执行计划，切忌盲目行事。另外，企业在利用微信营销时，不要好高骛远，毕竟纸上得来终觉浅，绝知此事要躬行，商家要想对客户的需求和购买心理了如指掌，就必须在用户身上下功夫。如图 10.29 为

商家对用户群体进行的调查分析。

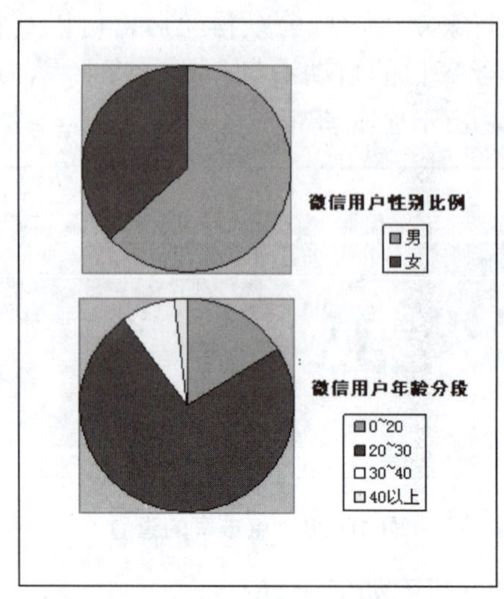

图 10.29 对用户群体的调查分析

10.3.2 拾人牙慧，借鉴成功范例

目前微信营销的案例层出不穷，获利企业成功的方法五花八门，让商家眼界大开，企业利用微信营销一定要注意博采众长，学会借鉴别人的方法和经验，来改善自己的企业微信营销。简单地说，就是拿来主义，只有不断学习别人成功的方法，才能让自己企业的微信营销越做越好。如图 10.30 所示为成功的微信营销案例。

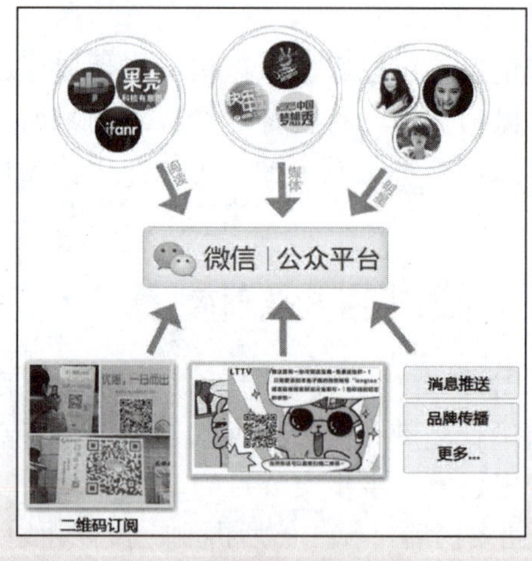

图 10.30 微信营销案例

10.3.3 变废为宝，善用各种资源

企业在做微信营销时，务必要清楚微信的各种属性及其功能。类似查找附近的人、LBS、摇一摇、二维码、朋友圈的功能等，如图 10.31 所示。比如，企业可以通过微信转发、漂流瓶、摇一摇等功能传递优惠及互动信息，建立与微信用户新的关系链，配合二维码、移动互联网广告实现更多新客户的关系链接。

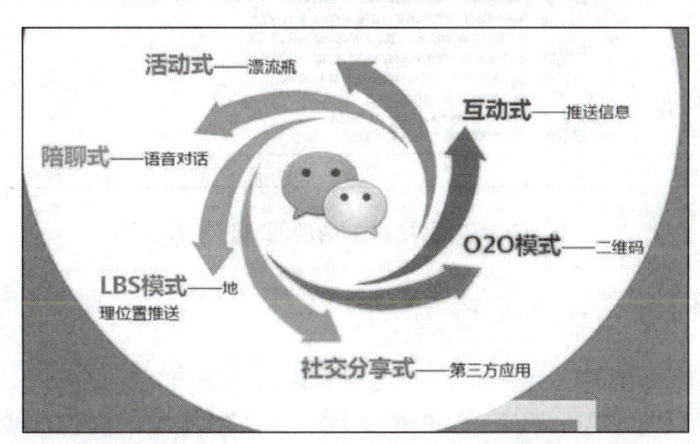

图 10.31　微信的各种功能运用

以二维码为例，它给微信账号传播提供了绝佳的衔接介质。通过平面、户外、网络、印刷品等媒体可以很方便地让二维码露出，再结合诱因(如微信会员卡)即可比较简单的获得粉丝。这种与现有媒体捆绑的方式，亦可将现有媒体传播价值保留和延伸至移动互联网中，以沉淀新产生的潜客。

10.3.4 知己知彼，了解受众需求

这里主要讲的是企业要了解粉丝到底需要什么。对于企业来讲，如果用户需要提供答疑服务，企业的微信就要利用微信实现随时随地的与客户沟通，让企业的微信成为 24 小时的即时沟通工具，延伸现有客户服务体系，满足现有客户产品咨询服务，成为客户咨询应答平台。如果用户需要对产品或者服务进行咨询，企业就要利用微信发挥其自动应答、即时回复等功能，解答潜客问题，完成对客户的服务。

除了服务需求，企业还可以利用人文关怀留住客户，满足客户的情感需求，向客户以友好的方式传递产品使用提示及客户关怀活动，增加客户黏性。总之，尽量去满足粉丝的合理、合性的要求，从而与粉丝形成黏性的汇聚力。如图 10.32 所示为用户对微信功能需求的分析。

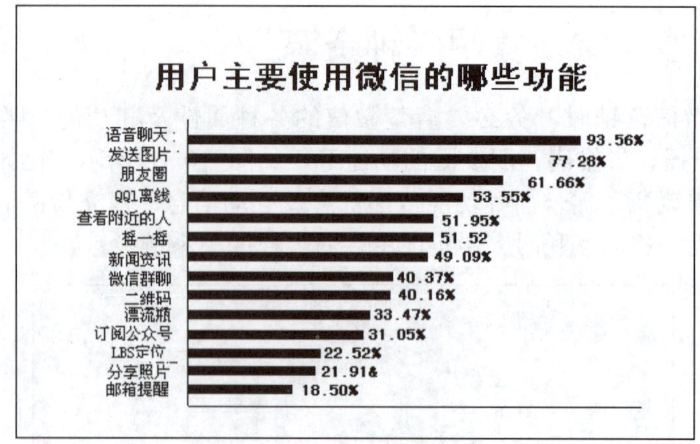

图 10.32 用户对微信功能需求的分析

10.3.5 精益求精，提高营销效率

微信是一个社交型的弱媒体平台，这就要求商家在推送信息时，要根据用户的属性分类来推送对应的信息。在粉丝的维护上，要根据粉丝的属性(地域、爱好、穿衣尺码、身高、肤质、婚否等)来进行分类，根据用户的特性来推送对应的信息。

例如用三星手机的用户就没必要给他推送 iPhone 手机壳，因为这些用户购买的可能性比较低。比如对于用户的咨询和提问要及时给予回复，同时，语气要亲切，切勿高高在上。及时回复、态度亲切，才会让用户感受到这是一个人性化的账号，背后是活生生的个人，用户才会更有互动性和积极性，频繁互动间，美誉度、口碑等自然而然就会形成了，如图 10.33 所示。

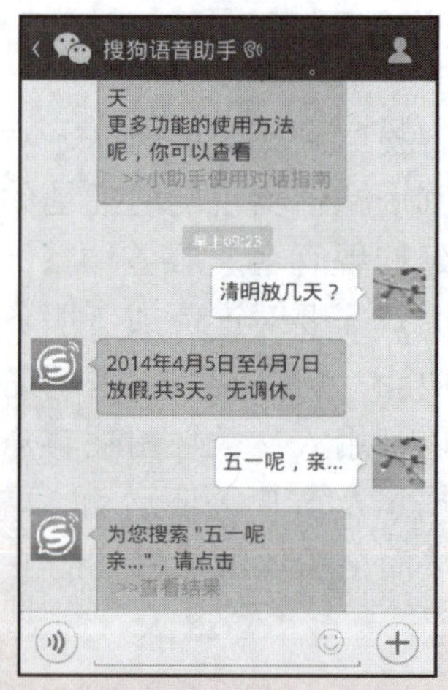

图 10.33 微信人工回复

10.3.6 出其不意，抓住营销亮点

每个企业都不遗余力地推送自己的品牌信息，那么，用户就容易对内容产生审美疲劳，容易喜新厌旧，如果推送的信息没有趣味，干巴巴的，很容易让用户觉得可有可无，放弃对企业微信公众账号的关注。

因此，商家在编辑每一条信息、组织每一次微信活动时，要出其不意，攻其不备，挖掘出受众的兴趣点，尤其注意在实用的基础上兼顾趣味性原则，让用户觉得新奇有趣。

比如时下就有不少淘宝卖家的微信号，发起粉丝互动活动时，做做心理测试、星座测试，就收到了不错的互动效果。

10.3.7 抛砖引玉，诱导用户购买

这招也可以理解为欲擒故纵。企业除了向客户简短地传递信息、营销活动之外，这时还要来点奖励，比如优惠信息、打折等。同时，商家可以结合微信 LBS 功能引导消费者产生线下行动，实现线下线上结合，以转化潜在客户为意向客户。

线上线下活动结合的意义在于面对面地交流更容易培训忠实的粉丝，产生更鲜活、更接地气的内容，这样的微信公众账号才会显得更真实，更有亲和力。如图 10.34 所示，就是将线上关注和线下送礼联系在一起的优惠活动。

图 10.34 微信优惠活动

10.3.8 出奇制胜，进行模式创新

任何一家企业都要勇于创新，突破固有营销模式，将企业产品推出去。好产品并不意味着好销售率，企业的产品可能的确质量好、品质佳，但不一定就会人见人爱；

实际上，在这个营销当道的时代，用户的选择余地很大，很难终于某个固定品牌，只盯住一家企业。

企业要做的就是努力让自己与众不同，亮出自己的特色：产品究竟能给消费者和用户带来什么好处？具备什么样的特性？是否能比其他产品更好地满足其需求？

这时，企业就要全面利用各种手段来进行结合营销。比如，不同的产品就要制定不同的价格，选择不同的渠道，采取不同的促销方式；又如，利用微博、论坛、QQ群等多种手段整合进行微信营销；再如，对微信平台进行二次开发，提供更为丰富的应用等。

10.3.9 引人入胜，吸引受众眼球

这里主要指企业通过微信向消费者传递信息，唤起消费者的兴趣和购买欲，通过对粉丝需求的创造，从而去引导客户、诱惑客户进行消费。

企业懂得如何创造需求，即发现、创造、提供什么样的价值，最重要的是，企业必须提供顾客认为最有价值的利益，即真正解决顾客问题和满足顾客需求的产品和服务。比如化妆品为顾客提供的利益是“美”，倘若企业能站在顾客的角度来思考，把美的概念深入化、人性化，就会受到粉丝的青睐，如图 10.35 所示。

图 10.35 美妆微信

此外，运用价格以外的竞争手段也是不错的方法，如产品的品种、质量、性能、专利、品牌、款式、特色、包装、服务等，借助这些，也很容易唤起顾客的购买欲望，使其购买产品，从而达到战胜竞争对手的目的。

10.3.10 持之以恒，坚持营销路程

所谓行百里者半九十，有些企业在进行微信营销时，因为过分追求高回报率，在营销不理想的情况下往往选择了放弃。

在微信营销势如破竹的当下，做到持之以恒是走向成功的第一步，因此，不管是个人还是企业，在决定走微信营销这条路时，需要清醒地分析，做好长期坚持的心理准备。

10.4 营销案例，解析营销秘诀

在微信公众平台上，无论媒体、商家、个体，无论大小品牌，都拥有平等的表达机会，优质的内容将保证品牌的健康持续运营。

10.4.1 活动案例：豆瓣同城

豆瓣同城官方微信在 2013 年入选了“大学生最值得关注的十大微信公众账号”，可见它的营销成功。

豆瓣同城的目标用户群是时下的年轻人，主要功能是同城近期热门活动查看，这样方便用户之间的联系，经常的聚会也有利于增进用户群的感情。如图 10.36 所示为豆瓣同城的微信。

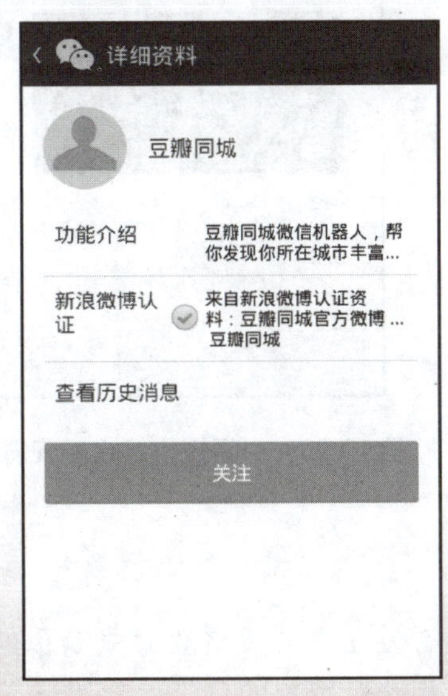

图 10.36 豆瓣同城微信

用户只要扫描，添加关注之后，就能享受它的周到服务。比如，用户发送城市名(例如“长沙”)，就可以查看全市近期热门活动，可从中挑选感兴趣的参加。豆瓣同城提供的可选择性较大，它支持指定活动类型：音乐、戏剧、讲座、聚会、电影、展览、活动、公益、旅行等。在时间上也有多重选择，用户可以选择今天、明天、周末或最近一周。

10.4.2 活动案例：中搜搜悦

中搜搜悦是中搜推出的一款超越传统搜索体验的阅读工具，具有精美杂志版式的阅读体验，逼真立体的翻页效果，快速精准丰富的搜索结果。

中搜搜悦的微信营销关键就是热点营销，它迎合微信用户的好奇心理，第一时间推送观众迫切需求的新闻猛料，满足用户的诉求。另外，搜悦用户还可以去搜索、订阅自己关注的人物、事件或产品。如图 10.37 所示为中搜搜悦的微信服务界面。

以 2013 年春晚为例，刘谦魔术节目大火之后，中搜搜悦第一时间在微信公众账号发布刘谦魔术揭秘文章，并在微信群和公众平台进行推广，如图 10.38 所示。各大公众账号及网友对该文章进行转发及分享，次数达到 10 万次以上。

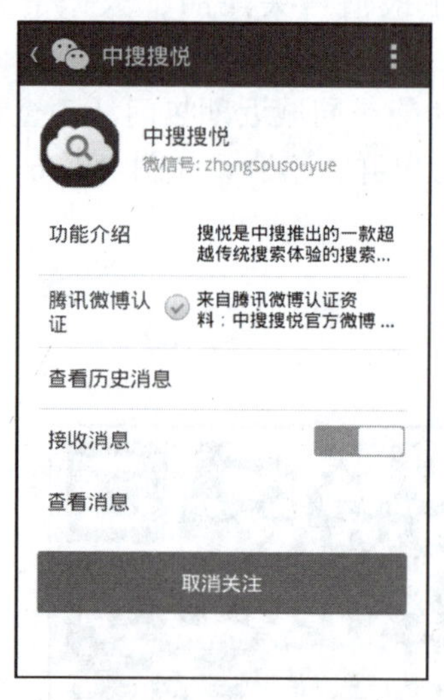

图 10.37 中搜搜悦微信

图 10.38 中搜搜悦解密春晚魔术

10.4.3 活动案例：欧派电动车

欧派电动车在 2013 年开通了自己的官方微信公众平台，将欧派电动车的新品信息以微信的形式第一时间向消费者进行了宣传。并针对用户的分类，精准定位，分地区、分年龄对用户进行有效的企业宣传，同时对粉丝的一些疑问进行答复，更好地加强了粉丝和企业之间的联系。

欧派电动车官方微信的开通，如图 10.39 所示，不仅开创了电动车行业中的第一，也是全国企业使用微信公众平台的前 30 个用户，很好地将科技带入企业的宣传、运营中，大大提高了科技的使用。

图 10.39 欧派电动车微信二维码

微信营销的重点就是高强度的热门互动，从热门话题到行业资讯，或者是定期举办的活动，欧派电动车的微信内容既能非常贴近产品属性，又能牢牢锁住微信粉丝的目光，引来他们的热情互动。激活每一位粉丝是欧派电动车微信营销的成功之处，也是让每一位粉丝都能融入这个微信圈子里面最聪明的办法，欧派电动车在这一点上做得是得心应手。

专注于做电动车行业的微信公众平台，欧派电动车传递的是一股积极向上的正能量，和直销式营销手段不同，欧派电动车是借助它与好友互动中获得的美誉度而进行营销，充分利用了微信这个公众大平台。

10.4.4 活动案例：奥通汽车

浙江奥通汽车在 2013 年抢先开通企业微信公众账号，在很多同行对微信还一知半解的时候，它就已经开通了公众账号“浙江奥通汽车”，并申请了认证。

单单是此举，奥通汽车就在微信公众账号搜索列表中占领了优势，有了展示给客户关注的位置，因为公众账号认证之后被推荐的概率大于非认证账号，如图 10.40 所示是它的微信，用户只要添加关注，就能了解奥通的最新动态，如果想要购买，对汽车的技能、保养等各方面也使你能更加深入的了解。

奥通汽车在微信经营上坚持不乱撒网、不盲目过分地追求粉丝数量，而是致力于让已有和潜在客户知道并关注公众账号的营销理念。公众平台每天群发一张经过精心设计的尺寸为 700×300 的头图，加文章的摘要提炼，图文相结合在整体上保证诉求表达清晰，外加开发基于微信接口的手机版网站用以丰富内容。

图 10.40　奥通开通微信

这些细节上的雕刻无不表现出奥通对订阅用户负责的态度，同样，在公众平台上，企业也坚持以互动来延续线下的尊贵式服务，回复实时消息、活动策划等。

10.4.5　活动案例：南方周末

由南方报业传媒集团主办的《南方周末》，创办于 1984 年，迄今影响深远。

《南方周末》是中国深具公信力和发行量最大的新闻周报，在全国 21 个城市有印点，发行覆盖全国各大中城市，每期发行量稳定在 160 万份以上，核心读者群为知识型读者，目标用户群是那些高端知识分子与专业报业人员，致力于打造一份有良心的报纸，文笔老练，观点独到，因此在全国，特别是在南方影响甚广。

现在用户不用再等着每周的订购报纸了，只要扫描《南方周末》的二维码，如图 10.41 所示，添加用户关注，就能在线阅读《南方周末》的精品文章。

图 10.41　南方周末微信二维码

10.4.6　活动案例：琢磨先生

“琢磨先生”原本是活跃在微博上的红人，随着微信的火热，他也转移阵地，开通了自己的微信账号。

正如账号的个性签名所描述的："我偶尔会发个脱口秀，偶尔会吐个槽，偶尔会拍个照，偶尔会在机场扯个淡，偶尔会戏说四大名著，偶尔会感叹儿女情长……"，琢磨先生的主要功能就是逗用户一乐。这样看似无厘头的八卦，却吸引了无数的用户，众多粉丝蜂拥而至，就是为了听先生讲段子，其中奥秘，恐怕就是他精准掌握了用户的喜好。如图 10.42 所示为琢磨先生的微信二维码。

图 10.42　琢磨先生微信二维码

10.4.7　活动案例：昆仑游戏

微信公众平台的诞生对互联网营销带来不小的冲击，它以其信息推广的时效性、准确性，以及受众群体的精准性而备受推崇。

从传统的营销模式到新时代的微信精准营销，所用时间并不是很长，微信营销出现在游戏行业也是近年才发生的事情。昆仑万维旗下网页游戏平台昆仑游戏官方微信公众账号在短短的几个月时间内，关注粉丝轻松破万，在同行业内亦属领跑者，如图 10.43 为昆仑在线的微信二维码。

通过近几个月的经验总结，微信平台的开通相比传统模式，主要带来了两大方面的提升。

(1) 快捷便利的沟通模式，加快工作反应速度。"绝代双骄"公测推广期间，官方微信平台大大提升了工作人员与玩家之间的沟通质量，不但可以及时得到玩家的反馈意见，工作人员也可以根据玩家反馈的意见快速处理出现的问题，从这一方面可以体现出微信平台也具备一定的"客服"功能。

(2) 丰富的活动形式，玩家参与兴趣更高。微信的精准传播性使其与玩家的互动效果很好，在微信上开展的活动参与度远远高于其他渠道。

以手机为主要载体的微信，在拍照、截图、语音互动等功能上远超过其他媒体。昆仑游戏借助微信的强大功能，不但丰富了活动的形式，同时也降低了活动的参与难度。

图 10.43 昆仑在线微信二维码

对于用户来说，趣味性更强的活动也提升了参与的兴趣和欲望，更容易激发参与的兴趣。如图 10.44 所示为昆仑游戏的服务界面。

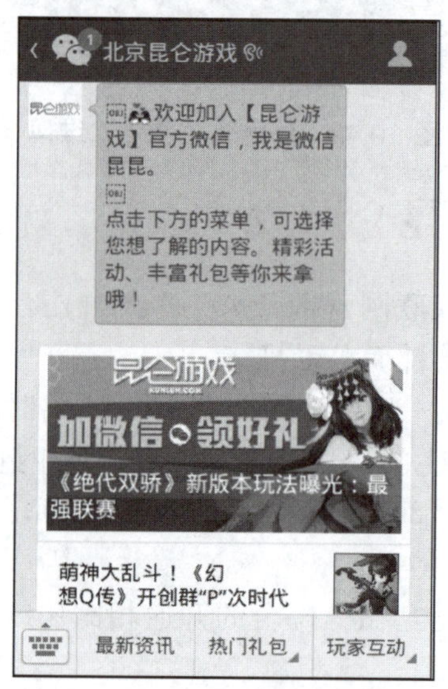

图 10.44 昆仑游戏服务界面

10.4.8 活动案例：iPhone 频道

这是一个自助服务频道，内容推送很少，不过重视信息质量和价值，提供有壁纸、手机壳、游戏、应用、限免的随时查询等自助服务，对于 iPhone 用户而言，十分便捷。如图 10.45 所示为 iPhone 的官方微信二维码。

除了考虑用户的需求，iPhone 频道营销的另一大特色就是策划了各种活动来与用户互动。iPhone 频道 2014 年新发起一项活动，它与新浪彩票合作，每个新关注的用户都能享受一次新浪彩票的赠送，用户通过手机发送验证，然后在手机客户端上领取，就有可能获得 500 万元的巨款。

图 10.45 iPhone 官方微信二维码

如图 10.46 所示为 iPhone 频道的活动宣传页面，通过这种互动，商家收到了想要的关注度，而巨额的奖金也满足了用户的期待心理。

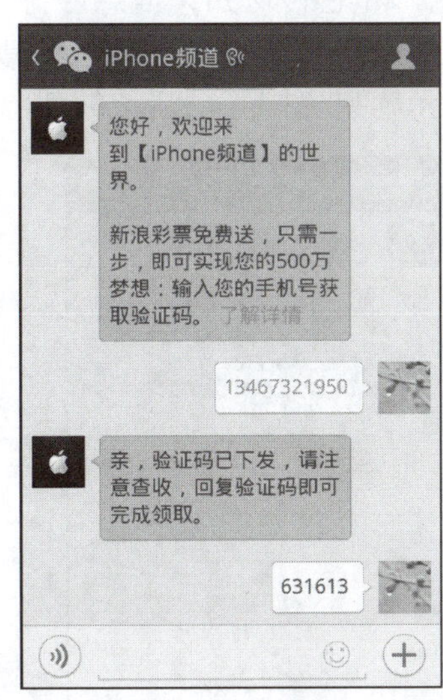

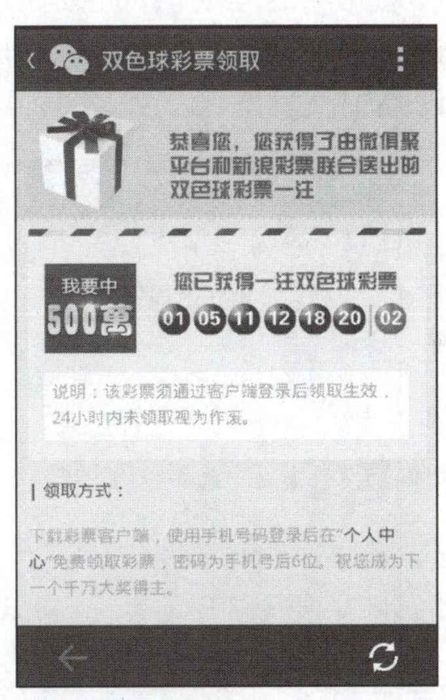

图 10.46 iPhone 互动活动

10.4.9 活动案例：果壳网

果壳网是一个泛科技主题网站，提供负责任、有智趣、贴近生活的内容，用户可以在这里阅读、分享、交流、提问。果壳网致力于让科技兴趣成为人们文化生活和娱乐生活的重要元素。如图 10.47 为果壳网的微信二维码。

图 10.47　果壳网微信二维码

果壳网非常重视推送内容的编辑，用户很难定义那些消息的价值，它包括方方面面：鲜为人知的冷知识、实用的生活小常识、有趣的科学实验，或者仅仅是有趣的段子等。这些五花八门的信息，不仅不会让用户厌烦，而且还大大满足了拥有不同喜好的用户，使得微信的受众群更广。

除此之外，果壳网的互动活动也别出新意，和它传送知识信息相符合，它将互动也设置为知识的竞猜，一方面是利用用户的好奇心和好胜心参与活动，另一方面，又让用户从关注内容中找到答案。如图 10.48 所示为果壳网互动活动的截图。

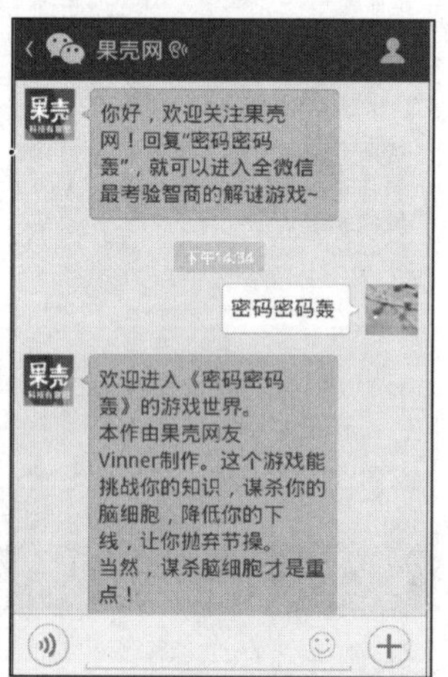

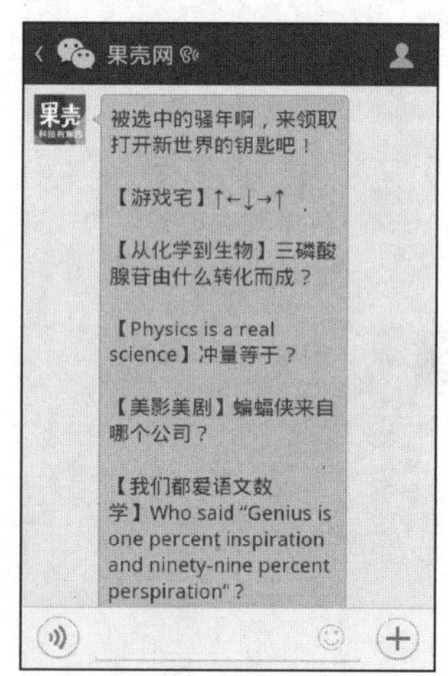

图 10.48　果壳网互动活动

第 11 章

殊途同归，方法途径大列举

学前提示

微信营销已经成为很热的话题，被称为传统企业进入移动互联网商业领域的入口，移动商务也是未来的主流，不仅减少企业运营成本，也大大方便了群众。

要点展示

- 微信营销的五大方法
- 微信挣钱的六大途径

11.1 微信营销的五大方法

自从微信上市以来，各种微信营销方法层出不穷，下面笔者介绍五种微信营销模式，希望能帮助商家走出微信营销的困境，实现盈利的目的。

11.1.1 草根植入式

1. 理论分析

这种草根式植入的方法，主要是利用微信“查看附近的人”的功能。签名栏是腾讯产品的一大特色，用户可以随时在签名栏更新自己的状态，自然也可以打入强制性广告，例如 QQ 个性签名，但这些事只有用户的联系人或者好友才能看到。而微信中基于 LBS 的功能插件“查看附近的人”便可以使更多陌生人看到这种强制性广告。如图 11.1 所示为利用“查看附近的人”，向周围的陌生人打招呼。

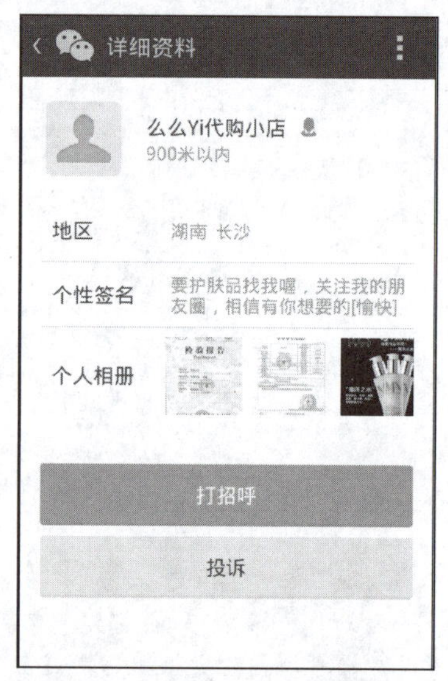

图 11.1 微信“查看附近的人”

用户点击“查看附近的人”后，可以根据自己的地理位置查找到周围的微信用户。在这些附近的微信用户中，除了显示用户姓名等基本信息外，还会显示用户签名档的内容。所以用户可以利用这个免费的广告位为自己的产品打广告。

营销人员在人流最密集的地方后台 24 小时运行微信，如果“查看附近的人”使用者足够多，这个广告效果也会不错。随着微信用户数量的上升，可能这个简单的签名栏也许会变成移动的“黄金广告位”。

2. 案例分析

以斑狸微信为例，这个号称“宇宙首款微信 RPG”的公众账号将自己变成了一个微信游戏。它通过不断增加粉丝，让用户通过回复不同的章节进入不同的游戏环节，如同一个寻宝的旅程，账号一步步引导你探索新的奇遇。对于有着极强好奇心的用户，如果想消磨一下时间，不妨感受一下“斑狸”带你走进的世界。如图 11.2 所示为斑狸的微信二维码。

图 11.2 斑狸的微信二维码

同样深谙草根植入模式的还有微信账号“槽边往事”，它是由微博红人和菜头创办，小有影响力。

“槽边往事”会给每位粉丝分享各种新鲜资讯，包括社会新闻、科技产品、菜谱、保健，以及娱乐八卦等，内容广泛。如图 11.3 所示为槽边往事的微信二维码。

图 11.3 槽边往事微信二维码

和菜头以他独特的风格吸引众多用户，言语嬉笑中展现不一样的视角，不一样的观点，因此广受好评。

11.1.2 品牌活动式

1. 理论分析

品牌活动式主要是依靠“漂流瓶”进行，漂流瓶是源于 QQ 邮箱的一款应用，该应用在计算机上广受好评，许多用户喜欢这种和陌生人的简单互动方式。移植到微信上后，漂流瓶的功能基本保留了原始简单容易上手的风格。

漂流瓶有两个简单功能：①“扔一个”，用户可以选择发布语音或者文字然后投入大海中，如果有其他用户“捞”到则可以展开对话；②“捡一个”，“捞”大海中无数个用户投放的漂流瓶，“捞”到后也可以和对方展开对话，但每个用户每天只有 20 次机会。图 11.4 展示的就是“扔”与“捞”。

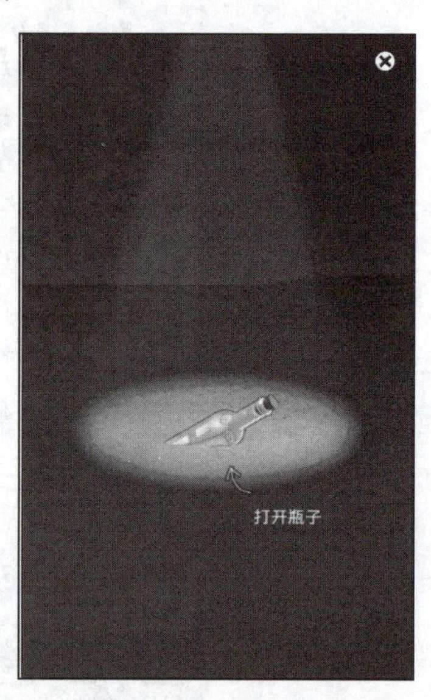

图 11.4 漂流瓶的“扔”与“捞”

微信官方可以对漂流瓶的参数进行更改，使得合作商家推广的活动在某一时间段内抛出的“漂流瓶”数量大增，普通用户“捞”到的频率也会增加。加上“漂流瓶”模式本身可以发送不同的文字内容甚至语音小游戏等，如果营销得当，也能产生不错的营销效果。

2. 案例分析

自邮一族业务是中国邮政集团公司依托邮政电子商务信息平台，利用邮政钻石卡多渠道资源，采用会员制形式，为广大车主等中高端客户群体，提供的涵盖车辆代办、商旅、机票、礼仪服务等在内的一站式综合服务品牌。

为了进一步加大自邮一族业务的宣传力度，吸引更多用户关注、使用，海南邮政电子商务局创建了“自邮一族”微信群。如图11.5所示为自邮一族的宣传画。

图11.5 自邮一族宣传画

它的微信群推出以来，已有在线会员500多人。微信群内，每日除了提供最新海南汽车交通情况等实时信息外，还相继推出了部分查询服务，如查询加油卡余额、加油明细、最新油价、加油站地址等。

在奥迪珠海国际赛车场上，邮政借势举办了“自邮一族”二维码签到的活动，大大宣扬了知名度。如图11.6所示为活动现场的签到二维码。

图11.6 自邮一族现场活动签到二维码

珠海邮政需要在一周内将75张珠海国际赛车场的嘉宾证，分发到有意向参加的会员。传统的做法是电话联系会员，进行预约登记，名额满为止。

面对珠海“自邮一族”3万多会员，单单凭靠人工签到，这绝对是一项浩大的工程，要投入的人力和物力是难以计算的。邮政采取的措施是借用互动平台，类似移动的抢票活动，让用户回复短信申请二维码凭证，75 个名额先到先得。活动推出后，在用户群体中效果反响热烈，获得了巨大的成功。

11.1.3 O2O 折扣式

1. 理论分析

O2O 折扣式主要是借用二维码这个平台，“扫描 QR Code”这个功能原本是“参考”另一款日本的社交工具 Line，它是用来扫描识别另一位用户的二维码身份，从而添加朋友。但是二维码发展至今其商业用途越来越多，所以微信也就顺应潮流结合 O2O 展开了商业活动。

将二维码图案置于取景框内，微信会帮助用户找到好友企业的二维码，然后用户将可以获得成员折扣和商家优惠。

O2O 的运营模式主要是在移动应用中加入二维码扫描，然后给用户提供商家折扣和优惠，这种 O2O 方式早已普及开来，而类似的 APP 在应用超市中也多到让人不知如何选择。充分利用 O2O 折扣模式，坐拥上亿用户且活跃度足够高的微信，其价值不言而喻。如图 11.7 充分展示了微信 O2O 对用户吃穿用行的影响。

图 11.7　微信 O2O 模式

2. 案例分析

豆荚农庄致力于倡导健康的生活方式，它的创办初衷是几位母亲想给自己的孩子营造一个安全、健康的食物环境。

从寻找远离污染的土地、确立安全的种植方法，到兼顾果蔬质量、新鲜、美味及营养搭配，再到保鲜、存储、配送的技术，农庄一步步发展。就这样，2009 年开始的简单计划至今已一步步发展成为一份关注大众食品安全的事业。

农庄目前除了可以为京津地区的商务公司提供安全、健康、精美、大方的礼品配送服务之外，也在为两地的广大市民提供安全的宅送果蔬。

豆荚农庄为了与更多人分享和宣传绿色健康理念，借助微信公众平台，和粉丝开展了许多互动，将线上线下打通，引导用户参与。如图 11.8 所示为豆荚农庄的微信。

图 11.8　豆荚农庄微信

豆荚农庄近期推出了一项促销活动，利用微信，举办优惠活动，吸引用户的参与。只要用户关注微信，并且办理购买卡，就能获得不同的赠送礼品：用户办理 2 千克月卡(233 元)，就能获赠柴鸡蛋一打或西瓜一箱；办理 2 千克季卡(725 元)，就能获赠两打柴鸡蛋、一箱西瓜；办理 3 千克月卡(307 元)，就能获赠柴鸡蛋 1 打、生食包一份(0.5 千克)；办理 3 千克季卡(955 元)，就能获赠柴鸡蛋 2 打、一箱西瓜、生食包一份(0.5 千克)；办理 4.5 千克(1282 元)季卡，除了多配送一次，还能再加送两打鸡蛋或樱桃一盒(用户可以 2 选一)；办理 4.5 千克(2425)半年卡，除多配送一次外，再加送(生食蔬菜包或是樱桃一盒)及一打鸡蛋、两只春水鸡，以及一个西瓜。

通过这些线上线下的活动，豆荚农庄以微信为平台，既扩大了宣传力度，又诱导了用户的购买，一举两得。

11.1.4　社交分享式

1. 理论分析

社交分享式借用微信开放平台和朋友圈。微信开放平台是微信 4.0 推出的功能，应用开发者可通过微信开放接口接入第三方应用，还可以将应用的 LOGO 放入微信附件栏中，让微信用户方便地在会话中调用第三方应用进行内容选择与分享。

社交分享在电商中一直是热门的话题。在移动互联网上，以之前腾讯公布的合作伙伴为例，用户通过微信把一件美丽说上面的商品一个接一个传播开去，达到社会化媒体上最直接的口碑营销。如图 11.9 所示为微信的朋友圈。

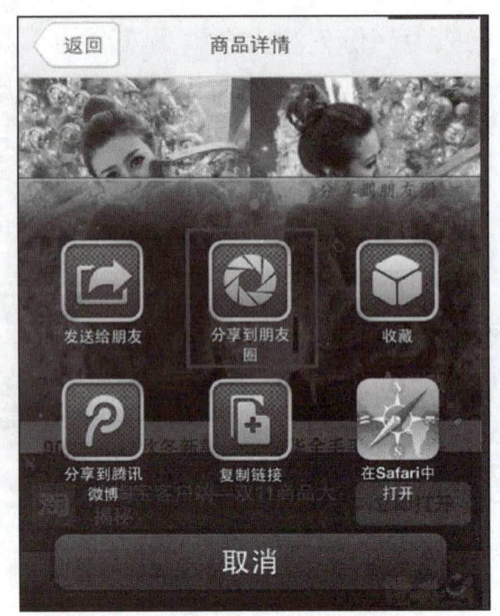

图 11.9　微信朋友圈

微信除了异步通信的功能，“朋友圈”分享功能的开放，为分享式的口碑营销提供了最好的渠道。微信用户可以将手机应用、PC 客户端、网站中的精彩内容快速分享到朋友圈中，并支持网页链接方式打开。

2. 案例分析

张小盒是中国最著名的白领动漫代表形象，以它为主人公的系列漫画是国家动漫精品工程的旗下产品，属于国家动漫品牌建设与保护计划项目之一。

2006 年 12 月张小盒开始在网络上推出，拥有漫画、动画、话剧、真人剧等文艺作品，2011 年开始张小盒推出形象产品，现拥有箱包、服饰、玩具、电子数码、苹果周边、家纺、银饰等多品类产品，以打开盒子找到惊喜为创意理念，打造了国际时尚潮牌。

张小盒微信推出后，网友蜂拥而至，那个长着方脑袋、八字眉、圆豆眼、鼻子上贴着创可贴的小白领，只是一个平凡普通的上班族，心中充满理想和激情，是广大用户的心理写照。

如图 11.10 所示为张小盒的微信账号，用户只要拿出手机扫一扫，就能查看张小盒系列漫画，并且和其他粉丝在线讨论互动。

“我的××是个××”也是值得分析的案例，该账号由微博上著名的“我的前任是个极品”运营，但是在微信上，他们把吐槽的范围大大延伸，从室友到同事再到老板，全部列入吐槽名单。该账号每天晚上八点左右都会挑选一条遭遇最凄惨、情绪最饱满的语音，群发给收听它的听众。

如图 11.11 所示为“我的××是个××”的微信二维码，用户添加关注后，就能在线尽情吐槽，和其他粉丝互动交流。

图 11.10 张小盒微信二维码

图 11.11 我的××是个××微信二维码

11.1.5 互动营销式

1. 理论分析

互动营销式主要借助微信公众平台，对于大众化媒体、明星以及企业而言，如果微信开放平台加上朋友圈的社交分享功能的开放，已经使得微信成为一种移动互联网上不可忽视的营销渠道，那么微信公众平台的上线，就使得这种营销渠道更加细化和直接。

通过一对一的关注和推送，公众平台方可以向“粉丝”推送包括新闻资讯、产品消息、最新活动等消息，甚至能够完成包括咨询、客服等功能，成为一个称职的 CRM 系统。可以说，微信公众平台的上线，直指微博的认证账号，提供了一个基于过亿微信用户的移动网站。

互动营销的方式很容易操作。通过发布公众号二维码，让微信用户随手订阅公众平台账号，然后通过用户分组和地域控制，平台方可以实现精准的消息推送，直指目标用户，接下来则是借助个人关注页和朋友圈，实现品牌的病毒式传播。如图 11.12 展示的就是利用微信互动营销。

微信公众平台对于经常上微信聚的朋友并不陌生，微信聚是应微信公众平台而生，在微信聚里可以发布自己的微信公众账号，让大家一起来关注，让我们共享 2 亿微信用户带来的营销机会，加入微信聚，抓住微信营销的大时代。

图 11.12　借助微信互动营销

2. 案例分析

“十万个冷笑话”原作为网络连载的原创搞笑漫画，2010 年 6 月 28 日凌晨开始连载于“有妖气原创漫画梦工厂”，简称有妖气(U17)，该作被很多动漫爱好者称为“中国版日和”，在原作者寒舞和 U17 的努力下被翻拍成动画“十万个冷笑话”。动画于 2012 年 7 月 11 日开始在网络视频网站连载播放，每月一集，每集约 5 分钟，现在已经发布视频有“哪吒篇”、“福禄篇”、“世界末日”等，如图 11.13 所示为“十万个冷笑话”的微信二维码。

图 11.13　“十万个冷笑话”微信二维码

利用微信这个公众平台，U17 与用户高度互动交流，听取广大粉丝的意见，并且在微信群聊中对剧情和人物展开热烈讨论。如图 11.14 所示为十万个冷笑话的微信群聊截图。

图 11.14　微信群聊截图

11.2　微信挣钱的六大途径

目前不管是营销广告公司还是企业主以及草根创业者都非常关注微信这个新社交媒体，并且投入大量人力、物力、财力在运作微信平台，可见大家对微信的看重和期待。

微信不再是一款简单的聊天软件，它已经作为一种营销工具，被各行各业使用。那么，在坐拥 4 亿用户的微信这块大蛋糕上，商家将如何赚钱呢？

11.2.1　微信 VIP

所谓的微信 VIP，可以理解为针对普通微信用户的增值服务，好比 QQ 会员。每月收取功能使用费，微信手机用户拥有 VIP 特权，比如 QQ 惯用的各类特色显示。如图 11.15 所示。

图 11.15　腾讯微信

商家可以针对微信的 VIP 客户，设计特色会员服务，比如让 VIP 客户享受诸如以下的特权：信息推送不限制(目前微信公众账号基本都只能每天发送一条，有这个服务后，每天可以增加到 5 条)；个人微信可以上传个性化处理照片和视频，比如新增微信硬盘，微信相册，付费表情；朋友圈功能设置(像字体设置展现形式)、享受投票等功能；商家还可以开发专属服务器，以及语聊视频顺畅加速等方面。

用户为了享受更便捷、更特色的服务，就会选择开通 VIP，通过付费的形式，让商家得以从中获得利润。

11.2.2 LBS 推荐

LBS 是指基于位置的服务，它通过电信移动运营商的无线电通信网络(如 GSM 网、CDMA 网)或外部定位方式(如 GPS)获取移动终端用户的位置信息，在 GIS(Geographic Information System，地理信息系统)平台的支持下，为用户提供相应服务的一种增值业务。

微信会员卡作为微信商业化第一个重要产品，微信微生活服务接地本土商家，可以深度结合到商家的 CRM(客户关系管理)系统中，加上微信移动支付的完成。微信会员卡基于地理信息、时间、用户日常消费习惯，以及基于用户的地理位置推荐周围商家微信会员信息，查找附件的商家。推送相关生活服务信息以及与商家分成收取广告费。

如图 11.16 所示为广州沃妹 LBS 微信服务，包括 LBS 周边商城、LBS 步行导航、LBS 驾车导航、LBS 发地理位置直接显示周边、LBS 路况查询、LBS 周边生活地图版，以及 LBS 公交车换乘地图版。

图 11.16　广州沃妹 LBS 微信服务

11.2.3 App应用

微信上每个公众账号都可以当做一个独立 App，这让用户免去了下载安装烦琐的App应用，省时省事。

前不久，南方航空率先利用微信进行“自助登机值班机”服务，用微信，可以在南航选座位，办理乘机手续。由此可见，微信现在根据需求可以开发接入各种应用。

关注某些公众账号，可以实现查天气、查路况、查违章、查快递以及订酒店等几乎所有生活应用服务。

这些服务之前像天气预报、手机报等业务运营商是每月收取包月服务费的，现在随着App以及HTML5的开发火热，势必会出现功能性的收费应用，特别是游戏应用。

随着用户对微信的认可以及将微信融入日常生活中必不可少的一部分，优秀收费应用的出现是双方需求的必然。

如图 11.17 所示为南航的微信自助登机服务，用户可以直接在手机上进行手续办理，相比传统的流程，它无疑大大提升了办事效率。

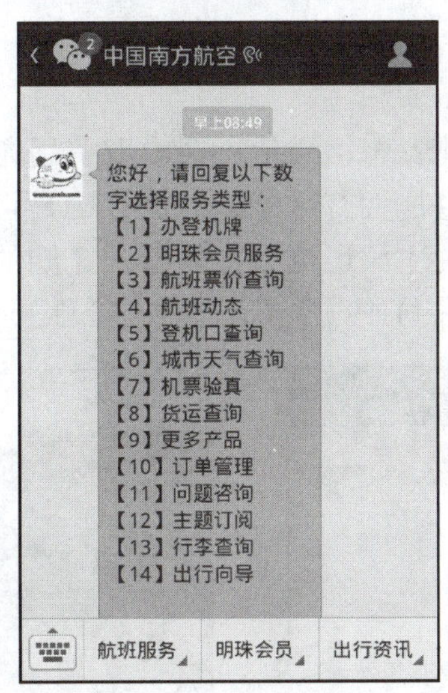

图 11.17 南航自助登机服务

11.2.4 客户关系管理

首先来看一组数据：北美地区外包呼叫中心市场 2012 年预计 200 亿美金，中国外包呼叫中心市场 2011 年数字为 701 亿元人民币，2012 年估计为 800 亿～1000 亿元人民币，如果微信能够替代 10%的传统电话通信，那么微信 CRM 呼叫中心就可以有 70 亿元的规模市场。

商家要考虑怎么对用户的语音以及文字沟通等内容进行数据的分析和挖掘，形成用户行为以及用户习惯数据，更好地服务于微信企业。腾讯拥有庞大用户的聊天数据资源，这一块客户数据服务以及客户服务功能收费也是腾讯可以考虑的，如图 11.18 所示为微信客户关系管理的示意图。

图 11.18　客户关系管理示意图

11.2.5　流量引导

虽然腾讯已经能正式对外表态，微信不会收取费用，但是随着微信的火热发展，通过微信搜索实现排名收费也是大有可能的。这好比是百度的竞价一样，根据关键词设置，引导商家流量和粉丝关注。还可以根据好友之间的聊天进行智能广告推荐，这一点有无限遐想的空间。如图 11.19 所示为微信公众账号的搜索功能。

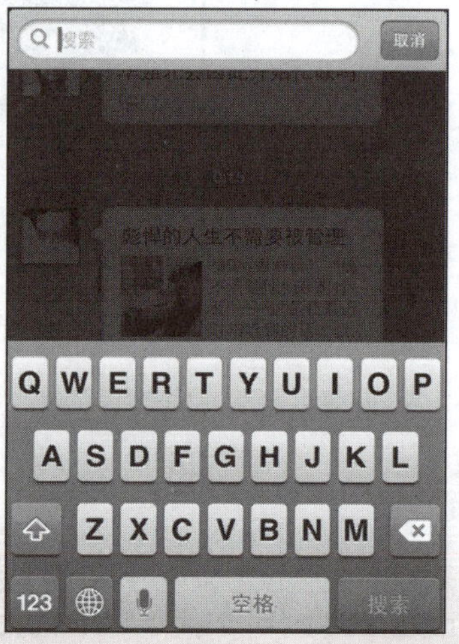

图 11.19　微信搜索功能

举个例子来说，比如用户之间在聊天，商量讨论晚餐去哪家饭店解决，可能用户一时之间没有好的选择，这时候微信就会显示提醒，并且提示：点击周边餐饮推荐，用户去点击，这样微信就为周边餐饮引导流量。这样非常精准的推荐，用户也能接受。这就是智能流量引导，腾讯和搜索引擎合作，任何热门关键字都可以提醒显示，流量直接流向搜索引擎。

11.2.6　硬性广告展示

微信可以充分利用庞大的用户流量进行展示硬性广告，当然腾讯拥有比较完善用户资料，可以实现更精准的广告投递，可以按地区、按性别、按位置进行展示。

微信有以下展现形式：微信开启页、首页最上端 Banner 栏、朋友圈最上端图文广告、好友(企业)推荐等形式。腾讯便可直接按 CRM 等方式变卖广告资源，实现营利的目的。

如图 11.20 所示，就是借助微信植入广告的范例。微信作为一个公众大平台，拥有密集的人流量，完全符合商家需要宣传的需要。

图 11.20　微信广告

11.2.7　付费订阅

越来越多的企业开始经营微信，把它当做一个宣传平台和广告平台。但是有不少微信公众账号并不是旨在商品推销，而是着重发掘微信交互性强的优势。这类的公众账号不是以营利为目的，多数是个人经营，没有组织性，但是却拥有超高的人气和用

户群，这类微信账号完全可以好好利用，转化为商业模式。

比如“今晚看点啥”，一个专为电影爱好者开发的公众账号，喜欢看电影只要关注了它，每天都能收到它的电影推荐，既包括当下流行的，也有经典的，用户还可以在线和其他的用户讨论交流。如图 11.21 所示，就是“今晚看点啥”的微信二维码。

图 11.21 “今晚看点啥”微信二维码

再比如“不止读书”微信，它并不是一个营利性的微信账号，而是针对那些喜欢阅读者而开设的。

有阅读习惯的用户只要添加关注，账号就会在每天为用户精心挑选一本值得阅读的好书，为用户推荐，包括精彩摘要、推荐理由和读后感想等，对于喜欢文学的用户而言，这是一个十分实用的公众账号，因此它推出后很受欢迎。如图 11.22 所示为“不止读书”的微信二维码。

图 11.22 “不止读书”微信二维码

类似“不止读书”这样的资料共享性的账号还有很多，这些账号充分利用自己粉丝号召力，采用付费阅读的模式，实现营利。

11.2.8 开发物联网

物联网的发展已成趋势，如图 11.23 所示，基于微信公众平台开发智能化家电产品等，是商家未来的发展方向之一。如在北京、上海街头已经出现基于微信开发出来的自动售卖机，用户通过微信扫描，实现微信支付，直接购买产品。

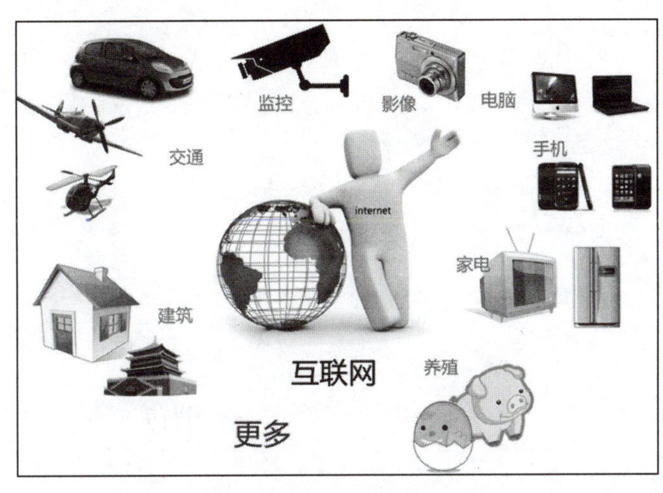

图 11.23 物联网时代

第 12 章

高瞻远瞩，微信前景大展望

学前提示

越来越多的人已经进入了微信用户的行列，微信营销将成为主流。它以史无前例的速度向前发展，同时也需要进一步的完善和突破，它的出路到底在哪里？这值得所有企业深思，也值得所有用户拭目以待。

要点展示

- 微信营销的现状
- 微信营销面对的桎梏
- 微信营销的发展思路
- 微信营销的发展前景

12.1 微信营销的现状

目前微信已经有了庞大的用户，这是一笔巨大的财富。已经有大部分的商家领略到了微信营销的好处和魅力。几乎现在所有智能手机都能安装和使用微信功能，在微信程序不断完善之后，又增加了二维码的扫描。然后又出现了微信公众平台，人们开始热衷于微信这个互动的平台。

企业瞄准时机，开发出自己专属的二维码，来让用户进行体验，打通线上线下，开始大规模、不计费、高效率，而且一对一的推销企业产品。如图 12.1 所示，微信营销已经成为趋势。

图 12.1 微信营销趋势

12.1.1 竞争激化

随着微信的火热，这种全新的营销方式大大冲击了每个商家的经营理念。

微信营销包括广告、海报、征订传单等方式，对传统行业，尤其是出版业，无疑是一次巨大的挑战。当下，无论大小商家都开始投身微信营销，迎接这股热潮，微信作为新兴社会化媒体，在营销方面的确具有独特的优势和竞争力。

1. 私密化的互动传播

微信营销最核心的竞争力来自于它的隐性营销，所谓的隐性营销，只是商家借助微信公众平台，和用户进行一对一的交互。

以微博为代表，传统的商业账号在宣传产品时，往往是制造显性营销氛围，比如铺天盖地的传单和海报，越显性宣传效果越好。但是微信却选择倾向私密性的信息推送，一对一发布，如图 12.2 所示。

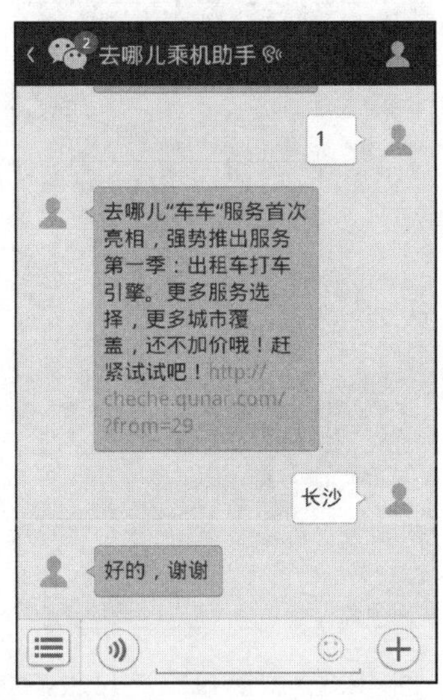

图 12.2　微信一对一服务

这样做的好处很多：首先，它能确保信息被用户收到，避免了像宣传单一样沦落到垃圾桶。其次，把要宣传的信息隐藏在和用户的互动之中，用户不会有抵触心理，容易在诱导下完成购买。再者，微信中的互动，包括评论和语音等，都是设有权限的，仅仅双方能看到，有助于企业和用户之间提高彼此信任度。

2. 低成本的信息分享

网络营销和传统营销相比，成本降低了许多，例如微博，在一次次的转达和评论中完成产品的宣传，或者直接附带产品链接，借助这个平台，商家顺利地完成了推销，却不用支付高昂的费用。

微信在此基础上更进一步。微信 1M 的流量可传递大约 1000 条文字信息，按流量收费模式使得成本更低，商家完全可以和用户直接对话，只需要消耗一点流量，就能完成传单、海报所达到的宣传效果，而且影响更大。

3. 个性化的产品设置

微信根据用户在不同环境中的不同需求，基于 LBS 定位，对用户需求进行挖掘。比如书店可以根据 LBS 定位功能向附近的用户提供最新图书资讯、作者签售信息、新书发布、降价赠书活动等。

这种随机如弹性社交般的，能够捕捉较为准确的读者需求。但同时，企业与用户的社交关系存在不稳定性，一旦信息泛滥，用户难以接受，就会取消关注。如图 12.3 所示为微信 LBS 定位的服务。

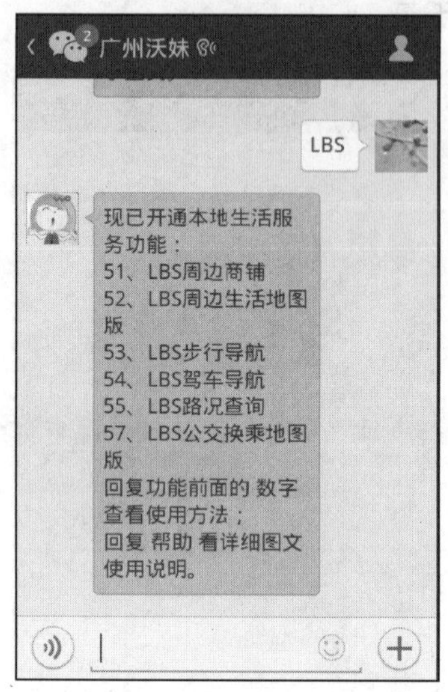

图 12.3　微信 LBS 定位服务

4. 多样化的互动形式

对于商家微信营销而言，最重要的就是吸引粉丝，留住粉丝。基于这个目的，商家会在微信平台上展开各种营销活动，和用户群进行交流互动，如图 12.4 所示。

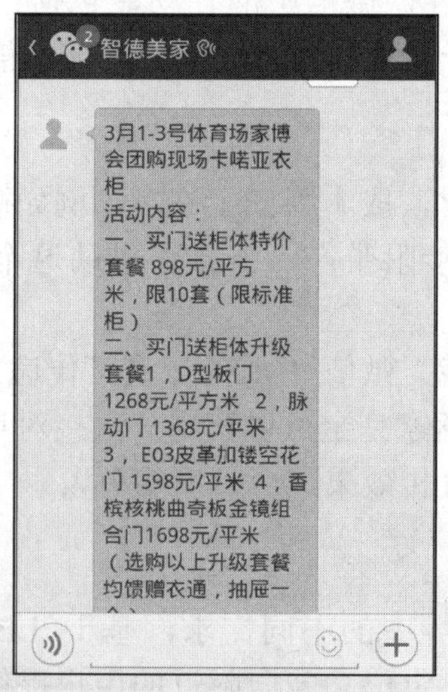

图 12.4　营销互动活动

例如，O2O 模式就是一个很好的尝试，它将线上线下的活动联系在一起，既方便了用户，也大大增强了微信消息的影响力，用户有了“甜点”可尝，自然就会密切关注商家的每一条微信。

12.1.2 投资纷繁

移动互联网兴起之后，很多的公司开始投资 App，商家都觉得在移动互联网这个广阔的市场之上，App 项目就意味着财富，不过，微信的出现打破了这个格局。

移动互联网潜藏的市场是巨大的，它比 PC 时代(微博出现之前的互联网时代)的市场还要大十倍，而微信投资俨然已经是时下最流行、最火热的趋势，各投资者纷纷趋之若鹜。如图 12.5 所示为云科技的开卖广告。

图 12.5　云科技微信广告

自微信开放公众账号平台以来，不仅是媒体，各类信息查询、专业咨询、电商导购和 O2O 应用也纷纷加入进来。对于这一股由微信引发的创业潮，投资人看法各异。乐观派将微信公众账号平台与 iOS 系统的 App Store 相提并论，并称在其中有所布局；以冷静派居多的投资人在接受南都记者采访时表示，微信在商业化路径上的迟迟不表态，使他们更倾向于继续“持币观望”，而有的投资人则“放言”：真正的投资机会，或许要等到第一批微信创业项目死了之后才会出现。

不管各方反响如何，微信带动了一股投资热是不争的事实。“微信招聘”是一个专门针对求职者的公众账号，具有前瞻眼光的腾讯将网络招聘移植到微信上，结合时下新模式，吸引求职者的目光和企业的融资，如图 12.6 所示。

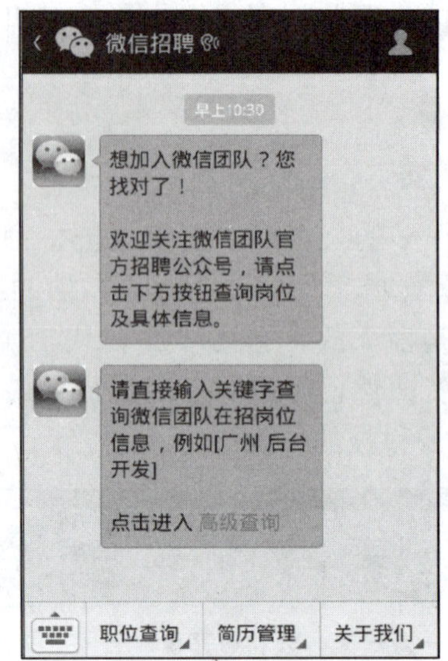

图 12.6　微信招聘

以上面提到的云科技为例，从腾讯离职从事自媒体创业的程苓峰按照传统媒体的商业思路给自媒体算了一笔账后，得出结论：如果一本发行量平平、内容并不算精良的杂志都可以一年赚到 3000 万元的广告收入，那么其创立的云科技赚其十分之一，即 300 万元似乎并不是痴人说梦。

一个月后，云科技开卖广告。一天 1 万元，五天 3 万元，广告以图片+链接的形式附在云科技在微信公众账号和网站上发布的文章的末尾。据说，目前，云科技每天的广告收入已超过十万元。

12.1.3　创业兴起

从两年前推出至今，微信的定位在不断变化。微信从最早的发语音消息的通信工具，到后来加入朋友圈的社交功能，以及推出公众账号，已经日臻完善。

微信未来的发展思路将是蜕变为一个容纳性、交互性和商业性更强的公众开放平台，商家和个人都能加以利用。

随着微信大众途径的敞开，微信营销的创业变成热门：卡小二、印美图、形象笔记等创业项目遭到越来越多创业者的注重，微信途径大众账号数量现已打破 200 万个，并由此诞生了微信电商、微信送餐等许多新型商业形式。如图 12.7 所示，个人和商家纷纷利用微信来创业。

“2014 年，根据微信、交游等大众途径的继续炽热，依托于这些大众途径，将呈现更多可供发掘的商机。”互联网推广教授方兴东表明，尤其是微信付出功用的注册，打通了整个移动电商的购物环节，在推翻传统电商形式的同时，也将招引更多的产品和商品提供商将出售放到这些大众途径上。

图 12.7 微信创业

12.1.4 进军国际

自从 2011 年 1 月推出以来，微信以惊人之势成长。9 月，腾讯首席执行官马化腾宣布，微信的用户数量在短短 6 个月内翻了一倍，从 1 亿户增加到 2 亿户，到 2014 年 1 月，微信的用户人数已经突破 7 亿大关。

作为微信团队专门为海外市场打造的 WeChat，如图 12.8 所示，从落地之日起就担负着微信的国际化重担。

图 12.8 微信海外版

目前该程序有 8 种不同语言的版本，包括俄语、印尼语、葡萄牙语以及泰语版，腾讯还计划开发更多不同语言的版本。

微信的向外推进已初见成果，根据 2012 年前三季的下载数据，这款程序在东南亚的增长速度最快，但同时也在其他市场稳步增长，其中包括东欧和中东市场。分析人士指出，美国仅 9 月份一个月就有 10 万名新用户注册了微信。如图 12.9 所示，为新年海外用户数据图。

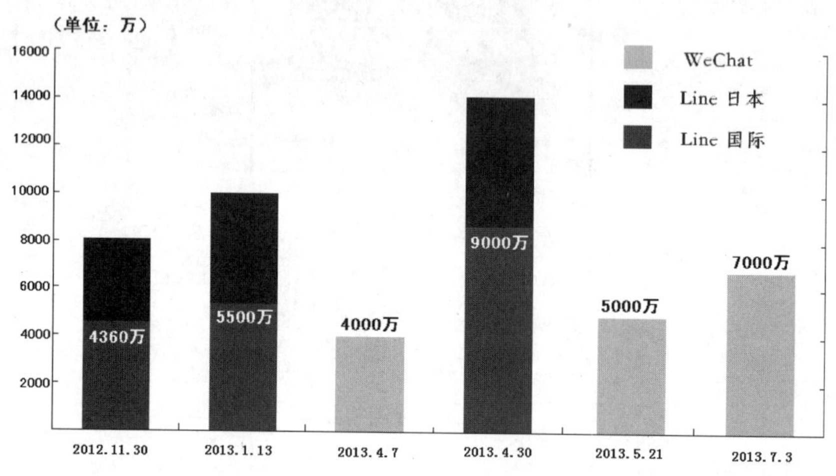

图 12.9　微信海外用户

微信在海外遇到的最大劲敌是日本的一款类似微信的聊天软件 Line。从目前的进展来看，含着“金汤匙”出生的 WeChat 并未辜负腾讯的一片苦心，自打入海外市场之后，以支持 18 种语言和 5 种手机系统迅速斩获超高人气。

尤其在港台地区和东南亚地区，WeChat 一度人气爆棚。2011 年登录台湾仅 3 日，WeChat 便挤掉 App Store 中其他竞争对手拿下第一，不到一周 WeChat 又摘得 App Store 与 Google Play 下载量双料冠军。

腾讯方面获得的最新数据显示，WeChat 注册账户数已超过 5000 万户。腾讯方面称，WeChat 在印度、泰国等地的手机应用市场中排名第一。此次消息宣布的时间，距离腾讯公布 WeChat 用户超过 4000 万户仅有两个月，在短短两个多月内 WeChat 用户激增了 1000 万户。

如图 12.10 所示，展现的是微信抢占海外聊天软件市场，与日本 Line 和韩国 Talk 成为劲敌，腾讯发展势头不减，有望成为海外聊天软件市场的主力，与这两款软件一起三分天下。

图 12.10 微信抢占海外聊天软件市场

12.2 微信营销面对的桎梏

在微信营销势头发展火热的背后，微信也存在着种种隐忧，前景并不是一帆风顺的。商家要想在营销中立于不败之地，就需要目光敏锐，正视微信存在的不足，提前做好应对措施。

12.2.1 PC 的辐射力不足

微信的移动领先，既是最大的优点，但同时也影响了微信对 PC 的辐射力，相当长的时间内，PC 以及平板电脑仍然会很重要，纯移动产品的显示和功能，都可能限制微信营销被企业接受的程度。至少，企业微信不太可能做成迷你主页或者企业微博那样。

12.2.2 用户对广告的抵触

微信的消息传达方式通过实时推送来完成，推送不会让用户遗漏任何的信息，可以说，微信的订阅和推送功能很强大。但是如果企业信息多了，对用户可能造成信息困扰，制约着用户的关注。

“公众账号”推送的微信数量一定要适宜，每天三五条推送和每天三五十条推送的感受绝对是不同的，而且一旦推送被滥用，对用户的影响不只是心理上的，还会有带来额外的流量费用，他们在感到困扰的同时，就会放弃这个公众账号。

如图 12.11 是网站的娱乐消息推送，如果这些娱乐八卦的接受群体并不是网站的目标人群，比如用户可能是教师、行政人员等，这些消息便构成了困扰和不便。

图 12.11　微信广告推送

12.2.3　客服成本增加

微信对于企业而言，客服功能会很强大，但是无论是程序还是供应商都不太可能很好地管理几十万数量级的用户，无论是微博还是微信似乎都很难完成这一个任务。想象一下，如果每天都有几十万乃至上百万的粉丝提出关于产品或者售后的问题和投诉，这对商家而言，绝对是个棘手而头疼的问题。

微信营销之所以如此受到追捧，很大程度上是因为它的快捷方便，以及不收费的形式。商家借助微信公众平台可以省下大笔的宣传费，而宣传效果只增不减。

微信目前是不收取任何使用费用的，但是客服成本的增加无疑是把商家刚刚省下来的银子又掏了出来。长此以往，如果客服的成本超出预算，那么微信的优势也将不复存在，对商家也就失去了吸引力。

如图 12.12 是中国电信的微信客服，为了解答用户的疑问，电信会安排专人在线一一回复，以确保用户的不流失。相比自动回复或者关键词回复，这个方法无疑更被用户欢迎，成效更大，拉近了用户和商家的距离，但是，商家不得不考虑的一个问题就是客服成本。

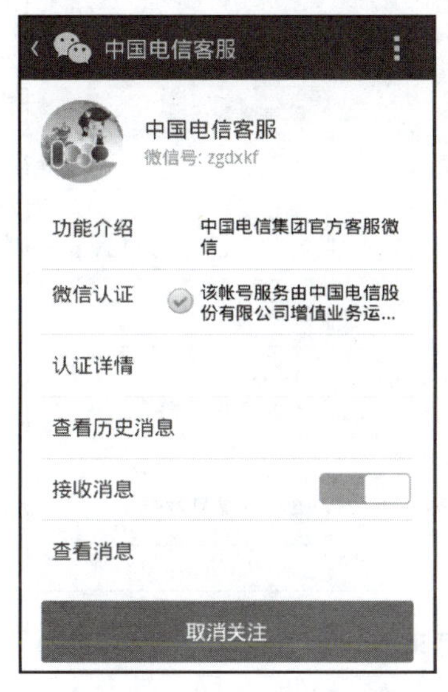

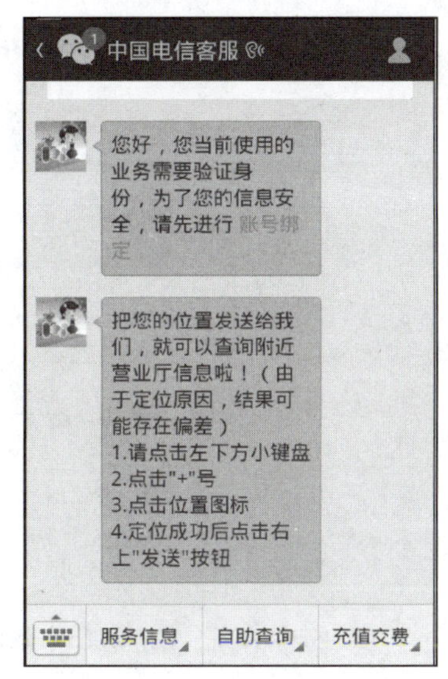

图 12.12　中国电信微信客服

12.2.4　企业容易陷入政绩工程

当前微信“公众平台”对认证的要求是 1000 个关注，这似乎是大品牌的特权，因为对诸多小品牌而言，1000 个关注还是比较困难的。这样的要求似乎是可以杜绝鱼龙混杂的现象，但是无疑也给大品牌造成了“垄断”，大品牌、大企业、大活动、大推广的全平台战略，难免会陷入政绩工程。

12.2.5　难以平衡用户感受和商业利润

在如何平衡用户感受和商业利润之间，腾讯虽然有足够的智慧，但是企业其实是失败的，在如何处理微信的“公众账号”的商业行为上，很考验微信团队的智慧。

如图 12.13 所示，成功的微信营销最首要的就是贴身客服和客户关怀。但是，每一个商家的最终目的都是实现最终盈利，商家费尽心思，开展线上线下活动，和用户实行互动和交流，这一切都是为了能留住用户，而留住用户就等于留住他们潜在的购买力。

因此，每一个商家都是不可能单纯照顾客户的感受的，盈利始终是最后的目的，如何在兼顾用户的感受之余消费他们的购买力，这需要商家精心的策划。

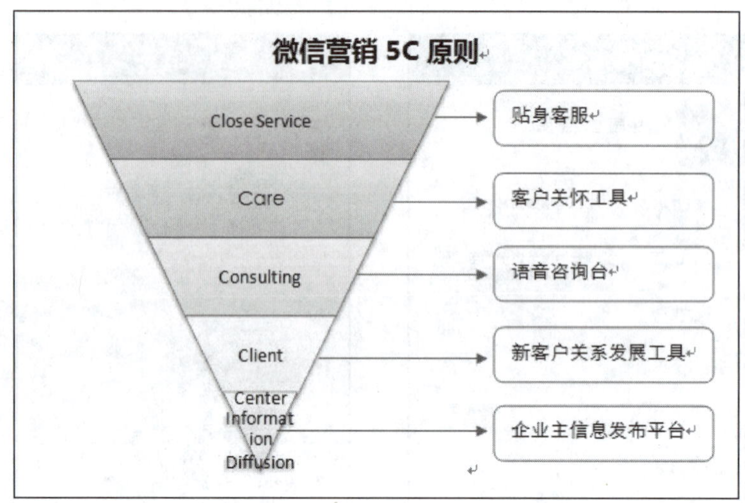

图 12.13　微信营销 5C 原则

12.2.6　公众平台有待成熟

微信公众平台是在 2012 年 8 月上线的，发展至今，还不够成熟。产品问题其实都不是问题，给企业增减其实比限制企业微信的功能需要更多的勇气。

12.3　微信营销的发展思路

就目前来看，微信用户数量已经突破了 7 亿户，在用户量上不存在问题，而成功的营销案例是微信目前缺乏的。在对微信营销的认识上，不少商家还处于观望状态，他们对微信营销还有怀疑，因为微信基于人际关系的点对点传播，极具私密性和强制性的特点，也容易对用户造成“骚扰”，然后被用户删掉关注，甚至卸载掉微信。

在可量化的数据指标上，微信缺乏微博“转发”、“评论”、“热度”、“影响力”这样的指标。那么，对于微信营销，商家怎样树立正确的观点呢？

12.3.1　适合微信营销的品牌

大致而言，有两种品牌最适合选择微信经营：一个是大众化市场的品牌，另一个就是小众品牌，走两个极端。

大众化品牌应该把微信作为一个互动的平台，而不是广告推送平台，因为这样的企业已经具备了相当高的知名度和关注度，它并不需要借助微信来做广告，它有自己固定的忠实的用户群体。因此，大众化品牌的微信应该走情感路线，重点是如何留住用户。

比如 KFC 如果做一个微信，它就不需要整天推送广告，当用户有需要时，只需提供 LBS 定位，告诉用户最近路线，或者提供一张折扣券，或者订餐电话之类的就可以，如图 12.14 所示。

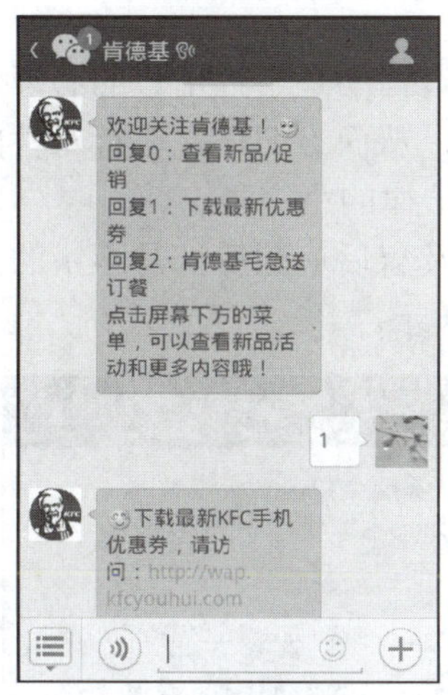

图 12.14　肯德基微信

12.3.2　如何得到用户的需求

用户不希望接受广告信息，这是众所周知的，但是几乎所有的用户都不会排斥他想要了解的广告信息，那商家怎样揣测用户心理，发送他们想要的信息呢？

商家可以借鉴的例子是 Siri(苹果语音助手)，如图 12.15 所示，借助这个小小的软件，苹果使用者可以通过声控、文字输入的方式，来搜寻餐厅、电影院等生活信息，同时也可以直接收看各项相关评论，甚至是直接订位、订票。

图 12.15　苹果 Siri

另外，Siri 的适地性(location based)服务的能力也相当强大，能够依据用户默认的

居家地址或是所在位置来判断、过滤、搜寻的结果，给用户提供最方便、最需要的服务信息。

微信可以借鉴开发一个类似的中枢，然后去挖掘需求，再由品牌商提供内容，这样的“开放平台”会更有价值。

除此之外，商家还可以通过互动来掌握用户的心理，在活动之后，商家可以及时对用户的信息进行整理和分类，从而方便信息有针对性的推送，对具有不同需求的用户发送不同的内容，避免千篇一律的小广告。

调查问卷、反馈有礼，以及售后追踪等都是不错的办法，商家可以通过这些途径来引导用户参与，如图 12.16 所示。

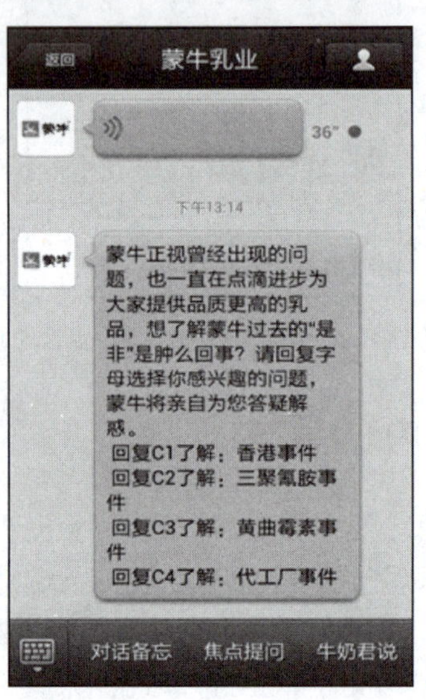

图 12.16　蒙牛用户调查

12.3.3　必须结合地理位置

为什么微信成为继 QQ 之后最火爆的互联网产品？因为它在 QQ 的基础上进一步扩大了推送的范围，借助“附近的人”，它充分利用地理信息，将信息推送给每个潜在的用户。

随着微信的火热，O2O 模式进入了大众的视野。所谓 O2O 模式实质就是带客到店，结合手机微信，打通线上和线下，这样就扩大了客源。

如图 12.17 所示，就是微信“附近的人”页面，商家只需要点击查看，就能精准搜索到店铺周围的人群，向四周的陌生人打招呼，通过消息推送，将这些微信用户转变为自己的潜在顾客。

图 12.17 向附近的人推送消息

12.4 微信营销的发展前景

随着微信的火热，微信营销也越来越被看好，在微信公众平台上线后更是掀起了官方机构和草根营销者进军微信的浪潮。不可否认一个用户超过好几亿的公众平台，其绝对有营销的价值，但是微信的本质是一款基于手机的私密社交软件，一旦过度侵犯用户的意愿或者说隐私，势必会铩羽而归。另外微信本身很多功能还不完善，企业需要放眼未来，敏锐的发现问题，解决问题。如图 12.18 所示为微信营销的发展方向。

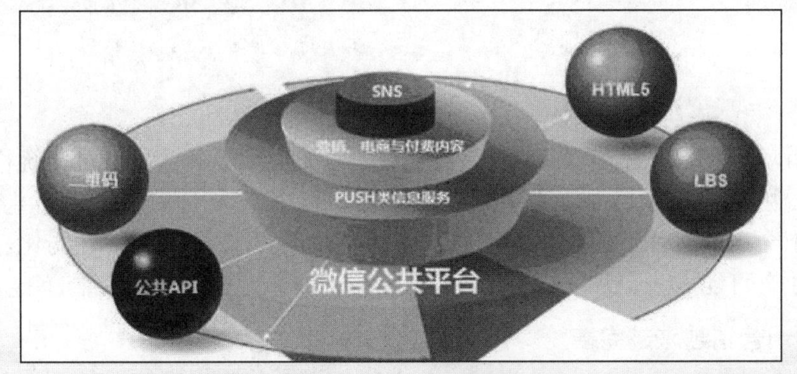

图 12.18 微信营销的发展方向

如果不能认清前景，微信营销平台最终会沦落为新浪微博类似的私密媒体发布平台，必将被市场淘汰。现在微信平台正在摸索完善阶段，可以说还没有完全定型，企

业和商家在经营微信时，更应该高瞻远瞩。

12.4.1　微信营销的三大发展趋势

1．社交特性越来越弱化

微信作为社交工具的典型性越来越弱化，作为个人通信工具的作用却越来越强化。不但个人把微信作为通信工具，甚至有些企业已经把微信作为内部的沟通工具。

很多人会说，微信包括的关系还在，它还是个社交工具。的确如此，但是传统的手机通信录也包含了这些社交关系。实际上，只要是个人通信方式，不管是书信、手机、IM 还是现在的微信，社交关系都是题中应有之义。特别关注微信的社交特性，会掩盖对它的进一步挖掘，如图 12.19 所示。

图 12.19　微信社交

随着市场发展，微信和陌陌等社交工具的差异性会越来越强，对传统移动通信业务市场的侵蚀也会越来越强。微信对移动业务，无论是语音业务还是短信、彩信等数据业务，都会形成越来越强的分流作用。但是也正因为微信社交特性弱化，通信特性加强，它才有可能成为更加基础的业务，并有条件构建强大的生态圈。

2．移动营销越来越完善

目前，微信方兴未艾，移动营销业务也趁势而上。由于微信自身功能限制，目前微信营销还不能大力移植移动营销，但这个趋势是非常明显的。微信营销在侵蚀和影响移动营销市场的同时，将顺带推进移动营销的两大重要细分业务领域：二维码业务和 LBA(Location Based Advertising，基于位置的广告)业务。这两个业务一直被人看好，但发展却不顺利，主要原因是标准不统一和缺乏强势的业务承载平台。但在微信普及以后，业务标准问题和承载平台问题都可以得到很好解决，所以二维码和 LBA 一定会在各种互动营销方案中得到广泛应用，甚至可以说，微信真正拉开了中国手机二维码和 LBA 市场的大幕，如图 12.20 所示。

图 12.20　微信二维码和 LBA

3．通讯业务越来越关键

社交业务已成为移动互联网门户级业务，而微信则将成为手机上的门户。美国、日本都一样，Facebook、Twitter 等社交业务是美国移动互联网的流量主体，日本是 Iixi、Mobagetown、Gree 和 Ameba 四大移动互联网门户。

只有发展门户级业务，才可能构建庞大的业务生态圈，让大量的公司和个人在这个生态圈里创新和谋生。从这个意义来说，微信应该受到重视，而且，对构建生态圈而言，由于微信业务更加接近基础通信业务，更加贴近人和人之间沟通的本能需求，所以它在构建生态圈方面优势更加明显。

12.4.2　微信营销的三大黄金法则

1．认清粉丝与营销效果的关系

作为推广消息的平台，显然粉丝越多，也就意味着商家的消息普及率越大，被阅读的可能性就越大，因此很多商家不惜各种手段来招徕粉丝，甚至是购买僵尸粉。

但是，粉丝多就意味着营销效果好吗？答案是否定的。第一，微信虽然是基于手机的真实信息，可是用户在添加了商家微信的同时，也意味着能够随时取消关注。一旦用户过了新鲜期，就有可能放弃商家的公众账号，因此商家的营销效果有一个时段的期限问题。

第二，用户添加关注是因为想了解商家信息或活动，得到实际的利益或优惠，一旦商家的信息没有吸引力，或者说没有价值，用户就会抛弃这个账号。可能一个信息推送不当，就会造成粉丝快速消失，因此，要取得良好的营销效果，商家需要密切关注粉丝的需求。如图 12.21 所示充分展示了粉丝对营销效果好坏的重要性。

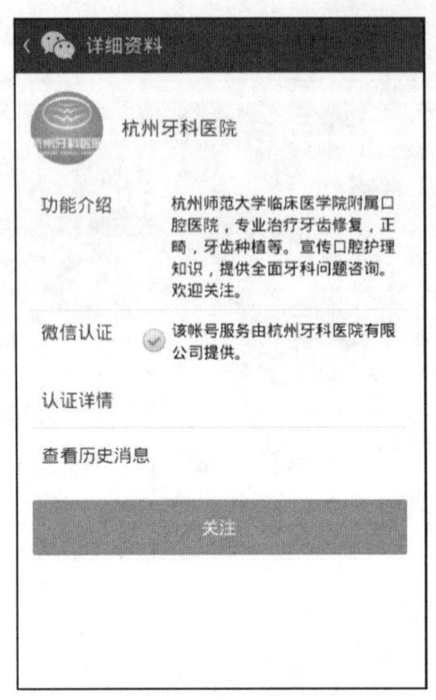

图 12.21 粉丝效应

2. 把握内容与推送时间的技巧

对商家而言，只要用户添加了关注，商家就可以开始推送信息。以星巴克为例，它会有一个牌子，放的是微信的二维码，当用户使用二维码扫描功能，它会自动将用户的微信加为星巴克微信的粉丝。星巴克会通过微信的账号不断地推一些广告和打折信息。

但是，天天收到这些信息，用户会不会很烦呢？另外店里是否每天都有不同的打折信息或者产品信息呢？

站在用户的立场，关注星巴克，是想得到实惠或者说折扣信息，如果天天有推送信息或者一天几条的推送信息都是折扣和优惠等信息，那么是否还会关注他呢？如图 12.22 所示为星巴克的优惠活动派送。

由此可见，在内容上，商家要做到“三重视”：①重视价值，不要发送那些千篇一律的宣传广告，没有任何的实际效用。商家在编排内容时要充分考虑到信息含量，言之无物的东西没有人会喜欢。②重视客户需求，用户最关心的永远是和自己利益相关的。③重视企业品牌形象，商家需要精编内容，尤其是大众品牌，试想，如果 HTC、iPhone 这样的手机大品牌，成天向用户发送推销信息，用户只会觉得商家的信息泛滥，价值不大，对品牌的定位也会产生不好的影响。

图 12.22　星巴克周年优惠活动

在发送时间和频率上，商家要把握的第一要则就是不要造成干扰，选择在用户空暇的时间推送，否则用户只会厌烦，甚至是产生逆反心理，从而放弃一个品牌。

3. 留心互动和私聊的密度

商家必须看重和粉丝的互动，如果一个微信粉丝，在微信上和商家咨询售后问题，或者说咨询产品问题，商家能否做到及时回答很重要。如果一次不能，两次不能，如果一个小时不行，两个小时不行，那用户就会对商家失去信心，继而取消对商家的关注。

此外，隐私也是商家值得留心的一个问题，正因为微信是一对一的交流互动，它就是一个私聊的过程，而这个过程就有可能涉及隐私。

比如，如果客服态度恶劣，那用户就不会接受，直接将企业账号拉入黑名单；或者用户态度不好，言辞激烈，那么客服一方将聊天记录公之于众，这个责任谁负？是企业的微信账号，还是个人，还是客服？

互动是用户和商家的头等大事，是不可避免的，也直接关系着营销效果的好坏。类似这种涉及隐私的争执，如果没有处理好，不仅会让用户对某个企业微信账号失望，甚至会对整个微信营销行业产生不良影响。

如图 12.23 所示为蒙牛的微信服务，它启动自主选择服务模式，让用户根据自己不同的疑问进行咨询，再安排专人进行回复和解答。

蒙牛乳业
您好，感谢您对蒙牛乳业的关注~
牛奶君的健康能力
牛奶君的品
牛奶君的前
牛奶君的家
MO客服漫画
指尖牛奶之旅
牛奶话你知
对话备忘
牛奶君说
抗谣测试

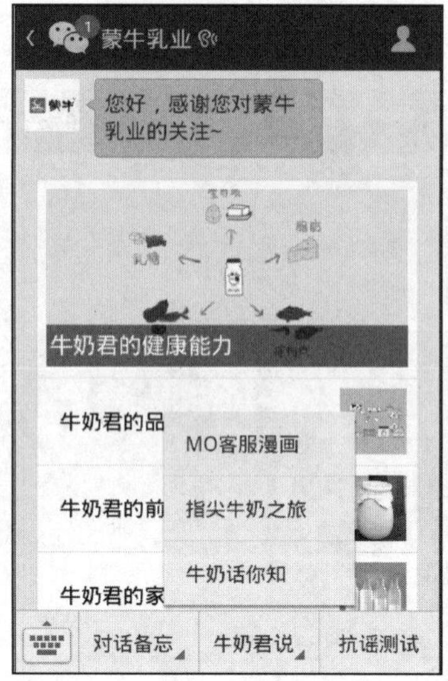

图 12.23　蒙牛微信

第 13 章

小心谨慎，微信隐患预防

学前提示

微信营销已经成为一种潮流，且具有其他营销方式难以比拟的优势，为企业提供了一个绝佳的营销平台，也为用户的生活增添了一道新的风景。然而，微信存在的隐患并不少，企业需要小心谨慎。

要点展示

- 提高警惕，微信有风险
- 友情支招，防骗有技巧
- 温馨提示，创业有误区
- 全面解读，营销有禁忌

13.1 提高警惕，微信有风险

打开微信，在搜索公众账号一栏输入“代购”两字，更新刷出的账号源源不断，而且大多是经过腾讯认证的账号。这些账号多是打出“奢侈品代购”、“海外代购”的名头，代购的产品有品牌的服装、箱包、手表、化妆品等，而价格都比商场内便宜一半以上，这对微信用户无疑是巨大的吸引。

13.1.1 微信代购的陷阱

热衷于网上淘宝的用户，最近肯定注意到了这样的现象：微信朋友圈内突然多了不少名为代购的好友，奢侈品代购、海外代购、名牌代购等。这些账号在微信朋友圈内发送大量如 LV、香奈儿、卡地亚等国际名牌商品广告信息，而且价格往往比正规店内便宜一半甚至更多。

用户很容易动心，不过想贪图此类代购便宜的用户可要当心了，微信代购存在风险，手机那端等着你的可能不是名牌，而是一个陷阱，如图 13.1 所示。

图 13.1 微信代购有陷阱

1. 以次充好，花钱买到仿品

现在打开微信，在各种公众账号、附近的人列表，还有朋友圈中都充斥着大量的代购信息。这些代购往往多以化妆品、奢侈品代购以及服饰鞋包销售等为主，它们的价格比实体店里价格要便宜不少。

一方面，这让很多人觉得是一种实惠，花很少的钱就能提升个人档次，这大大满足了不少人的虚荣心，同时，它也为代购的商家们带来了商机。

但是另一方面，微信代购没有经过第三方电商平台，买家和卖家在虚拟空间内直接交易，这也可能会带来一些意想不到的陷阱。

一般购物的流程都是客户给地址，厂家直接发货给客户。而在微信上代购，则是由微信号在工厂拿货，它要避免把工厂和客户的资料泄露给双方，因此厂家先把货发到微信号主，然后再发给客户。

通过这种代购形式所买到的产品，没有大的质量问题是不退不换的，客户就算买到了瑕疵品或者高仿品，也只能吃个哑巴亏。

如图 13.2 所示，就是骗子利用用户贪小便宜的心理，拿高仿品充当名牌，骗他们上当。

图 13.2　利用高仿品行骗

12315(消费者投诉举报专线)的负责人表示，微信属于人对人的交易，没有经过第三方平台。目前，在网络购物方面，国家虽然已经出台措施予以规范，但现在主要针对的是淘宝、京东这类的电商平台，而监管像微信小店这样依靠社交工具来经营的行为，现在还没有明确的相关规定。

2. 虚假账号，诈骗用户定金

除了商品的质量无法得到保证之外，那些代购账号的另一个行骗手段就是诈取用户的定金，他们以各种优惠和折扣来吸引用户下订单，将产品吹得天花乱坠。

如图 13.3 所示，那些行骗的人往往熟悉用户心理，在微信账号上晒一些名牌的产品图，并且打出低折扣的宣传，诱惑用户上当。不少用户都栽了跟头，当他们受到吸引，提出购买之后，对方就会要求用户先交付一定的定金，等定金到手，这些所谓的代购者则消失得无影无踪。

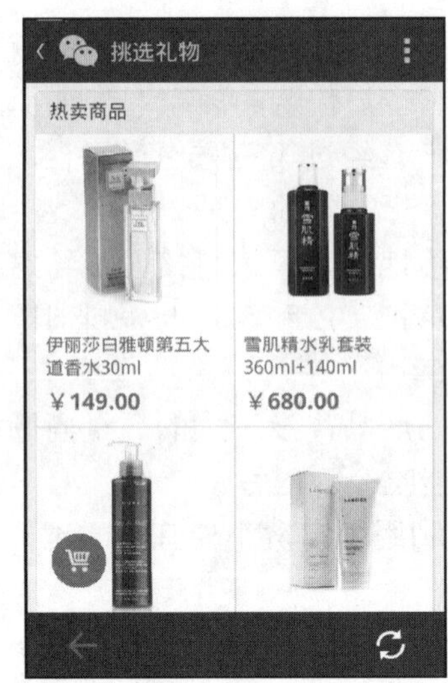

图 13.3　利用低价和折扣吸引用户

市民王小姐在自己的微信朋友圈内，看到有一个好友贴出了不少日美等多种风格的床上用品海外代购信息，物品样式精美漂亮，价格也便宜，这让平时就对漂亮的床上用品感兴趣的王小姐十分动心，于是就与这位好友进行了联系。

对方告知王小姐，自己在日本、美国等地都有朋友，在国外此类商品十分便宜，因此他会定期请朋友带些商品回来，在国内进行销售。见到这位微信好友说得如此“坦诚”，于是王小姐给对方账号打去了部分定金。多日之后，王小姐左等右等也等不到自己的货物，再次联系这名微信好友时，才发现自己已经被对方拉黑了。

这种微信朋友圈购物的营销模式，虽是一种创新，但同时也存在一定风险，如图 13.4 所示，用户需要提高警惕。

图 13.4　朋友圈代购有风险

据了解，目前进行微信代购的账号多是以个人名义注册，由于微信尚未实行实名制，这些注册信息存在作假的可能性。而虚假的注册信息增加了消费者维权难度，一旦遇上售后服务甚至诈骗等纠纷时，消费者甚至难以找到经营者本人，消费维权更加无从谈起。因此，有关部门提醒广大消费者谨慎选择微信代购消费。

·专家提醒

微信不是交易平台，所谓的代购经营者也是良莠不齐，建议微信用户购物时尽量选择正规有保障的电商平台购买。对在微信代购中出现的纠纷，目前还没有相关的法律法规调解，如果代购者背后没有实体店，那么购买者的权益将很难保障；如果代购者背后有实体店，购买者要注意保存好消费凭证，这样可以在一定程度上维护自己的权益。

13.1.2 微信奢侈品骗局

不是每个人都有机会出国，但是国外的那些奢侈品牌的确比国内便宜不少，于是，奢侈品代购应运而生。

不过，商机中也蕴含着危机，用户还在欣喜拿到的货物比柜台便宜，但那有可能只是一个高仿品；用户还幻想海外购物小票能确保作为消费者的权益，但那有可能只是一张从淘宝花了 10 元到 40 元钱买的假票据。用户还能再相信这些奢侈品代购吗？如图 13.5 所示，网上代购品通常无正品保障。

图 13.5 代购无正品保障

1. 了解奢侈品代购流程

实际上，因为高昂的国际运费，代购不可能存在太大的价差空间，低于 5 折的代购化妆品基本都是假货，低于 7 折的代购奢侈包不可信。

那些提供给用户的小票，都是代购者花 10 元到 40 元不等，在一些交易平台上购买的高仿假小票，轻松仿冒中国香港、新加坡、法国专柜票据。

由于代购渠道混乱，现在一张海外购物小票已不能证明奢侈品的真正身份了，许多网络代购商都可以轻松“制作”。

至于假小票的破绽，只有拿条形码到正品专柜一扫，才会真相大白。不过，专柜一般不会提供这种辨别服务，所以卖家往往很自信地支持顾客去验货，全无顾忌，如图 13.6 所示。

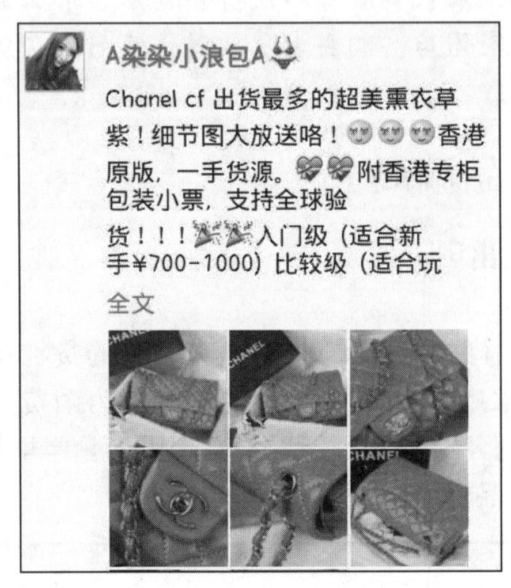

图 13.6　奢侈品代购

爱马仕、LV、香奈儿等三家直营的全球专卖店中，货品一般不打折。不仅如此，如爱马仕的部分包袋还需要排队一年才能买到。“真品的代购价格达到 7 折或 8 折已经是极限，不会再低，尤其是 LV 等，它们在国际和国内的价格只差 26 个点，能做到 8.5 折已经很了不起了。”北京一家奢侈品集合店总经理透露。

一般来说，化妆品的代购，网上售价如果是国内专柜价的 7～8 折，那么一般为真货；而如果售价是正价的 5～7 折，则可能是真货、假货掺着卖。5 折以下的，基本上都是假货，3 折以下售卖的，不可能是真货。那些打着代购旗号的，其实都是变着法子行骗，如图 13.7 所示。

现在奢侈品来源主要是海外品牌商合法授权与代理商两种，均对价格要求比较严格，而奢侈品网站销售的奢侈品几乎都来源于线下渠道，由于未经授权，网上经销商又要保证低价优势，那么其销售的物品是否正品就很难确定了。

奢侈品电商的货源来自三个渠道：海外买手代购、海外奥特莱斯(品牌直销购物中心)批发以及奢侈品 A 货制造工厂。除电商外，借道微博和微信等渠道进行国外名品销售的商家也不在少数。

图 13.7　代购实为骗财

有微信平台上的代购卖家透露，部分奢侈品包袋之所以能以 3 折左右的价格拿到，实际上是因为该款包并非专柜正品，而是出自加工工厂的“原皮包”，即工人利用制作正品包剩下的皮料，按照同样工序制作的包，但是五金配件却是“山寨”的。如图 13.8 所示为正品和仿品的对比。

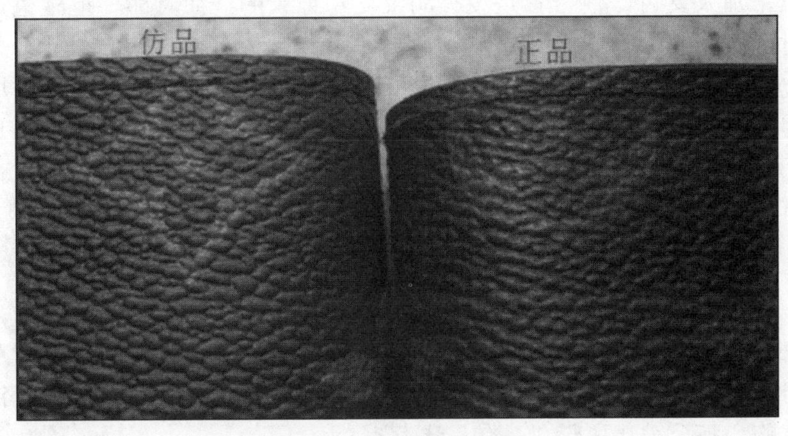

图 13.8　正品和仿品对比

2. 解开奢侈品代购骗局

淘宝安全中心发布“3·15 安全警示”，揭露包括微信新形式欺诈、代付骗局、货到付款等十大骗术。淘宝网网络安全专家表示，对网络诈骗关键在于提高网络安全意识，从源头将诈骗拒之门外。据介绍，买家容易遭遇的新骗术主要有三类。

(1) 微信骗付。骗子利用微信发布奢侈品商品信息，保证正品和质量，极力鼓吹用户购买，等用户给指定账号打了定金之后，这些骗子就会消失得无影无踪，甚至直

接把用户从微信上拉黑。如图 13.9 所示为骗子利用微信诈骗。

图 13.9 微信诈骗

(2) 代付骗局。骗子利用买家对奢侈品的喜爱，在论坛、微博等发布低价专柜商品信息诱导买家进店，骗子在买家拍下宝贝之后，给其发送一个请求代付的支付宝链接。代付是帮别人支付，代付者是没有淘宝交易记录的，而且即使退款也是退到被代付人的支付宝账户的。

(3) “货到付款”。卖家在论坛等发布低价的品牌商品信息，有些用户为了确保正品，会提出货到付款，以为自己的权益能受到保护。但实际上，骗子就是利用用户这种心理，先骗取定金，如果用户拒绝签收仿品，那么定金也收不回了，就算是想投诉，也没有确切的凭证。

13.1.3 当心朋友圈的广告

微信“朋友圈”是腾讯公司开发的好友分享功能插件，它能够实现好友间图片、心情的实时分享，不过，如今的朋友圈却被大量的广告信息占领。这些广告信息大多是奢侈品代购，甚至销售所谓“高仿”奢侈品牌。

由于广告信息往往是由“好友”或者“好友的好友”发布，因此这种“套近乎”的销售方式很容易达到广告效益的最大化。不过，法律界人士提醒消费者，这类商品的销售者为个人，并非经营主体，因此，商品如果遇到质量问题或者其他问题，就很难得到相关法律保护。

如图 13.10 所示，就很形象地说明了朋友圈里面的宰熟现象。一些不法的账号混进用户的朋友圈，打着朋友的名义推销各种广告，用户碍于朋友的情面，往往就容易被骗，并且只能哑巴吃黄连。

图 13.10 朋友圈宰熟

1. 推销假货次货

很多女性都喜欢使用微信“朋友圈”功能，因此一些颇具生意头脑的人就把“朋友圈”功能当成了广告发布平台。在这个几乎“零门槛”的“社交商圈”中，借着“朋友”的由头，很多消费者就会放松警惕，有时候即使买到了假货、次品，往往也会碍于朋友面子，自吞苦水。

王女士最近在微信朋友圈发现了一位做代购生意的“朋友”，这位突然出现在联系人名单里的“朋友”，声称表弟现在在美国留学，可以代购一些名牌包包，而且当时正赶上美国商场“感恩折扣”、“圣诞折扣”最火的时候，价格可以非常优惠。

王女士当时就心动了，向对方订购了一款打折后 700 多美元的包包，这个价格约等于国内专柜的半折。不过，当王女士付过款收到包包后才发现这个包并非是美国正品，而是所谓的“高仿”，包包质地非常次，而且小票也有问题。于是她立刻联系那位卖家“朋友”，但是对方不承认，坚持说是美国代购的。王女士有苦说不出，想要通过合法渠道维权，却没有任何实质性的凭证。

有王女士一样经历的消费者不在少数。不少用户被朋友圈里的信息所蛊惑，购买那些据说能拿折扣的奢侈品，不过，在买之后发现东西为假冒，但是碍于情面，只能自认倒霉。

2. 求赞积攒人气

“朋友们都来帮我赞一个，我想拿礼品。”近段时间，这种“点赞有礼”活动在微信朋友圈中逐渐流行起来，不少商家承诺，只要网友能集满若干个“赞”，便可获得相应礼品，如图 13.11 所示。

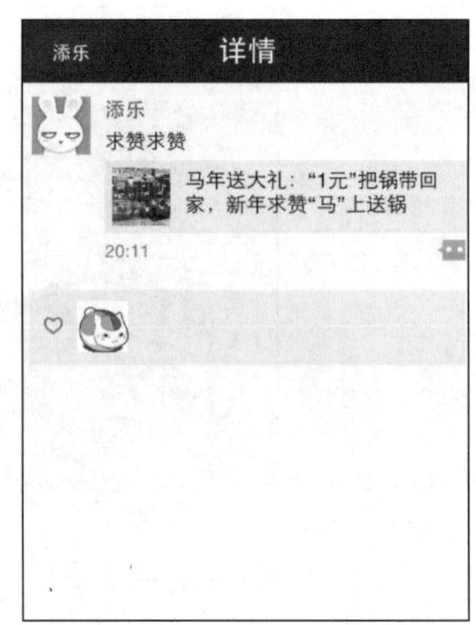

图 13.11　商家各种活动求赞

但是，不少网友发现，并不是所有商家都如此“慷慨”，有些只是利用“集赞”达到宣传的目的，礼品不能兑现的事时有发生。

“集满 28 个‘赞’赠送港澳 4 天 3 夜单人游”、“集满 50 个赞就能享受微友写真套系 5 折”，在朋友圈，这样的广告层出不穷。继微博营销之后，不少商家又将目标瞄向了微信朋友圈，用“集赞送礼”的方式吸引网友眼球。

通常情况下，商家会在自己的微信公众号中，向微信粉丝推送“集赞送礼”活动的详细信息，而网友只需将活动帖分享到个人的微信朋友圈中，当被点赞的次数达到商家规定的数量时，再截图发送给商家，便可获得相应等级的礼品或是相应的优惠。

操作如此简单，为了能拿到奖品，不少网友私信朋友“拉赞”。很多用户表示，身边有很多这样的“集赞”狂人，他们每天也收到不少“求赞帖”，如图 13.12 所示，就是用户利用朋友圈求赞。

虽然确实有网友成功拿到了奖品，但被商家“忽悠”的也大有人在。某网友声称自己最近参加“集赞”活动，就感觉被“忽悠”了。她参与的是某蛋糕店组织的“集赞送礼”活动，当她按照活动规则集满一定数量的“赞”，在规定时间内到蛋糕店去领礼品时，商家却表示，活动已经结束，奖品也已经发完了。

这位网友遇到的情况并非特例，很多参与“集赞有礼”活动的用户，都会或多或少遇到类似的困惑。有些商家只是把“集赞”作为营销手段，并不会公布所有的获奖者信息和点赞截图，但微信的“点赞”信息并不是所有人都能看到，若是商家不公开，网友们就很难了解中奖详细情况。商家应该尽量做到数据公开透明，如表 13.1 所示。

图 13.12　微信求赞

表 13.1　商家公开点赞信息

集满 20 赞　获得精美雨伞的名单			
排序	微信名	截图上传日期	截图上传时间
1	LICHENXI	1月7日	18：06
2	张小盒	1月7日	18：14
3	汪小胖	1月7日	18：24
4	Queen	1月7日	18：41
5	露露	1月7日	18：57
6	夏小曦	1月7日	19：40
7	小太阳	1月7日	19：53

目前随着智能手机的普及，微信"开店"门槛非常低，只需注册一个账号，用手机拍照甚至无须拍照，从网络下载图片就可以做"老板"了。用户一旦遇到受骗的情况，法律规范往往很难保障用户的个人权益。

另外，对于微信店主所谓的"高仿"产品，本身就是涉嫌侵犯名品知识产权的非法经营。对于消费者来说，"高仿"或"精仿"一旦出现问题，并不能向原有品牌商家进行"退货"、"换货"等维权行为。

对于新型的微信营销，法律监管暂时比较缺失，漏洞较多，笔者建议消费者选择相对成熟的且有第三方保护的网络平台。

·专家提醒

微信朋友圈并不是一个营销平台，“我们反对不正当利用公众号群发消息的功能破坏用户体验的行为，特别是通过群发消息等手段强制或诱导用户分享至朋友圈的营销行为是我们所不鼓励的”。有关部门表示，如果用户发现有公众账号存在诱导分享行为，可以通过微信进行举报。

13.2 友情支招，防骗有技巧

微信营销如此火热，席卷各个地区，冲击各大行业，所过之处，企业商家无不追随。但是，它快速发展的背后藏着无可避免的隐患，企业微信又该如何防骗呢？

笔者的建议主要有四个方面：别轻信陌生人、别迷恋“站街”、别热衷刷粉，以及选择好的服务公司。

13.2.1 别轻信陌生人

微信是通过网络快速发送语音短信、视频、图片和文字，支持多人群聊，这些都大大地方便了用户群的交流。

微信提供的“查看附近的人”、“摇一摇”和“漂流瓶”等附加交友功能，更可以让使用者便捷地与陌生人打招呼，直至成为朋友。但是，商家也必须留心，这些功能在带来商机的同时，也带来了一些隐忧。

正是基于这种便捷，一些不法分子开始利用此虚拟空间编造各种谎言，骗取事主钱财或感情，甚至利用微信进行涉黄交易。

企业在经营微信时，也应该心怀谨慎，不要轻易相信陌生人，避免财产的损失和伤害。如图 13.13 所示，用户需要提高警惕。

图 13.13　以交友为名义行骗

13.2.2 别迷恋“站街”

所谓的站街，就是使用者在某地通过计算机登录微信账号时，用软件将自己的所在地显示为另一地，甚至能显示多个不同的地点。

使用者通过这种伪装定位，在人流集中的区域，与“附近的人”打招呼，获得真实微信用户的关注。

通常个人微信会比较青睐这个方法，利用站街来吸引周围的粉丝，但是对于企业而言，经营微信必定不能依附于这种站在街边揽客的方法，而应该致力于品牌的推广和提升。图 13.14 是微信站街广告。

图 13.14　微信站街广告

13.2.3 别热衷刷粉

微信时代，男女老少都在发微信，分享信息。同事、同学、亲朋好友互相关注成为对方的“微信粉丝”，“微信粉丝”数量越多，似乎意味着影响力越大。这一背景下，一种另类职业诞生——使用微信刷粉丝软件工具来刷粉丝。

“20 元 1000 粉丝，60 元 1 万粉丝，刷 1 万还可赠送 1000 粉丝。”微信代刷粉丝的店铺数量庞大，价格从几元到几十元不等。有的店铺甚至大张旗鼓地叫卖“刷粉机”，称买了“刷粉机”自己可以随便刷。刷出来的“粉丝”分为“僵尸粉”和“活粉”等大类。这些被刷出来的粉丝，特点是没有头像、不会回复、无人关注，被称为“僵尸粉”，如图 13.15 所示就是粉丝专卖示意图。

除了“微信僵尸粉”，店铺也会针对一些客户推出“刷微信高质量粉丝”，也称为“活粉丝”，是卖家利用人工注册为了增加账号活跃度的。由于账号并非当天注册当天就能卖，需要有一定积累，为了让手头的账号有一定经验值，卖家会找专人养着，每天更新微信，确保每个粉丝都拥有一定数量的粉丝，资料完备。

图 13.15 粉丝专卖

很多企业为了面子，也会私下去刷粉，但实际上，企业营销做得好坏与否，和粉丝的数量并没有直接的因果关系，粉丝的数量并不等同于粉丝的质量。同样的，粉丝多也并不意味着潜在购买力就大，企业与其下功夫去买这些粉丝，还不如好好留住手边的用户。

更重要的是，企业还可能因为刷粉而被腾讯公司封号，粉丝清零，企业得不偿失，还损失大批的用户，搭上自己的品牌形象。所以，企业在经营微信时，需要脚踏实地，否则只能弄巧成拙。

13.2.4 选择好的服务公司

一家信得过的服务公司能够帮助企业把关，做好微信营销工作，因此，企业在选择服务公司时，必须严把关、细盘审。

有些服务公司打着营销的幌子，其实沿用了微博的经营方式，结果自然是不尽如人意。还有的公司缺乏业界良心，生成一堆“僵尸粉”，造成虚假繁荣的景象，用来应付企业。如图 13.16 所示，就是微信服务公司的宣传广告。

图 13.16 微信经营服务公司宣传广告

13.3 温馨提示，创业有误区

2014 年，微信用户已经突破 7 亿户，这是一个巨大的市场，大大小小的创业者都很看好这块大蛋糕。于是，微信创业风生水起。

但是创业并不总是一帆风顺的，微信营销作为一种新兴的创业模式，并不能被所有人掌控，因此，创业者需要认清误区。

13.3.1 盲目乐观

很多商家热衷于微信营销，但实际上，他们对这一块知之甚少，只是顺应火热的创业潮流。在大多数商家看来，微信用户突破 4 亿户了，这其中的商机大可发掘，那么肥沃的土壤，即便插根竹竿也能开出几朵娇艳的花来，于是大家蜂拥而上，可事实是连发芽都发不了。

虽然微信用户突破了 7 亿户，但目前关注公众账号运营的用户不到 5%，因为微信官方还没有大规模地推公众账号。而且，就连这 5%的用户，商家也不一定能够完全掌控，加以利用。如图 13.17 所示，微信用户对企业商家的关注度是最低的。

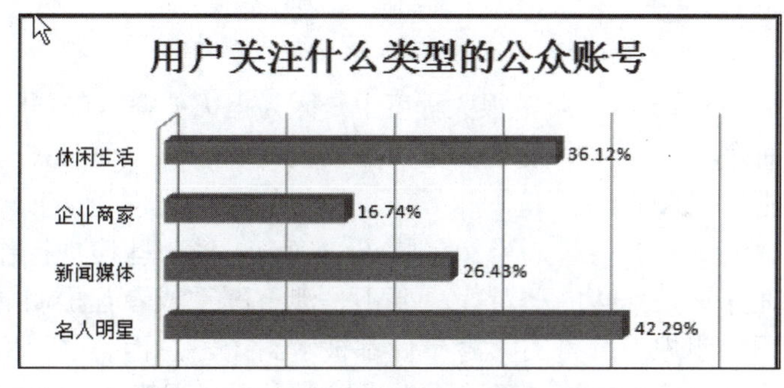

图 13.17　企业微信关注率

13.3.2 过分迟疑

和盲目乐观相对的另外一个极端是过分迟疑，很多商家虽然很早就关注微信营销，却一直是在默默关注，在不少创业者已经走在时代前列的时候，这些商家还是原地观望。

如图 13.18 所示，微信一步步发展和强大，微信营销已然成为趋势，商家需要瞄准时机。

图 13.18　微信营销已成潮流

简而言之，微信就是“拥有熟人社交关系的跨平台 App Store”，它借助熟人社交关系这条传播通路，还同时横跨 iPhone、Android、WinPhone 和塞班多个平台，方便快捷。这样的平台创业机会是千载难逢的，商家不容错过。

13.3.3　畏惧封号

有些商家之所以不敢放开手脚，很大程度上是因为担忧被腾讯官方封号，如图 13.19 所示。对于商家而言，培养一个大号要花费巨大人力和时间，而且那些庞大的用户群也不是一朝一夕能找回来的。

其实这是对微信团队的误解，当然，腾讯的确会封锁一些违规操作的公众账号。但腾讯官方的管理并不是一味的严苛，只要不是涉黄严重或者互推明显，商家就不必担心。事实上，那些违规不严重的大号事后都被解封了。总而言之，商家不能矫枉过正，要正确看待腾讯的管理政策，不能因为畏惧封号而延误商机。

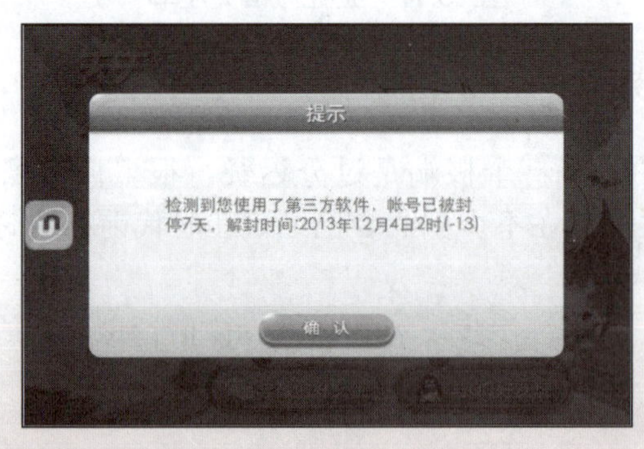

图 13.19　微信被封号

13.3.4 管理偏差

不少经营微信号的团队都是从 App 转过来的，所以很多人沿用了 App 的思路，但两者的差异非常大。微信平台最大的优势是互动性更强，最大的劣势则是展示空间有限，而 App 正好相反。简单来说，微信上要求更简短更实效的跟用户对话，而很多微信的公众号却在管理上出现了偏差，要么每天给用户群发消息，要么消息回得又长又不得要领。

13.3.5 鼓吹人工回复

很多商家可能会有误解，把微信公众号当成是电商客服，认为既然微信的最大特性就是对话，商家只有把握住和用户的对话，才能留住用户，才能积攒人气。于是有不少商家每天人工回复用户消息，如图 13.20 所示，结果是用户的确很满意，但商家一天到晚除了回复用户消息，根本没有时间做别的事，客服成本太高，到最后自然就会撑不下去。

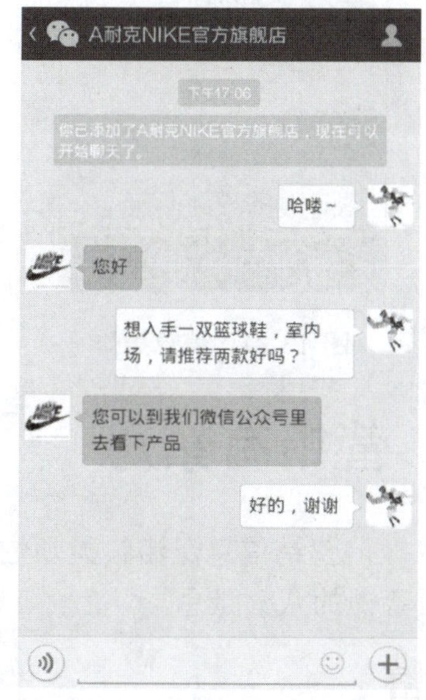

图 13.20 人工在线

13.3.6 轰炸群发消息

很多商家把公众账号简单理解为每天群发消息，这种理解无疑是错误的，应用应该是双向互动的，而不是单方面的消息轰炸。

微信公众账号除了每天能群发一条或多条消息，还能根据用户的输入回复有针对性的消息，这才是应用要走的正道。

因为每个用户的需求不一样，而如果都群发同样的消息，肯定是众口难调，而且微信消息具有一定的侵扰性，如果满足不了用户的需求而又推送频繁，最后的结果只能是被取消关注。

如图 13.21 所示，用户打开手机，就会有很多未读的微信消息跳出来，这就表示，商家不管推送了多少信息，只能保证送达率，但是并不代表用户都会点开阅读。这些未读的微信消息，一条接着一条，就好比是垃圾短信，很有可能被用户直接删除，或者快速滑过，这样，商家的宣传也就没有发挥实际作用。

图 13.21 信息轰炸

13.4 全面解读，营销有禁忌

微信公众平台上线以来，微信营销信息泛滥让人烦恼，那么如何避免微信营销陷入误区？下面重点来看看微信营销的八大禁忌。

13.4.1 忽视粉丝质量

微信营销的核心是用户的价值，而所谓用户的价值是指有用的粉丝，互动质量比较高的粉丝。所以对于企业来说，要注重粉丝的质量，不单单重视粉丝的数量。

不少企业为了面子去加了“僵尸粉丝”，而这些粉丝基本上没有任何实用性价值，更不用说挖掘他们的购买力。其实对于企业来说，只有高质量的粉丝才有价值，才能真正转化为企业的利润。

13.4.2 误解互动形式

不少企业以为机器人聊天或者自动回复就是互动，这完全是错误的理解。众所周知，微信营销的一大好处就是即时互动性，商家可以跟消费者之间通过微信进行有效的沟通。但是，如果一直是机器人陪聊，客户就会远离你。

商家需要树立正确的观念，陪聊不等于互动，如果商家想要留住用户，想要将用户转化为利润，就一定要策划真正的交流性的互动。比如优惠信息、折扣通知，或者是线上线下的活动，这些对用户才是具备吸引力的，如图 13.22 所示，而不是冷冰冰的机器人回答。

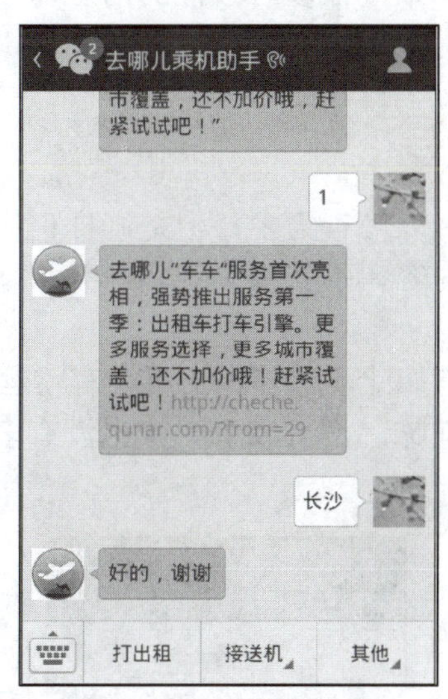

图 13.22　交流性的互动

13.4.3 误解微信 App

传统 App 属于典型的被动式营销，而且开发成本高、开发周期长，同时推广不容易。而微信端 App 则更多的是借助微信朋友圈、线下经营门店、优惠促销活动等吸引用户扫描添加，综合推广成本更低。

现在不少企业没有认清微信的价值，一味地觉得自己做个 App 就万事大吉了，其实大错特错。

13.4.4 过度推送消息

所谓过犹不及，商家必须把握信息发送的频率，如果商家群发多了，尤其是无聊

的内容，那可就扰民了。因此，企业账号没有必要过多地去群发，即便是一条有价值的消息，推送的次数过多，也只会造成困扰。

对商家而言，群发功能虽强大但也别滥用。商家必须谨记，群发的作用更多是提醒用户，而不是骚扰。

商家还要考虑的另一问题就是阅读率，微信推广送信息的到达率是百分之百，可是这并不意味着所有的短信都会被用户阅读。微信的消息推送是一对一，但是，用户并不可能只关注一个账号，所以他们每天收到的是来自不同商家的无数消息，即便用户留意某个账号，但是也不一定会一一翻阅这个账号的所有消息。

商家可以理解为过多的微信信息让用户心烦而不去阅读，或者是快速忽略，或者用户并不是及时在线，这样一来，很多时效性的内容即使后来被阅读，实际意义也不大，商家预定的宣传效果也就无法达到。

13.4.5 放弃内容编写

企业的微信内容推送虽然以广告为主，但是同样也应该注意内容的编排，因为没有人会喜欢乏善可陈的消息内容，那就像是一杯白开水，单调而无味，用户完全不感兴趣。

如果企业的微信内容也是如此，那基本上不会有粉丝关注。如图 13.23 所示，这种微信消息没有新意，没有趣味，没有吸引力，也没有多大的实用价值，那就意味着没有用户。

图 13.23 微信广告

纯广告式的微信内容只会让用户厌烦，拒于千里之外，商家不但无法完成宣传和营销，而且还可能给品牌形象蒙上不好的阴影。

13.4.6 利用朋友营销

朋友圈是基于熟人的关系，如果商家发的内容带有广告性质，或者把朋友当成了营销工具，那对方就会直接删号，这样商家就失去了一个朋友。

还有人用利益促使用户分享文章，其实这个并不会长久，因为营销的内容，用户一看就懂，明白之后就不会充当传播的桥梁。如图 13.24 展示的就是微信借助朋友圈来进行营销。

图 13.24 微信朋友圈营销

13.4.7 植入硬性广告

很多商家在微信平台上聚集了庞大粉丝之后，就开始发广告。急于宣传的心理让商家无暇顾及内容的编排，多是千篇一律的广告，一点技术含量都没有。这种完全不考虑用户群体感受的行为，只会招致用户的反感，结果则适得其反。

13.4.8 盲目跟风营销

商家不要随便做公众账号功能，开发一个微信 API(应用程序接口)的确是功能强大，但是商家一定要搞清自己需要什么功能，否则就是乱开发。尤其是有些企业，看到其他商家开发了查天气的，于是也跟着开发一个，但其实查天气这个功能对他的企业服务而言，并没有任何的实用性。

所以企业还是要明白自己的粉丝到底需要什么，企业再去提供什么样的服务，再去开发，不要邯郸学步，如图 13.25 所示，商家纷纷投身微信营销大潮，于是引发大众的盲目跟风，微信营销一时蔚然成风。

图 13.25 微信营销火热

企业都知道微信营销很好，但这不是一切。有不少企业看到别人做微信营销，自己也盲目地跟风，结果是捡了芝麻，丢了西瓜；还有企业误认为微信营销就是一切。其实对于企业营销向来是多元化的，只有打组合拳，才能招招见长。比如，线上线下营销、微博与微信互动、微电影与微信互动等。